Britta Das (geboren 1971 in Wiesbaden) lebt seit ihrem vierzehnten Lebensjahr in Kanada. Nach einer Ferienreise in den Himalaja beschließt die junge Physiotherapeutin, ihr Leben zu verändern. Sie arbeitet drei Monate in einem Krankenhaus in Tasmanien und von 1997 bis 1998 in Bhutan. Heute lebt sie mit ihrem indischen Mann Bikul, den sie während ihres Aufenthalts in Bhutan kennen lernte, in Toronto, wo sie als Hippotherapeutin für Kinder arbeitet.

BRITTA DAS

KÖNIGREICH
IN DEN WOLKEN

*Bhutan – ein Jahr
in der Bergwelt des Himalaja*

*Aus dem Englischen
von Ingrid Price-Gschlössl*

**NATIONAL
GEOGRAPHIC**

*Ein Buch der Partner
Goldmann und National Geographic Deutschland*

Die Originalausgabe
erschien 2001 in der Reihe SIERRA
im Frederking & Thaler Verlag, München

Sämtliche Fotos
stammen von der Autorin Britta Das.

SO SPANNEND WIE DIE WELT.

Dieses Werk erscheint in der Taschenbuchreihe
NATIONAL GEOGRAPHIC ADVENTURE PRESS
im Goldmann Verlag, München.

1. Auflage August 2003, Taschenbuchausgabe
NATIONAL GEOGRAPHIC ADVENTURE PRESS
im Goldmann Verlag, München,
in der Verlagsgruppe Random House GmbH
Copyright © 2001 Britta Das
Alle Rechte vorbehalten
Lektorat: Gisela Fichtl, München
Karte: Margret Prietzsch, Gröbenzell
Umschlaggestaltung: Atelier Seidl, Neuötting
Herstellung: Sebastian Strohmaier, München
Satz: DTP im Verlag
Druck und Bindung: Clausen & Bosse, Leck
ISBN 3-442-71136-1
Printed in Germany
www.goldmann-verlag.de

Das Papier wurde aus chlorfrei gebleichtem Zellstoff hergestellt.

Für Mutti und Hardy,
die mich stets ermutigten, die Ferne zu erkunden,
und für Bikul,
der auf mich gewartet hat, um den Weg mit mir zu teilen.

Wenn du in ein Muschelhorn bläst
und dein Atem tief in die Windungen
der Perlmuttspirale dringt,
erklingt das Om –
dies, so sagt man, sei der Anfang aller Dinge.

Inhalt

Prolog

Irgendwo im Tal kündigte der Ton eines Muschelhorns den Beginn eines neuen Tages an. Von den Felsen der mächtigen Bergkette prallte das Echo dumpf zurück. Steil abfallende Wände gaben die uralte Botschaft getreu wieder, dann verklang sie im dichten Gewirr des Dschungels.

Zwei rot gekleidete Gestalten saßen regungslos unter den schlanken Zweigen einer Zypresse. Nur die schütteren Barthaare am Kinn des alten Lama bewegten sich, als er feierlich ein Gebet murmelte. Seine Augen waren geschlossen. Für den Rhythmus und die Intonation des Gebets war es nicht notwendig, den geschriebenen Worten auf dem Blatt, das vor ihm lag, zu folgen. Nach einer Weile schloss sich auch der andere Mönch der Rezitation an. Seine junge Stimme klang sicher und kräftig. Der alte Lama wurde immer leiser, schließlich wiegte er sich nur noch zum Auf und Ab der heiligen Klänge. In der Ferne waren die sanften Rundungen der Vorberge des Himalajamassivs von der Morgensonne rosa angehaucht, und schon erstrahlte die indische Tiefebene in ihrem Licht. Allmählich stieg der leuchtend gelbe Feuerball hoch auf in den östlichen Himmel, und als die ersten Sonnenstrahlen die obersten Kämme des Bergmassivs erreicht hatten, das von den höchsten Gipfeln der Welt gekrönt wird, waren die letzten Zeilen des Gebets verklungen. Der alte Lama legte die Seiten des heiligen Buchs zwischen hölzerne Deckel und hüllte sie in ein gelbes Tuch. Er neigte den Kopf, erhob sich schwerfällig aus seiner

Sitzhaltung und wandte sich dem jungen Mönch an seiner Seite zu.

»Heute werden wir sehen, ob du für deine Lektionen bereit bist«, sagte er. »Du bist nun erwachsen, Sangay.« Auch der junge Mönch war aufgestanden, seinen Blick aber hielt er von dem alten Mann abgewandt.

»Ich hoffe, dass ich Sie nicht enttäuschen werde« erwiderte er. »Ich bin noch jung und unwissend.« Bei diesen Worten verbeugte er sich tief und überreichte dem alten Lama ein weißes Seidentuch. Der Lehrer nahm die ehrerbietige Geste an und wies dann auf einen schmalen, schmutzigen Pfad.

»Lass uns jetzt gehen«, sagte er und wandte sich den Bergen zu.

Wortlos folgte Sangay seinem Lehrer. In Gedanken war er schon bei der Prüfung, die ihm bevorstand, einem Initiationsritus, bei dem schon viele vor ihm versagt hatten. Ein riesiger Fels überragte das Kloster von Larjap. Sangay war oft hierher gekommen, als er noch ein kleiner Junge gewesen war. Damals war die rote Robe, die er trug, das Einzige, das ihm sagte, dass er ein Mönch war. Seine Mutter hatte ihn ermahnt, nicht zu nahe an den Rand des gefährlichen Abhangs zu treten, der viele hundert Meter steil in einen Wald abfiel. Als Kind hatte er sich oft weinend vom Rand des Felsens abgewandt. Heute aber gab es kein Zurück.

Auf dem Bergkamm flatterten weiße Gebetsfahnen träge an ihren hölzernen Stangen. Einige Schritte vom Abgrund entfernt blieb der Lama stehen. Zögernd ging Sangay auf ihn zu.

»Geh jetzt, Sangay«, drängte der alte Mann. »Fürchte dich nicht. Glaube an dich und an alles, was du gelernt hast. Zeig mir, ob du bereit bist für die wahre Bedeutung des Dharma.«

Sangay nickte. Tapfer hielt er seinen Blick auf den Felsrand gerichtet, der den festen Boden von der gähnenden Leere dahinter trennte. Vorsichtig setzte er einen Fuß vor den anderen, bis ihn nur noch wenige Zentimeter vom jähen Abgrund trennten. Dann wandte er, vor Angst gelähmt, mit angehaltenem Atem den Blick ab und starrte in das sanfte Blau des Morgenhimmels.

»Was siehst du?« Die Worte des alten Lama drangen wie aus weiter Ferne in sein aufgewühltes Inneres. Mit aller Gewalt zwang er seinen Körper an der äußersten Kante des Felsens auszuharren, dann senkte er leicht den Blick. Sofort begann er zu wanken.

»Ich sehe Wolken«, stammelte er wahrheitsgetreu. Schweißperlen traten auf seine Stirn. Mit jeder Sekunde, die verging, schien der felsige Abgrund ihn weiter wegzuziehen von seinem inneren Gleichgewicht.

»Wir alle sehen Wolken«, erwiderte der alte Lama. »Schau hinunter!«

In der Ferne wand sich das silberne Band eines Flusses durch die Täler, bis es im Nebel verschwand. »Ich sehe einen Fluss«, stammelte Sangay.

Erneut sagte der Lama tadelnd: »Du siehst zu weit nach vorne, Sangay. Schau hinunter!«

Zitternd vor Angst ließ Sangay den Blick von den fernen, bläulich schimmernden Hügeln über das Land auf das Grün des Waldes zu seinen Füßen gleiten. Da stießen aus dem verschwommenen Bild der Landschaft eine Unzahl spitzer Baumwipfel hervor. Wieder hörte er wie aus weiter Ferne die Stimme des Lama.

»Was siehst du nun?«

Sangay sammelte den Blick und ließ ihn auf seinen Füßen ruhen. Schwindel und Übelkeit kämpften in ihm. Seine Zehen klammerten sich im Gras und Gestein fest, und er fragte sich beinahe teilnahmslos, ob er nun in die große Leere stürzen würde.

Als ob der Lama seine Gedanken erraten hätte, ging der alte Mann auf seinen Schüler zu. »Schau über deine Zehen hinaus, Sangay. Glaub an deine Lehren und finde deine Stärke.«

Die Sicht verschwamm vor Sangays Augen, und sein Körper begann über dem Abgrund gefährlich zu wanken. Ein Schauer lief ihm über den Rücken, er merkte nicht, dass der alte Lama seine Hand schützend nach ihm ausstreckte.

Für den Bruchteil einer Sekunde schloss Sangay die Augen und holte tief Atem. Zuerst verhalten, doch dann mit zunehmender Stärke und Überzeugung begann er die Silben seines Mantra zu murmeln, einer geheimen Formel, die er von seinem Guru gelernt hatte. Als er die kostbaren Worte immer wieder vor sich hin sagte und seinen Geist dem Bild des Guru öffnete, fühlte der junge Mönch, wie sich sein Körper entspannte. Er sah die Gesichtszüge seines Guru klar und deutlich vor sich. Da endlich wagte Sangay, seinen Blick der überwältigenden Pracht der morgendlichen Landschaft, die vor ihm lag, zuzuwenden.

Ganz ruhig diesmal holte er erneut tief Atem und neigte dabei Kopf und Körper nach vorne. Über die Kante des Felsens und die Umrisse seiner großen, runden Zehen hinaus sah er unter sich die leuchtend goldene Zinne eines Klosters. In diesem Augenblick fühlte Sangay den sanften Druck der Hand des Lama auf seiner Schulter.

»Ja, Sangay, du bist bereit.«

Lange Zeit blieben Lehrer und Schüler auf derselben Stelle stehen und beobachteten, wie sich der Morgen über die felsigen Giganten in ihrem Blickfeld erhob. Nach tiefem Schweigen ergriff der alte Lama erneut das Wort.

»Sangay, du bist in deinem jungen Leben schon weit gereist. Du hast deine Bildung außerhalb unserer kleinen Welt in den Bergen bekommen. Du hast Orte gesehen, wo ich noch nie gewesen bin. Erzähle mir, was du erlebt hast.«

Mit ruhiger Stimme beschrieb Sangay das buddhistische Kolleg in Bangalore und seinen Unterricht in Südindien. Der alte Lama unterbrach ihn nicht. Schließlich wies Sangay auf die schwache Linie am Horizont, wo das Königreich Bhutan an seinen riesigen südlichen Nachbarn grenzte. »Das Leben dort ist anders«, sagte er.

Der alte Lama nickte. Er selbst war in seiner Jugend zum Tempel Bodh Gaya gepilgert und hatte gesehen, dass die Welt hinter dem Himalajagebirge eine andere Welt war.

Das ist es nicht«, sagte Sangay. »Die Dinge ändern sich.«

Wieder betrachtete der alte Lama seinen Schüler mit einem liebevollen Blick. »Natürlich, Veränderung gibt es immer«, sprach er. Dann schüttelte er den Kopf. »Aber wir sind glücklich, dass wir in diesem alten Land leben, das einen guten König hat, der unsere Menschen zu schützen weiß. Ich glaube nicht, dass sich das Leben für uns je ändern wird.«

Zum ersten Mal begegnete Sangays Blick dem seines Lehrers. Er wollte sich den Worten des alten Mannes nicht widersetzen. Er wusste nicht einmal, was es war, das ihn an der Zukunft zweifeln ließ. Als er in sein Dorf in den Bergen zurückgekehrt war, war ihm nichts anders erschienen, und doch war es anders gewesen. Ohne die Traurigkeit verstehen zu können, die in ihm aufstieg, fühlte Sangay, dass selbst hier, in seiner abgeschiedenen Heimat, dem winzigen Königreich Bhutan im Himalajagebirge, die alten Traditionen und Bräuche am Aussterben waren. Niemand konnte den Lauf der Zeit aufhalten. Auch Bhutan war im Wandel begriffen.

Der Weg führt nach Osten

Massige Monsunwolken türmen sich vor uns auf, behindern die Sicht und versperren uns den Weg. Die Luft ist ein schwerer, vor Feuchtigkeit tropfender weißer Vorhang. Dichter Nebel füllt die Risse und Spalten der Bergkämme und breitet sich über Täler und Hochebenen. Obwohl es nicht regnet, quietschen die Scheibenwischer unerbittlich bei dem Versuch, dem Fahrer wenigstens einen beschränkten Ausblick durch das verschmutzte Fenster in die morgendliche Nässe zu geben. Es ist kalt und feucht. In fast 4000 Metern Höhe fahren wir nicht nur in die Wolken, wir atmen sie ein, sie sind Teil unseres Lebens.

Unser Lieferwagen ist schwer beladen, und jedes Mal, wenn das Auto mit kreischenden Bremsen um eine der engen, steilen Kurven schlittert, rutscht unsere Last nach vorne. Bei einigen Kurven scheint lautes Hupen angebracht zu sein, bei anderen vertrauen wir lautlos unserem Schicksal. Ich kauere auf dem Beifahrersitz und starre in die unwirkliche Leere vor uns. Hinter mir sitzen zwei Männer, umgeben von Laborausrüstungen, meinem Radio und etlichen Dingen, die nicht nass werden dürfen. Der Großteil meiner Habseligkeiten und mein Hausrat für das kommende Jahr sind auf dem Dach unter einer braunen Plane verstaut, die zornig im Wind flattert. Die übrige Ladung unseres Wagens besteht aus mehreren riesigen Labormaschinen und einigen Kartons mit Retorten und Reagenzien, die alle dasselbe Ziel haben wie ich: das Mongar Hospital im Osten von Bhutan.

Das anhaltende Schweigen meiner Begleiter lässt meine Gedanken schweifen. Wie bin ich nur hierher gekommen? Seit dem Herbst 1995, also seit weniger als zwei Jahren, hatte ich von Bhutan geträumt. Ich war damals vierundzwanzig Jahre alt, und mein Vater, ein Weltreisender, wollte mir seinen geliebten Himalaja zeigen. Er war bereits sechsmal in Bhutan gewesen, und jedes Mal war er voller Begeisterung nach Hause gekommen – aber auch mit neuen Sorgenfalten auf der Stirn. Seinem enthusiastischen Ausruf: »Was für ein unglaubliches Land!«, folgten dann unweigerlich Berichte über neue Veränderungen, die er beobachtet hatte. »Der Verkehr in der Hauptstadt Thimphu hat sich bestimmt verdoppelt. Jetzt haben sie sogar eine Verkehrsampel aufgestellt«, sagte er nach einem seiner Besuche. Beim nächsten Mal kam er mit neuen Bedenken zurück. »Die Verkehrsampel ist wieder weg, aber die Zahl der Touristen in Thimphu ist nicht zu fassen! Ganze Minibusladungen! Du solltest wirklich hin, bevor es zu spät ist. Ich will dir Bhutan zeigen. Das ist eine der letzten unberührten Kulturen der Welt. Aber es wird sich alles bald ändern. Schau dir doch nur die Nachbarn an, Nepal oder selbst Thailand. Vor zwanzig Jahren war es dort noch ganz anders. Warum kommst du nicht mit mir?«

Lange Zeit war ich skeptisch. Ich war dabei, mir eine Karriere als Physiotherapeutin aufzubauen, hatte Fortbildungskurse an der Universität belegt und war vollauf damit beschäftigt, die Erfolgsleiter zu erklimmen. Ich sah mir die Bilder meines Vaters aus dem Himalaja durchaus mit großem Interesse an und wusste auch, dass das winzige Königreich Bhutan südlich von Tibet und östlich von Nepal liegt, doch erst Probleme an meinem Arbeitsplatz brachten mich dazu, mir ernsthaft zu überlegen, meinen Job zu wechseln und das Angebot meines Vaters in Erwägung zu ziehen. An seinem sechzigsten Geburtstag, als er mir wieder damit in den Ohren lag, sagte ich plötzlich mit einem Anflug von Verwegenheit: »O.k., ich begleite dich nach Bhutan!«

Von diesem Tag an nahm mein Leben eine drastische Wende. Wir packten unsere Koffer, und dann ging's los. Zuerst nach Indien und Nepal, dann nach Bhutan. Es war die Reise meines Lebens. Mein Vater erschloss mir Welten, die mir bis dahin völlig unbekannt gewesen waren. Er öffnete mir die Augen, und ich öffnete mein Herz. Bhutan faszinierte mich. Um uns ragten die Berge imposant in den Himmel, fröhliche Menschen empfingen uns mit aufrichtiger Großherzigkeit, und die sanfte Philosophie des Buddhismus vermittelte mir inneren Frieden. Mein ehrgeiziges Streben hatte plötzlich eine andere Richtung genommen.

Vom Fenster eines Klosters aus, das sich an eine felsige Bergwand schmiegte, erschienen mir der Materialismus und Stress meines Lebens in Kanada völlig sinnlos. Ich wollte reisen, neue Kulturen erleben, entdecken, ob unser Erdball nicht noch andere faszinierende Plätze für mich bereithatte. Ich wollte einen Ort finden, wo das Leben Sinn hatte. Ich wollte lernen und Abenteuer erleben. Als Gegenleistung wollte ich etwas tun, das der Mühe wert und sinnvoll war. So entschloss ich mich für ein Jahr Freiwilligendienst. Während der drei Wochen, die ich mit meinem Vater unterwegs war, hatte ich den enormen Unterschied zwischen unserem Reichtum im Westen und der Armut, auf die wir stießen, hautnah erlebt. Natürlich war mir immer bewusst gewesen, dass mein Leben privilegiert war, doch jetzt fühlte ich mich überprivilegiert. Es genügte mir nicht mehr, Sportunfälle in einer modernen, gut ausgestatteten Klinik zu behandeln. Ich wollte etwas zurückgeben, mit anderen teilen. In meiner Fantasie sah ich mich bereits umgeben von dunkelhäutigen Kindern, die wussten, dass ich gekommen war, um ihnen zu helfen. Zum ersten Mal in meinem Leben glaubte ich an einen Wink des Schicksals. Irgendwo in Bhutan rief jemand meinen Namen.

Zurück in Kanada, waren meine Eltern alles andere als begeistert, als ich ihnen von meinen Ideen und Plänen erzählte.

»Aber du musst doch nicht gleich für ein ganzes Jahr fort«, warnte mein Vater. »Ein Jahr ist eine lange Zeit. Hast du dir das auch gründlich überlegt?«

Ja, das hatte ich. Als ich mich beim Gesundheitsministerium in Bhutan erkundigt hatte, wurde mir mitgeteilt, dass ich mich als Freiwillige für ein ganzes Jahr verpflichten müsse. Und ich hatte zugesagt.

Mein Vater versuchte es mit einer anderen Taktik. »Du bist eine junge Frau, das ist die beste Zeit deines Lebens. Du solltest ausgehen, dich verlieben, einen Mann finden. Wen wirst du denn dort kennen lernen?«

Doch auch solche Argumente konnten mich nicht beunruhigen. Nach der schmerzlichen Trennung von einem Partner, von dem ich geglaubt hatte, dass ich ihn heiraten würde, war ich nun wirklich nicht auf romantische Abenteuer aus.

»Glaube nicht, dass du das ganze Jahr dort bleiben musst, nur weil du zu stolz bist zurückzukommen, wenn es nicht klappt«, sagte mein Vater beim Abschied zu mir. Ich merkte, dass meine Eltern über alle Maßen besorgt waren, aber trotz aller Widerstände war ich entschlossen, meinen Plan durchzuziehen. Dann, 1997, nach monatelangen Vorbereitungen und einem tränenreichen Abschied von meiner Familie flog ich nach Bangkok. Dort kaufte ich ein einfaches Ticket nach Bhutan.

In Thimphu, der Hauptstadt von Bhutan, wurde ich von den Voluntary Services Overseas angestellt, einer nichtstaatlichen Organisation, die freiwillige Helfer für Entwicklungsländer rekrutiert. Damit durfte ich im Land bleiben. Als Nächstes prüfte nun die Königliche Regierung von Bhutan meinen Enthusiasmus und meine Fähigkeiten und wies mir einen Platz im Bereich Physiotherapie des öffentlichen Gesundheitssystems zu.

Während meiner Einführung in Thimphu erfuhr ich, dass man in Bhutan im Lauf der vergangenen 25 Jahre ein neues und erstaunlich aktives Netz für die Gesundheitspflege eingerichtet hatte. Bis dahin hatte man sich in diesem kleinen Binnenstaat im Himalaja vor allem auf die traditionelle Medizin und Medizinmänner gestützt. In den Siebzigerjahren kamen dann Lepramissionen ins Land, die Gebäude zur Aufnahme und Behandlung von Patienten errichteten. Danach folgten Krankenhäuser in den meisten größeren Städten. In vielen kleineren Dörfern werden von den sogenannten Basic Health Units einfache Behandlungen übernommen, die wichtigsten Medikamente bereitgehalten und Impfungen vorgenommen.

Zwar waren mit den Lepramissionen auch einige Heilgymnasten ins Land gekommen, doch der Großteil des Missionspersonals war inzwischen wieder abgezogen worden, da es fast keine Lepra mehr gibt. Die Physiotherapie ist deshalb bei den Patienten in Bhutan, die nicht an Lepra leiden, eine relativ neue Idee und noch wenig anerkannt. Gegenwärtig gibt es drei qualifizierte Physiotherapeuten im Land. Zwei davon, ein Bhutaner und ein freiwilliger UN-Arbeiter aus Amerika, sind im großen, staatlichen Krankenhaus von Thimphu tätig. Eine finnische Heilgymnastin arbeitet noch auf der Lepramission in Gidakom, einem kleinen, nur etwa 45 Fahrminuten von der Hauptstadt entfernten Dorf. Darüber hinaus sind acht ausgebildete physiotherapeutische Assistenten oder Techniker, wie sie hier genannt werden, über das ganze Land verteilt. Drei davon arbeiten in Thimphu, einer auf der Mission in Gidakom. Die übrigen vier wurden in den Osten Bhutans entsandt, und zwar nach Mongar, Yebilapsa unweit von Zhemgang, Trashigang und Rizerboo in der Nähe von Pemagatshel. Das Gesundheitsministerium der Königlichen Regierung hatte beschlossen, dass ich die vier physiotherapeutischen Techniker in den östlichen Bezirken ausbilden und zu mehr Selbstständigkeit anleiten sollte. Mir schien dieser Job ideal, und so packte ich in Thimphu hocherfreut meine Sachen zusammen und begann die lange Reise in den Osten des Landes.

Nach fünfzehn Stunden Fahrt, zusammengepfercht im Auto, fühle ich mich ausgelaugt und gereizt. Habe ich wirklich die richtige Entscheidung getroffen? Meine einzige berufliche Auslandserfahrung habe ich in drei Monaten auf einer Vertretungsstelle an einem kleinen Bezirkskrankenhaus in Australien gesammelt, und nun bin ich unterwegs in eines der entlegensten Gebiete des bewohnten Erdballs. »Ich möchte dort helfen, wo ich am meisten gebraucht werde«, hatte ich meinen Eltern heldenhaft erklärt. Das Mongar Hospital war nun der Ort, den das Gesundheitsamt der Königlichen Regierung von Bhutan für meine selbstlose Aufgabe für würdig befunden hatte. Vor allem quält mich plötzlich die Frage nach meiner Unterkunft. Einfach würde sie sein, hat man mir gesagt. Aber was versteht man hier unter einfach? Ist sie hell? Oder ohne jedes Licht? Gibt es Fließwasser? Warmes Wasser? Überhaupt kein Wasser? Mir kommen all die entsetzlichen Geschichten über Mongar in den Sinn, die man mir erzählt hat. Vom Baugelände, das das gesamte Krankenhaus umgibt, von überfüllten Unterkünften.

Unsere Reise scheint mir schon einen Vorgeschmack auf das Kommende zu geben, denn die extrem anstrengende Fahrt von Thimphu in den östlichen Bezirk von Mongar entführt mich immer weiter in die unbekannte Welt des Himalaja. Obwohl wir nie schneller fahren als dreißig Kilometer pro Stunde, kommt es mir vor, als würden wir fliegen. Zu meiner Linken erheben sich kahle Felsen, die dem Blick immer wieder entschwinden. Kleine knorrige Bäume wachsen aus den überhängenden Felsblöcken, ihre Wurzeln klammern sich in die engen Spalten des Gesteins. Rechter Hand, nur wenige Zentimeter vom Auto entfernt, fällt die Straße Schwindel erregend mehrere hundert Meter tief in unergründliche Schluchten ab. Der schmale Asphaltstreifen der Straße ist mit Wasser überflutet; Rinnsale werden zu kleinen Bächen, und das Regenwasser wäscht in Wellen die Straße aus. Hin und wieder ergießt sich ein regelrechter Wasserschwall über die Straße, wenn ein Bach sein Rohr gesprengt hat und sich mit dem Wasser auf dem Fahrweg mischt. Nur Plätschern und Rauschen kündigen einen solchen Wasserfall über der Straße an. Um mich zu beruhigen, rede ich mir ein, wir seien auf einer ganz normalen Bergstraße mit besonders vielen Kehren unterwegs. Auch ein Mittel gegen Reisekrankheit hilft mir dabei: In meiner Angst empfinde ich den Nebel als willkommene Behinderung der Sicht, denn er verdeckt den Anblick einer der sicher Furcht erregendsten Bergstraßen der Welt.

Ein kleiner, weißer Tschorten, ein buddhistischer Kultbau aus Stein, steht zum Schutz am äußersten Rand einer besonders beängstigenden Kurve. Sicher ist er ein Glücksbringer, ein Beschützer für den bedachtsamen Reisenden. Dahinter versperren nur einige Bäume und Gräser den fast senkrechten Abfall ins Tal.

Wir haben Trumsing La hinter uns gelassen, der mit seinen 3800 Metern der höchste Pass auf der Strecke von Thimphu nach Mongar ist. Nun geht es abwärts. Innerhalb weniger Stunden legen wir einen Höhenunterschied von 1500 Metern zurück. An Stelle von Felsen und Sträuchern säumt nun Laubwald die Straße. Nach der Kälte in den Gebirgshöhen steigt die Temperatur schnell an, und bald umgibt uns eine schwüle, tropische Hitze. Riesige Kletterpflanzen bedecken den zerklüfteten Straßenrand. Bambus, Bananenbäume und Kakteen beherrschen die Landschaft. Die Feuchtigkeit wird immer drückender. Obwohl ich das Fenster ganz heruntergekurbelt habe, scheint die Luft still zu stehen, kein Luftstrom dringt ins Wageninnere.

In Lingmethang erreicht die Passstraße in einer Höhe von 650 Metern ihren tiefsten Punkt und steigt dann wieder an. Schnaufend und pustend müht sich unser kleiner Lieferwagen den gegenüberliegenden Berghang hinauf. Der ohnehin schon unebene Straßenbelag ist gespickt mit Schlaglöchern. Bei jedem Stoß, der dem Wagen dadurch versetzt wird, zehrt der dumpfe Schmerz in meinem Kopf weiter an meinen Nerven und macht ein zusammenhängendes Denken unmöglich. Ich bin müde, hungrig und ein wenig verzagt.

Die Wolkenwand vor uns reißt nicht auf, und so bahnen wir uns mühsam, Kurve um Kurve, weiter unseren Weg. Hin und wieder entgehen wir nur um Haaresbreite einem Zusammenstoß mit einem der riesigen, orangefarbenen Lkws aus den indischen TATA-Werken, die mit Baumstämmen, Steinen oder auch Menschen beladen die Straße herunterdonnern. Mit viel Hupen und komplizierten Manövern zwängen wir uns dann aneinander vorbei.

Eigenartigerweise hat der Verkehr in den letzten Stunden unserer Fahrt zugenommen, und ich frage mich, wohin wohl alle unterwegs sind. Ich habe auf unserer Reise nur einige wenige Häuser bemerkt, die über die Hänge verstreut sind, und die letzte größere Stadt, Jakar, wo wir die Nacht in einem winzigen Gästehaus verbracht hatten, liegt mehr als acht Stunden zurück. Vielleicht verstecken sich im Nebel ein paar prächtige Siedlungen und malerische Dörfer, die ich bald entdecken und erforschen würde. Zum Zeitvertreib male ich mir in meiner Fantasie bunte Bilder davon aus.

»Hier Mongar«, kündigt der Fahrer fröhlich an, und ich blinzele hinaus in den Nebel, um einen ersten Eindruck von meiner neuen Heimat zu gewinnen. In meiner Vorstellung sehe ich einen bunten Marktplatz vor mir, mit freundlichen Menschen, ein niedliches Krankenhaus und sogar noch ein kleines Häuschen für mich. Angestrengt blicke ich aus dem Fenster – doch da ist nichts. Alles, was ich sehe, ist ein kleines Stück Straße vor uns, ein paar Bäume zu beiden Seiten und Wolken. Der Fahrer zeigt mit der Hand nach vorne und dann nach links. Ich blicke angestrengt in die gewiesene Richtung – nichts.

Gerade als ich anfange, mich über den unpassenden Scherz zu ärgern, ersteht vor meinen Augen am Straßenrand plötzlich eine Reihe dreistöckiger Häuser. Die hölzernen Fronten der acht bis zehn eindrucksvollen Gebäude sind künstlerisch bemalt und mit Schnitzereien verziert. Die Aussicht auf eine so hübsche Stadt lässt mein Herz höher schlagen, doch schon ist das Trugbild wieder verschwunden. Wir biegen um eine Haarnadelkurve, rumpeln holpernd über eine von Rissen und Rinnen durchzogene Seitenstraße, und alle Anzeichen menschlicher Behausungen verschwinden hinter uns. Der Weg windet sich steil einen bewaldeten Hang hinauf und endet vor einem langen, weißen Gebäude, das ein hölzernes Schild trägt: Mongar Hospital, Referral Hospital of Eastern Bhutan.

Aus der Ferne

Mein »Haus« entpuppt sich als ein Unterrichtszimmer neben der Mutter-und-Kind-Klinik. In der Hoffnung, man sieht mir meine Enttäuschung nicht allzu deutlich an, stehe ich inmitten meiner Kisten und Taschen. Der Raum ist kahl und nicht gerade einladend. An einer Wand stehen sechs sauber aufeinander gestapelte Stühle, ein großer Tisch und ein weißes Zeichenbrett mit einer Tabelle der verschiedenen Verhütungsmethoden. Die gegenüberliegende Wand schmücken ein Lichtkasten für Röntgenbilder, zwei Buddhaposter und ein Bild des Königs von Bhutan. Ein altes, verbeultes Metallregal enthält eine Reihe staubiger Bücher. In der Ecke auf der anderen Seite des Raumes wartet ein einsames Bett auf meine Ankunft. Der Verwalter des Krankenhauses versichert mir, dass ich innerhalb der nächsten zehn Tage in mein ständiges Quartier einziehen könne. Leider sei dieser bescheidene Raum im Augenblick die einzig mögliche Unterkunft. Nachdem er mich einigen Mitarbeitern des Krankenhauses vorgestellt hat, verabschiedet er sich mit einem leisen »Wir hoffen, dass es dir bei uns gefällt« und lässt mich allein.

Ich bin todmüde, und mein Körper schmerzt, als wäre ich die 480 Kilometer von Thimphu nach Mongar zu Fuß gelaufen. Draußen regnet es, und die Tropfen trommeln in monotonem Rhythmus auf das Wellblechdach. Die Sicht reicht nur ein paar Meter weit. Die Welt scheint von einem weißen Tuch umhüllt zu sein. Von irgendwoher unter meinem Fenster tönt beharrliches Hämmern. Der Nebel dämpft die Geräusche zwar, doch das stete Vibrieren unter meinen Füßen sagt mir, dass die Bauarbeiten nur wenige Meter von meiner Behausung entfernt vor sich gehen. Der Kühlschrank hinter mir, in dem die Impfstoffe des Krankenhauses aufbewahrt werden, dröhnt wie ein Motor. Ein großer, schwarzer Käfer fliegt taumelnd durch den Raum, stößt immer wieder ungebremst gegen die Wände, setzt seinen Flug aber jedes Mal unbeirrt fort.

Es ist schon fast fünf Uhr. Die Dämmerung kriecht langsam durch die Spalten und Risse meines Zimmers. Ich öffne die Tür, um noch etwas Licht hereinzulassen, stattdessen schiebt sich die undurchdringliche Wolkenwand herein und lässt sich auf meinen Habseligkeiten nieder. Die Luft drinnen und draußen ist kalt und klamm, und ich kuschle mich in meine Jacke. Nachdem ich mich vergewissert habe, dass meine Taschenlampe sicher in meiner Jackentasche verstaut ist, durchstöbere ich meine Schachteln nach einer Kerze und Streichhölzern.

Es klopft an der Tür. Zwei kleine Frauen mit knabenhaft kurz geschnittenen Haaren lächeln mich an. »*Kuzuzang po la!*« Die jüngere der beiden stellt sich als Pema Dorji vor und die andere als ihre Kusine Wangmo Dorji.

»Ich mit dir arbeiten, Madam. Ich neue Physiotechnikerin.«

»Oh«, antworte ich erstaunt und starre sie an. Sie hatte sich mit Pema Dorji vorgestellt, mir hatte man jedoch gesagt, meine Assistentin hieße Beda Giri. Vielleicht hatte ich sie missverstanden?

»Sind Sie die physiotherapeutische Assistentin von Mongar?«, frage ich forschend.

»Eigentlich bin ich Physiotechnikerin von Trashigang, Madam. Bin gerade nach Mongar versetzt.«

Ich bin verwirrt. »Ich habe gehört, dass es noch eine andere

Technikerin in Mongar gibt. Ich glaube, sie heißt Beda Giri. Was ist aus ihr geworden?«

»Oh, Beda ist in Indien für einen Kurs. Hast du das nicht gewusst?«

Ich schüttle den Kopf.

»Beda ist längere Zeit schon weg. Aber wir hörten, dass du kommst, und jetzt bin ich da.«

»Kommt Beda wieder zurück?«, frage ich.

»Sie wird natürlich wiederkommen. Nächstes Jahr. Dann werde ich vielleicht wieder versetzt.«

Noch immer etwas verwundert, frage ich mich, was diese Informationen bedeuten mögen. Für Pema scheint diese Versetzung nichts Besonderes zu sein. Ich muss zugeben, dass es vielleicht auch wirklich nichts Besonderes ist. Letztlich spielt es ja auch keine Rolle, wer meine Assistentin ist, solange ich überhaupt jemanden unterrichten kann. Endlich ist die Neugier in mir geweckt, meine neue Assistentin näher kennen zu lernen.

»Wohnst du jetzt mit deiner Kusine hier?«

Pema schüttelt den Kopf. »Nein. Mein Mann ist Verwaltungsbeamter im Dzong. Er wurde auch versetzt. Wir wohnen inzwischen im Krankenhaus.«

»Ihr seid also beide wegen mir hierher gekommen?«

Pema wackelt auf etwas seltsame Weise mit dem Kopf. Im Gegensatz zum eindeutig negativen Kopfschütteln, das ihr vorheriges »Nein« begleitet hat, scheint diese Bewegung Zustimmung auszudrücken.

»Eigentlich ist es gut für mich«, bestätigt Pema. »Meine Familie wohnt in Bargompa nicht weit von hier. Wir möchten aber lieber nach Thimphu. Aber ich freue mich, dass du hier bist. Wie gefällt dir Mongar?«

Ich weiß nicht recht, was ich antworten soll. Was gilt in diesem Land wohl als höfliche Konversation? Da ich nicht bereit bin, vorzeitig mit Schmeicheleien aufzuwarten, murmle ich etwas von »sehr schön«. Zur Sicherheit füge ich dann aber noch ein »Ich liebe Bhutan« hinzu.

Meine Besucherinnen sehen mich erstaunt an. Es scheint keinen Grund für weitere Förmlichkeiten zu geben. Sie setzen sich auf mein Bett und geben sich ganz der Bewunderung meiner mitgebrachten Habseligkeiten hin. Sie loben meine große, rote Hockeytasche, meine neue Matratze, meinen funkelnagelneuen »Badewannenkübel« und meine beiden Gasflaschen.

»In Mongar nur schwer Gas bekommen! Wir haben schrecklich lange Warteliste nur für Flasche. Mindestens sechs Monate«, ruft Pema aus. »Du hast Glück – du hast zwei Flaschen! Wenn du gehst, Schwester, gibst du uns dann eine von deinen Flaschen?«

Ich nicke und fühle mich plötzlich privilegiert.

Nachdem sie mir aufgetragen hat, baldmöglichst eine Kerosinlampe zu kaufen und nicht zu vergessen, am Sonntag Vormittag zum Gemüsemarkt zu gehen, macht sich Pema daran, mein Zimmer umzuräumen. Sie holt drei der Bibliotheksstühle vom Stapel und stellt sie unter dem Fenster auf. Dann rät sie mir, meine Taschen hochzunehmen und auf den Armlehnen abzustellen, damit meine Sachen in der Nacht vor den Ratten geschützt sind.

Ratten …! Ja, ich bin wirklich privilegiert.

»Hast du Hunger, Schwester?« Pema untersucht bei dieser Frage meine mit Klebestreifen umwickelten Kisten mit dem Küchengerät. »Bitte komm zu meinem Haus.« Abrupt gehen die beiden Frauen auf die Tür zu.

»Nein danke, alles o.k.«, stammle ich – was mir einen missbilligenden Blick einbringt.

»Du bist sicher müde. Wir wollen dich zum Abendessen rufen. Hast du Taschenlampe?« Ich nicke und zeige ihnen meine kleine Taschenlampe.

»Das ist Taschenlampe?«, fragt Pema zweifelnd. »Du musst große Taschenlampe nehmen! Kein Problem. Ich habe eine«, fügt sie hinzu und schwenkt zur Bestätigung eine riesige Taschenlampe aus Stahl vor mir hin und her.

Ein wenig später stapfe ich im Regenmantel und mit meinem Schirm, den ich wie einen Schild festhalte, hinter Pema und ihrer schweigsamen Kusine die schlammige Straße entlang am Krankenhaus vorbei und auf eine Siedlung kleiner Betonhäuser zu.

»Vorsicht hier!«

Wir steigen eine gefährliche, in den Berghang gehauene Treppe hinauf. Sie führt zu einem Häuserblock mit mehreren Eingangstüren und einer Reihe verwitterter Fenster mit fest verschlossenen Fensterläden. Pema öffnet eine der Türen, und wir betreten einen dunklen, überraschend voll gestopften Korridor. Trockene Wärme schlägt uns entgegen. Meine Gastgeberin verschwindet hinter einem blaugrün karierten Wollvorhang neben einem Haufen Plastikpantoffeln und Gummistiefeln. Auch ihre Kusine verschwindet.

Ich ziehe meine Schuhe aus, lege sie auf den beachtlichen Plastik-, Gummi- und Lederhaufen und suche nach einem Platz für meinen triefenden Schirm.

»Ich nehme ihn. Bitte komm.« Pema lugt hinter dem Vorhang hervor und zieht mich in einen schwach erleuchteten, engen Raum, in dessen Mitte ein rostiger Holzofen steht.

»*Kuzuzang po la!*« Ein Mann mit einem kleinen Jungen auf den Armen streckt seine Beine und erhebt sich von einem Bett, das auf der anderen Seite des Raums an der Wand steht. Pema stellt ihn mir vor. »Das ist Karma. Mein Mann.«

»Wir haben dich erwartet!« Karmas sanftes und etwas melancholisches Lächeln wird fröhlicher. Er verbeugt sich, so weit es das kleine Kind in seinen Armen erlaubt.

»Willkommen.«

Pema schiebt ein fünfjähriges Mädchen auf mich zu.

»Das ist Chimmi. Chimmi, sag hallo.«

»Guten Abend, Tante!« Chimmi strahlt mich an.

»Und das ist Nima.« Pema nimmt das Kind aus Karmas Armen und setzt es auf ihre Hüfte.

Ich lächle dem niedlichen Jungen zu, der in seinem locker gehäkelten, blauen Jäckchen fast verschwindet. Lange Wimpern umrahmen seine wunderschönen, braunen Augen, aber sein Blick ist vage in die Ferne gerichtet. Er stößt einen schwachen, gurgelnden Laut aus, und seine Lippen verziehen sich zu einem kläglichen Wimmern. Pema streicht ihm liebevoll über die schwarzen Löckchen und gurrt ihm beruhigend zu.

»Nima braucht viel Zuwendung. Wir sind immer besorgt um ihn.« Ohne eine weitere Erklärung glättet Pema die Decke auf dem Bett und übergibt den Jungen ihrer Tochter.

»Bitte setzen«, fordert mich Karma auf. Dann verschwinden beide durch die Tür hinter dem Vorhang.

Völlig erschöpft mache ich es mir auf dem Bett bequem und betrachte die beiden Kinder neben mir. Chimmi trällert mit ihrer kindlichen Stimme ein Liedchen, doch Nima ist eigenartig still. Er beschäftigt sich damit, seine Unterlippe zwischen Daumen und Zeigefinger beider Hände hin und her zu rollen. Zärtlich nimmt die Schwester Nimas kleine Händchen in die ihren, zieht ihn an sich und küsst ihn auf die Wange. Dann nimmt sie einen alten, zerlumpten Teddybär und lässt ihn auf dem Bett auf und ab gehen. Doch Nima wiegt sich weiterhin teilnahmslos hin und her, starrt auf die Wand hinter uns und rollt seine Unterlippe zwischen den Fingern.

Pema kommt kurz herein und stellt eine Reihe dampfender Schüsseln auf einen hölzernen Schemel neben dem Bett. »Bitte iss«, sagt sie und verschwindet wieder.

Unsicher schaue ich auf die Speisen und den Löffel vor mir, während Chimmi weiter mit Nima spielt. Soll ich denn nun alleine essen? Ich warte, bis sich der Dampf über den Schüsseln verzogen hat und schiebe dann etwas unsicher den Reis auf meinem Teller hin und her.

Pema kommt mit einer Tasse Tee in der Hand wieder hinter dem Vorhang hervor. Erstaunt sieht sie die unberührten Speisen auf meinem Teller.

»Bitte iss. Wir essen dann später.«

Ich stochere in meinem Curry herum, der auf meinem Gaumen brennt und mir die Tränen in die Augen treibt. Nima stößt wieder seine gurgelnden Laute aus, und mir fällt vor Schreck der Löffel aus der Hand. Es hört sich an, als ob der Junge am Ersticken wäre, doch die beunruhigenden Geräusche scheinen ihn keineswegs aus der Fassung zu bringen. Auch Chimmi und ihre Mutter achten nicht darauf. Über den Tellerrand hinweg beobachte ich Nima. Seine Augen sind glasig, sein Blick ist unbestimmt in die Ferne gerichtet, seine Bewegungen sind langsam und mechanisch.

Pema hockt vor dem offenen Holzofen.

»Wir müssen auch im Sommer Feuer machen«, erklärt sie und bläst vorsichtig in die rußige Öffnung. »Es wird heiß, aber wenigstens ist es trocken. Wir müssen es trocken haben, wegen Nima.« Pema zeigt auf ihren Sohn und runzelt die Stirn.

Ich würde sie gerne über Nima ausfragen. Vielleicht könnte sie ihn zur Behandlung bringen. Aufgeregt male ich mir schon aus, dass er mein erster Patient in Mongar sein würde. Doch ich halte mich mit meinen Fragen an Pema noch zurück und warte bis sie von selbst über Nima spricht. Das Curry brennt im Hals, und meine Augen tränen.

»Zu scharf für dich?«, fragt Pema mit besorgtem Blick.

»Nein. Nein, es schmeckt gut.« Ich schüttle den Kopf und schaffe sogar ein Lächeln. Ich würde lieber die ganze Curryschüssel leer essen, als diese Frau mit ihrem stillen Kind zu enttäuschen.

»Du kommst bald wieder, nicht wahr?«, fragt Pema beim Abschied.

Ich nicke und winke den Kindern zu. »Natürlich – und vielen Dank.« Chimmi sieht mich aus ihren großen, strahlenden Augen an und ruft mir ein fröhliches »Auf Wiedersehen, Tante!« zu.

Ich ziehe meine Schuhe an und fummle nach meinem Schirm. Ehrlich gesagt bin ich noch gar nicht bereit, heimzugehen. Karma läuft voraus, um mir den Weg zu zeigen, doch der Strahl seiner Taschenlampe wird von Nebel und Regen verschluckt. Ich blicke in das bedrohliche Dunkel, das mir wie der Eingang zu einem Gespensterhaus erscheint.

Jetzt ist es also so weit – mir steht die erste Nacht allein in meinem neuen Heim bevor. Der Gedanke versetzt mich in Angst und Schrecken, und ich frage mich, weshalb ich mir eigentlich immer nur vorgestellt hatte, wie Mongar aussehen, aber nicht, wie ich mich dort fühlen würde. Pema zupft mir den Regenmantel um die Schultern zurecht, und ich ziehe schnell den Reißverschluss zu. Ich werfe noch einen Blick zurück und sehe die dunklen Umrisse von Chimmi und ihrer Mutter im hell erleuchteten Türrahmen.

»Komm wieder«, ermahnt mich Pema noch einmal. Als ich in die feuchte Düsternis der Monsunnacht hinaustrete, klammere ich mich an diese Worte wie an eine Rettungsleine.

In meinem Unterrichtszimmer verkrieche ich mich sofort in mein Bett unter dem Moskitonetz. Die angenehme Erinnerung an die fröhlichen Stimmen und die beruhigende Wirkung von Pemas Zuhause ist einem Gefühl elender Leere gewichen. In meinem Gedächtnis wandere ich zurück in mein Zimmer zu Hause, in mein Bett, das in der Ecke unter der schrägen Holzdecke steht. Ich schwelge so in Nostalgie, dass ich gar den Schrei der kanadischen Wildgänse höre, der durch das offene Fenster zu mir hereindringt. Plötzlich kommt es mir vor, als spürte ich die öde Stille von Mongars Betonwänden direkt auf meiner Haut. Im flackernden Licht der Kerze schwirren Fliegen, Mücken und andere Insekten herum. Eine Zeit lang starre ich auf einen grünen Käfer, der zum Glück auf der anderen Seite meines Moskitonetzes sitzt. Er gleicht einer größeren Heuschrecke und sieht aus, als ob er direkt aus einem Horrorfilm in mein Zimmer gehüpft und dann zusammengeschrumpft wäre. Aus achteckigen Augen sieht er mich abschätzig an, sein grüner Panzer kampfbereit. Ich blase die Kerze aus und krieche tiefer in meinen Schlafsack. In der Dunkelheit höre ich das Surren der Mücken und frage mich, ob wohl die Flöhe schon im Anzug sind.

Mitten in der Nacht wache ich auf. Ein lauter Alarmton direkt an meinem Ohr. Ich greife nach meiner Taschenlampe, kann aber nichts sehen. Das drohende, schrille Geräusch lässt nicht nach. Ich krieche unter meinem Moskitonetz hervor und sehe mich um. In Gedanken plane ich schon meine Flucht und greife nach meinem Reisepass und Tagebuch. Dann hört das Geräusch plötzlich wieder auf, ebenso schnell, wie es begonnen hat. Ein paar Minuten stolpere ich noch im Dunkeln herum, kann aber nichts finden. Nur ungern ziehe ich mich wieder unter mein Netz zurück und warte auf den erlösenden Schlummer. Doch vergeblich. Die herbeigesehnten süßen

Träume bleiben mir versagt. Resigniert zünde ich die Kerze an und starre zur Decke. Der schwarze Käfer hat seinen Feindflug wieder aufgenommen und kracht mit voller Wucht gegen die Wände. Schließlich versetzt mich das Trommeln des Regens aber doch in einen unruhigen Schlaf.

Am nächsten Morgen regnet es noch immer. Schwere Schauer wechseln mit einem leichten Nieseln ab, und alles um mich herum ist in dichte Wolken gehüllt. Mein Zimmer riecht muffig und modrig. Innerhalb weniger Stunden fühlen sich alle meine Sachen feucht an. Die Haare hängen schlaff vom Kopf, und es juckt am ganzen Körper.

Der Lärm der Bauarbeiten um das Gebäude nimmt kein Ende. Das beharrliche Hämmern zehrt am meisten an den Nerven, denn es ist ein Geräusch, an das man sich nicht gewöhnt und das man nicht ignorieren kann. Der abgehackte Lärm dringt in die Ohren, und das Dröhnen im Schädel trifft den empfindlichsten Nerv. Hin und wieder dringen laute Rufe auf Bengali und Hindi zu mir herein. Ich nehme an, dass es sich um Befehle, Anweisungen oder vielleicht auch um einen Gruß handelt. Dann springt irgendwo im Nebel plötzlich ein Generator an, und ich höre das Krachen und Spucken des Motors, bis sich die Kammern mit Dieselöl füllen.

Als der Regen nachlässt, wage ich ein paar Schritte in Richtung Krankenhaus. Rechts vom Hauptgebäude klafft eine riesige Grube im Erdreich, aus deren Mitte Metallstangen durch das Betonfundament für zwei neue Bauten ragen. Umgeben von einem Chaos aus Steinen, alten Ölfässern und Sand, kauern Frauen, Kinder und alte Männer auf dem Boden und schlagen geduldig mit schweren, axtgroßen Hämmern auf Steinklötze ein. Ihre dröhnenden Schläge hallen im Nebel wider. Mechanisch und mit einer für die dünnen Arme und schmalen Schultern erstaunlichen Kraft schlagen sie die Klötze zu großen Steinen, die großen Steine zu kleinen Steinen und die Steine zu Kies. Kaum ist einer der riesigen Klötze zerkleinert, wird schon der nächste herbeigerollt und so lange hartnäckig bearbeitet, bis nur noch ein Haufen Kies übrig ist.

Eine der Frauen wendet den Kopf und starrt mich lange eindringlich an. Dann ruft sie etwas, aber ich habe keine Idee, was es bedeuten könnte und ob der Ausruf überhaupt für mich bestimmt ist. Ihr einfacher, orangefarbener Sari ist mit Schmutz verkrustet. Sie hat sein loses Ende um den Kopf geschlungen, ganz so, als wollte sie sich vor der Nässe und dem Elend um sie herum schützen. Ein paar Armreifen an ihren Gelenken begleiten das Hämmern in einem freudlos klappernden Rhythmus. Ein etwa zwölfjähriger Junge an ihrer Seite sieht nicht einmal von seiner Arbeit hoch. Mit hektischem Eifer fällt er über die Felsblöcke her. Die Schnelligkeit seiner Bewegungen unterbricht die allgemeine Monotonie. Bedrückt und auch ein wenig schuldbewusst wegen meiner eigenen Untätigkeit wende ich mich rasch ab und folge der »neuen« Straße zum Basar. Am gequälten Schlagen eines Hammers, der den allgemeinen Lärm übertönt, höre ich, dass die Frau im orangefarbenen Sari ihre mühselige Arbeit wieder aufgenommen hat.

Der schlammige Pfad führt bergauf, nach links um eine Anhöhe herum. An seinem höchsten Punkt hört der Weg plötzlich auf, mitten in einem großen, grünen Feld. Etwa hundert Meter vor mir erhebt sich auf einem fünf bis sechs Meter hohen Wall der Basar von Mongar, der das Tal hinter mir beherrscht. Von der Stelle, auf der ich stehe, kann ich zu meiner Rechten ein riesiges, weißes, vierstöckiges Gebäude ausmachen, daneben eine Gruppe etwas kleinerer Häuser, die sich bis zu einem bewaldeten Berg in der Ferne erstrecken. Links liegen über einen sanften Abhang verstreut mehrere Häuschen aus Holz und Stein, in der Mitte ragt eine kleine Festung empor, die den Marktflecken beherrscht.

Vom anderen Ende des Fußballplatzes hat man einen ungehinderten Blick auf das Mongar Hospital. Die abgeflachte Spitze eines Hügels hinter dem Krankenhaus dient als Landeplatz für Hubschrauber, und unter ausladenden, grünen Laubbäumen sehe ich das grüne Dach des Hauptgebäudes. Der viereckige Bau umschließt einen Innenhof. In einer Ecke ist die gläserne Kuppel des Operationssaals zu erkennen. Hinter dem Krankenhaus verschwindet die Straße unter Bäumen, mündet dann aber etwas weiter entfernt in einen offenen Platz, der von mehreren einzeln stehenden Häusern für das Personal gesäumt ist. Der Baulärm dringt bis hierher.

Ich gehe auf den Hauptweg zurück und überquere das Feld. In einiger Entfernung kann ich die kuppelartige Silhouette eines Tschorten ausmachen, der mich an den Bodnath Stupa in

Der Blick vom Fußballfeld auf das Mongar Hospital

Mongars Tschorten und Gebetsfahnen

Nepal erinnert. In diesen buddhistischen Kultbauten werden
Schätze und Reliquien aufbewahrt, sie sind aber auch Denk-
mäler für Heilige und Priester. Aus der Ferne sieht der Tschorten wie ein Kegel mit terrassenförmigen Stufen aus. Wenn man
näher kommt, kann man einige der religiösen Symbole erkennen. Unter der Kuppel blicken vier Augenpaare des allse-
henden Buddha in die vier Himmelsrichtungen; sie bewachen
die heilige Stätte und schützen die Weisheit des Dharma, der
ewigen Lehre Buddhas. Ein zierlicher Sockel hebt den Tschorten gegen den Himmel. Umgeben vom üppigen Grün der
Monsunvegetation scheint das Monument über dem festen Boden zu schweben. Rundherum flattern weiße Fahnen in der Brise, und die Luft ist geschwängert vom Geruch der Gräser und
Kräuter, die sich unter die Regendecke ducken.

Eine schmale, steile Treppe führt zwischen zwei Gebäuden
den Befestigungswall hinauf. Die Stufen sind nass und glitschig

und so uneben, dass ich nur ganz vorsichtig einen Fuß vor den anderen setze. Ein Stein wackelt und kippt unter mir weg. Ich vergewissere mich rasch, dass niemand meine Ungeschicklichkeit bemerkt hat, aber das nasse Wetter hat die Menschen in ihre Häuser verbannt. Auf einer kleinen Plattform angelangt, führen die Stufen nach rechts weiter zum Hauptplatz.

Vor mir steht ein großer, einfacher, frisch gestrichener Tschorten. Die weiße Farbe am Sockel ist schon wieder leicht schmutzig, denn er dient den Leuten, die auf ihre verschiedenen Transportmittel warten, als Sitzgelegenheit. Der vierte Stock eines riesigen Gebäudes zu meiner Rechten ist ein Gästehaus, dessen Tafel mit der Aufschrift »Druk Kuenden« den müden Reisenden willkommen heißt.

Die Häuser des Basars säumen eine schmutzige Straße. Zwei weitere »Hotels« bieten »fooding and lodging« an. In den übrigen Gebäuden sind Läden im Erdgeschoss untergebracht. Jeder trägt eine Tafel mit einer Nummer und dem Namen in weißer Schrift auf blauem Grund. Die obere Zeile der Aufschrift ist in Dzongkha, der offiziellen bhutanischen Amtssprache, geschrieben, die mir völlig unverständlich ist. Die englische Übersetzung darunter gibt Auskunft über das Geschäft und seinen Besitzer: Shop No. 4, Dechen Lhendrup, Shop No. 6, Karma Yeshey, Shop No. 7, Dorji Choden. Pema hatte mir einen Laden genannt, wo ich alles finden würde, was ich brauche, aber die fremd klingenden Namen verwirren mich, und ich vergesse sie sofort wieder. Da ich nicht weiß, ob ich denn nun bei Dechen, Karma oder Dorji eintreten soll, verschiebe ich meine Einkäufe auf später und sehe mich erst einmal gründlich um.

Die Häuser des Basars sind wahre Kunstwerke. Das weiße Gestein ist von Holzbalken umrahmt, und das zweite Stockwerk der Häuser trägt einen galerieartigen Vorbau, der von hölzernen Säulen getragen wird. Die Kleeblattbögen der Fenster sind mit geschnitzten Blüten, Juwelen und anderen glücksbringenden Symbolen verziert. Auch die Wände sind mit kunstvoll geschnitzten Zierleisten versehen und mit fröhlichen Farben bunt bemalt. Einige Fenster haben Eisengitter in der traditionellen Form von Endlosknoten oder Rädern.

Die Läden auf der gegenüberliegenden Straßenseite sind auf einem schmalen Damm errichtet. Im Vergleich zu den mächtigen Steinbauten auf der anderen Seite, wirken die hölzernen Hütten klein und baufällig. Sie machen mir einen so bemitleidenswerten Eindruck, dass ich mir gar nicht vorstellen kann, wie sie überhaupt hierher gekommen und weshalb sie nicht längst schon eingestürzt sind.

Plötzlich wird die träge Mittagsstille von lauter Hindi-Musik unterbrochen, die aus einem Radio dröhnt. In einer Wolke schwarzen Rauchs donnert ein riesiger Lkw um die Ecke. Vor einem der vielen Vorbauten kommt er langsam zum Stehen. Auf seiner Rückseite steht in großen, weißen Lettern »BLOW HORN«, und diesem Befehl folgend stimmt der Fahrer auch gleich ein Hupkonzert an. Der Lärm wird von den Bergen zurückgeworfen und hallt in der Straßenschlucht wider. Auf der Verladerampe entsteht hektisches Getriebe, denn die Fracht besteht aus Menschen. Als Erstes springen junge Männer und Frauen vom Wagen. Dann reichen die übrigen Passagiere Taschen, Kisten und Kinder über die Seitenplanken, und zuletzt helfen sie den Alten Leutchen sorgsam beim Aussteigen.

»Marba gila, eh! Ojeehhhh!«

Die Stimmen sind laut und selbstbewusst, Frauen lachen und rufen, Männer schreien und jauchzen vergnügt. In fröhlichem Treiben werden die Gepäckstücke unter die überhängenden

Dächer geschleppt und in einem bunten Durcheinander aufgetürmt. Nacheinander verschwinden die Menschen in die angrenzenden Häuser, andere nehmen ihre Habseligkeiten auf den Rücken und marschieren ohne Eile in alle Richtungen auf die umliegenden Hügel zu.

Als die Straße wieder leer ist, fasse ich meinen ganzen Mut zusammen und gehe auf einen der Läden mit den eigenartigen Namen zu. Vorsichtig steige ich über die Schwelle. Der Raum ist dunkel. Nur eine nackte Glühbirne wirft ein düsteres Licht auf die Regale mit haltbaren Lebensmitteln, billigen Imitationswaren, Kunststoffartikeln, Taschenlampen, Kochtöpfen, Zündhölzern, Colaflaschen, Schachteln mit Nägeln und anderen Eisenwaren. Von der Decke hängen Drahtkörbe, gefüllt mit gewürzten Kartoffelchips, Sandalen, Tupperwareartikeln, Seifenschalen, Schnüren und Maggi-Nudeln. Ein großes Fass auf dem Boden ist mit Linsen gefüllt, ein anderes daneben enthält getrocknete Bohnen. Riesige Säcke mit Reis und Mehl stehen offen da, tragen aber keine Preisschilder. In einem Korb sind angequetschte Bananen und grüne, birnenförmige Früchte aufgetürmt.

»*Kuzuzang po la!*«

Der Mann hinter dem Tresen nuschelt, als würde er beim Sprechen etwas lutschen. Als er den Mund öffnet, sehe ich eine Reihe schwarz verfärbter Zähne in einer dunkelroten Mundhöhle. Er faltet ein breites, grünes Blatt zu einem kleinen Päckchen zusammen und sieht mich interessiert an.

»*Kuzuzang po la!*«, sagt er noch einmal und winkt mich mit seiner riesigen Hand zu sich. Als sich seine Lippen beim Sprechen öffnen, läuft dunkelroter Saft auf seiner Unterlippe zusammen. Auch seine spärlichen, grauen Barthaare sind dunkelrot verfärbt. Die Art, wie er mich aus seinen kleinen Augen mustert, ist nicht unfreundlich, aber sie verwirrt mich. Als er hustet, wendet er sich mit einer unerwartet behenden Bewegung ab und spuckt lautstark in das Dunkel hinter dem Tresen. Ich bin so verstört, dass ich ohne ein Wort aus dem Laden fliehe.

Erste Begegnungen

An Sonntagen ist es besonders wichtig, pünktlich zu sein, denn da versammeln sich die Bauern in der Stadt zu ihrem wöchentlichen subjee-Basar, dem Gemüsemarkt. Wie mir Pema geraten hat, mache ich mich um Punkt acht Uhr auf den Weg zum »Markt«, eine etwas übertriebene Bezeichnung für ein schmutziges Stück Wiese, auf dem die Bauern ihre Produkte auf dem Boden ausbreiten. Mir kommt das Ganze eher wie ein Massenansturm vor, denn die Dorfbewohner sitzen oder stehen hinter ihren Waren, und die Menschen laufen in Scharen herum und versuchen, so schnell wie möglich möglichst viel zu kaufen. Das Angebot ist beschränkt und nicht besonders vielseitig. Es gibt haufenweise Chilis, rote und grüne Schoten in den verschiedensten Größen, Spinatblätter, die mit trockenen Grashalmen gebündelt sind, Körbe voll Zuckerrohr, etliche grüne Bohnen, ein paar Dosen mit bunten, stark riechenden Pulvern, stinkende Käsekugeln in der Größe von Tennisbällen, die in Bananenblätter gewickelt sind, und ein paar braune Eier, die, sorgfältig in Dosen mit zerstoßenem Mais verpackt, zum Markt gebracht wurden.

Ich stehe hilflos da und beobachte das chaotische Treiben um mich herum. Gesprächsfetzen in einer mir fremden Sprache schwirren an mir vorbei. Hier und da bricht über einen Handel Streit aus. Eine alte Frau schreit erzürnt auf einen Inder ein, der emsig eine ganze Ladung Kartoffeln in einen schweren Hanfbeutel füllt. Neben mir strecken mehrere Leute ihre abgenutzten Plastikbeutel einem alten Mann entgegen, der verrunzelte Karotten verkauft. Zornig weist er die erste Frau ab und zeigt dabei verärgert auf einen kleinen Riss in ihrem Geldschein, der einen Ngultrum wert ist.

Etwas zaghaft in dem bunten Wirrwarr versuche ich mir die Kosten der gebotenen Köstlichkeiten auszurechnen. Offensichtlich kosten die Waren kaum mehr als ein paar Ein-Ngultrum-Scheine, aber nie mehr als fünf. Die Lebensmittel, wenn auch nicht reichlich, sind jedenfalls billig (zwanzig Ngultrum sind nicht einmal ein Dollar). Ich stehe allerdings noch immer vor einigen ungelösten Problemen: Was sage ich denn, wenn ich etwas kaufen will? Ich habe nur zwei Scheine im Wert von einem Ngultrum, der Rest sind 20-Ngultrum-Scheine. Können mir die Bauern überhaupt Wechselgeld geben? Verzweifelt sehe ich mich nach Pema oder Karma um.

Immer mehr Menschen drängen sich zwischen den Verkäufern durch und bahnen sich ihren Weg mit Ellbogen zu den Bauern, die das Gewünschte anbieten. Ich kann kaum sehen, was auf dem Boden ausgebreitet ist. Junge Männer, dicke Frauen, kleine Mädchen und unzählige dünne, drahtige Inder, die mit riesigen Säcken ausgestattet sind, stürzen sich auf die preisgünstigste Ware. Wie eine Bildsäule stehe ich angewurzelt auf dem schlammigen Boden und starre auf das Getümmel. Alle sind in Bewegung, rufen mit lauten Stimmen und füllen ihre Einkaufsbeutel. Alle außer mir.

Der warme Regen durchnässt Verkäufer, Käufer und die mit Erde beschmierten Waren. Ich laufe ziellos zwischen dem Gemüse und Obst hin und her, versuche, auf nichts zu treten oder von niemandem umgestoßen zu werden. Bald merke ich, dass die Lebensmittel immer weniger werden, jedes weitere Zögern würde unweigerlich bedeuten, dass ich die kommende Woche kein Gemüse hätte. Aber wie schaffe ich es nur, dass die Sachen auf dem Boden in meinem Rucksack landen? Niemand ist da, den ich fragen könnte. Ich schaue mich nach einem bekannten Gesicht um, sehe aber nur die starren Blicke verhutzelter alter Frauen, die neben ihren Töchtern hockend dem Handeln zuhören. »*Nigzing, nigzing!*«, ruft jemand. »*Mangi, meme, sam!*« »*Sam mala!*« »*Gila, meme! Sam!*«, geht es weiter. Als ich endlich so weit bin, etwas zu kaufen, ist alles weg. Nichts ist mehr da. Alle sind am Heimgehen.

Frustriert und durchnässt nehme ich meinen Rucksack. Auf dem Nachhauseweg treffe ich einen Angestellten des Krankenhauses, der zwei Taschen trägt, die zum Bersten mit Gemüse gefüllt sind.

»Sie müssen in den Basar gehen«, rät er mir und zeigt auf eine Häuserreihe entlang der Hauptstraße.

»Sie bekommen dort Sachen im Geschäft. Ausländische Sachen. Gut für Sie.«

Ich danke ihm und gehe in die gewiesene Richtung. Ich bin nun fest entschlossen, alles Nötige für mein Überleben zu kaufen. Als Erstes auf meiner Liste steht Toilettenpapier. Dann Tee. Schließlich bin ich in Bhutan, einem Nachbarn des Teelandes Indien. Wäre doch gelacht, wenn es hier nicht etwas gibt, das man zu Tee brauen kann. Und vielleicht werde ich auch ein paar Lebensmittel finden. Tapfer gehe ich weiter.

Ich habe Glück. In einem der Läden entdecke ich einen Mann, der Englisch spricht. Gleich trage ich ihm meine Einkaufswünsche vor. Er zeigt mir eine Reihe verschiedener Tees, alle in Blattform, was mich noch mehr verwirrt. Ich wähle schließlich eine Packung Red Label und kaufe dazu ein kleines Teesieb, eine Packung Milchpulver und weißen Zucker, der alles andere als weiß ist. Und zur Belohnung gibt es sogar Kekse. Der Mann klettert auf einen wackligen Schemel und holt zwei in Folie gewickelte Rollen Toilettenpapier herunter, die an einer Schnur von der Decke hängen. Dann kritzelt er einige Zahlen auf ein altes Stück Zeitungspapier und lächelt mich an. Wir sind uns sympathisch.

Rinzin Tshockey ist der Besitzer des Ladens. Er ist untersetzt und verschwindet fast hinter dem Tresen, scheint aber sein kleines Reich trotzdem voll im Griff zu haben. Das Geschäft ist heller als die anderen, in denen ich bereits war. Eine große Gaslampe, die zwischen mehreren Gläsern mit Bonbons auf dem Tresen steht, erleuchtet den Raum recht gut. Ich habe den Eindruck, dass die Auswahl auf den Regalen besser ist als anderswo. Vor allem bei den Keksen.

»Kommt alles aus Indien«, erklärt mir der Mann. »Samdruk-Jongkhar-Bus kommt jede Woche, aber während Monsun ist Straße oft blockiert. Wir brauchen jetzt viel Essen für die Leute. So viele Leute in Mongar. Geschäft geht gut, aber Strom geht immer aus.«

Rinzin Tshockey deutet auf seine zischende Gaslampe. »Viele Inder kommen für Kuruchu-Kraftwerk hierher. In ein paar Jahren haben wir gute Elektrizität.«

»Holen Sie alle Lebensmittel aus Indien?«, frage ich.

»Nicht alle, Madam. Aber einmal im Monat fahre ich mit Lkw nach Samdruk Jongkhar, Sie wissen schon, an der Grenze zu Indien. Ich habe vor, das Geschäft zu vergrößern. Letztes Mal habe ich Coca-Cola gekauft. Wollen Sie?«

Rinzin Tshockey deutet auf eine einsame Cola-Flasche auf einem staubigen Regal inmitten verschiedener Dosen mit Fruchtsäften. Die Aufschrift »Druk« auf den Dosen weist darauf hin, dass sie bhutanischen Ursprungs sind.

Belustigt schüttle ich den Kopf. Nein, ich bin noch nicht so verzweifelt, dass ich Cola bräuchte.

»Bitte sagen Sie mir, was Sie wollen. Ich bringe es von Samdruk Jongkhar«, bietet er eifrig an.

Rinzin Tshockeys Laden in Mongar

»Danke.« Ich nicke und schaue in die offenen Säcke und Körbe vor dem Tresen. Mir kommt es wie ein Wunder vor, in einem der Körbe liegen Kartoffeln und in einem anderen Brokkoli.

»Ich nehme für Sie, Madam. Wie viele brauchen Sie?«

Rinzin Tshockey nimmt etliche Kartoffeln in die Hand, prüft sie von allen Seiten, ob sie keine Flecken haben, und lässt dann nur die besten für mich in eine Plastiktüte fallen. Obendrauf legt er einen Brokkolikopf. Eine Frau kommt hinter einem Vorhang hervor und begrüßt mich.

»Meine Frau«, stellt Rinzin Tshockey sie mir vor. Er füllt meine übrigen Einkäufe in eine zweite Plastiktüte und wendet sich dann an seine Frau, worauf sie sofort etwas wie *dschai* in den Raum hinter dem Laden ruft.

»Bitte, Frau Doktor, wollen Sie etwas Tee?«

Verlegen lehne ich die Einladung höflich ab.

»Bitte, Frau Doktor, bleiben Sie und trinken Tee.«

Wieder weise ich die Einladung stotternd ab, aber die Frau weist mir mit Nachdruck einen Stuhl unter dem Fenster zu.

»Bitte, Frau Doktor ...« Es hat sich in der Stadt schon herumgesprochen, dass die blonde Ausländerin Ärztin ist. Doktor ist ein Wort, das alle kennen. Doktor. Ich lasse den Titel auf der Zunge zergehen und finde, dass er gut zu mir passt. Ich habe plötzlich das Gefühl, dass ich in den Augen dieser Menschen mehr bin als nur eine merkwürdige Ausländerin. O.k., dann bin ich eben eine Frau Doktor. Sicher würden die Leute mehr Mühe haben, sich den Titel einer Physiotherapeutin einzuprägen. Bis dahin bin ich eben Madam Doktor.

Der milchige Tee ist süß und wärmt mir behaglich den Magen. Vorsichtig halte ich die heiße Porzellantasse in den Händen und genieße den Augenblick. Rinzin Tshockey kümmert sich um ein paar Kunden, und seine Gattin verschwindet hinter dem Vorhang.

Eine Frau mit einem geflochtenen Bambuskorb auf dem Rücken betritt den Laden. Sie ist barfuß, und ihr Kleid ist nachlässig über den Fußknöcheln gerafft. Die Frauen in Bhutan tragen eine *kira*, ein langes viereckiges Stück Stoff, das um den Körper gewickelt und an den Schultern von zwei Schnallen gehalten wird. Ein Gürtel um die Taille gibt dem Ganzen Form. Das Kleid der Frau ist einfach und abgetragen, aber ihr Gürtel ist wunderschön; kunstvolle Muster in den verschiedensten Farben heben sich von einem leuchtend roten Hintergrund ab. Für gewöhnlich sind die Gürtel unter den Jacken versteckt, aber diese Frau hat ihre *toego* über den Korb auf ihrem Rücken gelegt. Sie verstaut einen großen Plastikbeutel mit Reis und eine Glasflasche mit einer unappetitlich aussehenden orangefarbenen Flüssigkeit (die ich später als »Orange Squash« identifiziere) in ihrem Korb. Es kommen noch mehr Frauen in den Laden, und bald erfüllt ihre laute Unterhaltung den ganzen Raum. Verschiedene Artikel werden hochgehoben, sorgfältig von allen Seiten geprüft, eingehend mit der Frau des Ladenbesitzers besprochen und dann wieder aufs Regal gestellt. Nachdem sie alles inspiziert haben, gehen die Frauen - befriedigt wieder hinaus, und ihre Rufe verklingen auf der Straße.

»Mehr Tee?«

Ich lehne lächelnd ab und schüttle dazu den Kopf; diesmal wird die Aufforderung nicht wiederholt. Eine Gruppe von Mönchen ist in den Laden gekommen, alle sind beschäftigt. Ich fühle mich etwas fehl am Platz und danke Rinzin Tshockey und seiner Frau für den Tee, verabschiede mich und gehe wieder hinaus auf die Straße.

Der Fußballplatz ist das einzige ebene Stück Land um Mongar. Die Häuser haften alle an den mehr oder weniger steilen Hängen, die Felder sind terrassenförmig angelegt, die Wege schlängeln sich die Anhöhen hinauf, und die Straße ist in den Berg gehauen. Hier scheint die Welt dauernd in Gefahr zu sein, irgendwann einmal den Hang hinunterzurutschen.

Eine Weile folge ich der Straße, die über eine scharfe Biegung vom Basar zum Dzong führt. Dzongs sind Festungen, die im Zuge der Vereinigung von Bhutan im 17. Jahrhundert zum Schutz gegen eine Invasion aus Tibet errichtet wurden. Heute sind die Regierungsverwaltung und Klöster darin untergebracht. Die Mauern der riesigen, eindrucksvollen Gebäude, die die meisten größeren Siedlungen in Bhutan beherrschen, neigen sich wie bei den tibetischen Bauten nach innen.

Ich folge einem unscheinbaren Pfad den Hang hinauf, gehe

an einigen größeren Häusern vorbei und stoße plötzlich auf einen großen, weißen Tschorten, der am Rand eines ziemlich steil abfallenden Felsens steht. Ich höre fröhliche Stimmen durch das dichte Gesträuch, irgendwo in der Nähe müssen Menschen unterwegs sein. Ich mache vorsichtig ein paar Schritte nach vorne, um besser sehen zu können. Etwa dreißig Meter von der Stelle entfernt, an der ich stehe, führt eine Straße auf die andere Talseite.

Wo bin ich denn nun? Ist das dieselbe Straße, die ich soeben heraufgekommen bin? Ich suche nach irgendwelchen Anhaltspunkten, aber der Nebel hat mir meinen Orientierungssinn vollständig geraubt.

Ein sanftes Flattern, das sich anhört wie Wäsche, die im Wind trocknet, lässt mich umblicken. Auf der Kuppe des Hügels wehen etliche Gebetsfahnen an langen Holzstangen. Die weißen Stoffbänder bewegen sich träge hin und her. Wie ihr Nachbar, der Tschorten, sind auch die Fahnen schon recht altersschwach. Wind und Wetter haben das Ihre getan, und der Stoff ist an etlichen Stellen zerfetzt. Auch aus nächster Nähe kann ich den Aufdruck kaum entziffern und nur unbekannte Schriftzüge ausmachen. An manchen Stellen unterbricht ein Diagramm die Schrift. Die ganze Fahne füllt eine rechteckige Fläche mit Schrift und Bildern, die mehrmals unverändert wiederholt werden. Ist es immer wieder ein und dasselbe Gebet?

Trotz ihres zerschlissenen Zustands ziehen mich die Fahnen in ihren Bann. Ihr sanftes Lied ist eindringlich und von einer süßen Wehmut. Ich stelle mir vor, wie der Wind von hier aus ein Gebet aufnimmt, die fromme Bitte über den Bergkamm ins nächste Tal und von dort auf die nächste Anhöhe trägt, wo weitere Gebetsfahnen in den Chor einstimmen, und so immer weiter in einem bunten Reigen um jedes Haus und über jeden Pass des Landes. Wie ein getreuer Diener sammelt der Wind von allen Ecken die stillen Gebete und trägt sie in unendliche Höhen …

Meine Träumerei wird unterbrochen. Aus dem Gesträuch tritt ein Mann. Er wirft mir kurz einen ausdruckslosen Blick zu und verschwindet wieder. Bald danach kommt ein Junge aus dem Gestrüpp. Auch er mustert mich kurz und geht dann wortlos davon. Meine Neugierde ist geweckt.

Wo kommen die beiden her? Ich wähnte mich mit dem Tschorten und den Gebetsfahnen allein. Vorsichtig folge ich den Fußspuren, die meine schweigsamen Besucher im Gras hinterlassen haben, und komme zu einem zertrampelten Stück Wiese, das von dichtem Gestrüpp umgeben ist. Ein starker Geruch kommt vom Boden. Erschreckt drehe ich mich um und flüchte zurück zur Straße. Verdutzt sinne ich über das Gesehene nach: ein wunderschöner Tschorten am Rand eines Felsens und daneben die öffentliche Bedürfnisanstalt!

Meine wohl geordnete westliche Denkweise gerät durch das Nebeneinander dieser beiden gegensätzlichen Lokalitäten völlig aus dem Gleichgewicht. Krampfhaft versuche ich, das Bild abzuschütteln, aber die Verwirrung bleibt. Haben die Menschen diese Stätte denn nicht durch ihre Gebete, Rituale und vor allem auch durch die Errichtung des Tschorten geheiligt? Ist der Bau eines Tschorten nicht Zeugnis für einen frommen Glauben, der rein und unbefleckt ist? Wie können sie dann aber zulassen, dass der Boden direkt daneben mit Kot und Abfällen verunreinigt wird? Ist das vielleicht schon der Beginn der Umweltverschmutzung? Wie um meine Zweifel zu beruhigen, höre ich von der Straße her ein leises Murmeln. Ich sehe eine tief gebeugte alte Frau, ihr Kopf scheint nur noch von den sehnigen Nackenmuskeln getragen zu werden. Ihren gebrechlichen Körper hat sie auf einen Stock gestützt, ohne den sie sich kaum aufrecht halten könnte. Sie kommt nur mühsam vorwärts, und das Einzige, das sich an ihr sichtlich bewegt, ist der Daumen der rechten Hand, der die Perlen einer Gebetsschnur systematisch durch die Hand gleiten lässt. Einen kurzen Augenblick lang nimmt sie von mir Notiz, hebt den Kopf, blinzelt mich an, lächelt und schlurft dann an mir vorbei. Am Tschorten angekommen, streckt sie eine zittrige Hand aus, legt ihre Finger auf das grobe, weiße Gestein, wendet sich dann nach links und geht langsam dreimal um das steinerne Monument. Zufrieden lässt sie sich schließlich auf die unterste Stufe fallen und stützt ihren Kopf auf den Stock. Ihre Hand hält noch immer die Gebetsschnur.

Eine Weile lang schaue ich fasziniert auf das Bild vor mir. Vielleicht möchte die alte Frau allein gelassen werden? Unsicher und schuldbewusst, weil ich mich als Eindringling in ihre Privatsphäre fühle, wende ich mich zum Gehen. Doch meine Neugier ist stärker, und ich werfe noch einen Blick zurück. Ich sehe, wie die alte Frau wieder aufsteht und an dem dichten Gestrüpp vorbeischlurft, ohne die geringste Notiz von dem Gestank dahinter zu nehmen.

Wohin gehen, Miss?

Wie ein faszinierendes Schauspiel, das vor uns auf einer Bühne abläuft, beherrscht der Monsun das Firmament. Manchmal spielerisch und dann wieder drohend ändern die von Feuchtigkeit geschwängerten Massen ihre Form wie in einer endlosen Vorführung. Von den Wolken inspiriert, die durch die Niederungen schweifen und dann in verträumten weißen Schwaden zu den Gipfeln hinaufziehen, mache ich mich auf Wanderschaft. Ich habe kein festes Ziel, sondern nur den Wunsch, etwas mehr über das Land zu erfahren, von dem ich so wenig weiß. Ich kann es kaum erwarten, meinen Horizont über die Grenzen des Tales hinaus auszuweiten. Fußmärsche sind für die Bewohner der Berge und Hügel zumeist die einzige Art sich fortzubewegen, und so sind es auch meine Füße, die mir die Grenzen für meine Erkundungsreisen setzen.

Ich hatte mir vorgestellt, einsam dahinzuwandern, doch ich bin nie allein. Meist reden irgendwelche Dorfbewohner beim Gehen munter auf mich ein. Manche tragen dabei schwere Lasten, andere kommen mit großen Schritten schnell voran. Die gepflasterte Hauptstraße durch Mongar ist von den vielen tausend Fußstapfen schon ganz ausgetreten. Menschen, die ihre Waren auf den Markt bringen oder Patienten ins Krankenhaus tragen, Kinder auf ihrem täglichen Marsch von und zur Schule, Bauern, die ihre Rinder von einem Feld auf ein anderes führen, und Leute, die ihre Verwandten oder Freunde im nächsten Dorf besuchen. Die Straße ist für sie alle eine willkommene Abwechslung zu den steilen, gewundenen Pfaden, die die Abhänge hinauf- und hinunterführen. Die Straße gehört den Fußgängern, und wenn hin und wieder einmal ein Fahrzeug daherkommt, muss es geduldig warten, bis ihm die Männer, Frauen, Kinder und Tiere Platz machen.

Junge Mädchen stoßen sich kichernd in die Seiten, wenn sie an einer Gruppe von Jungen, die am Straßenrand sitzen, vorbeigehen. Die Szene kommt mir bekannt vor, es ist fast wie zu Hause; scheues Necken, prahlerisches Gehabe und flirtendes Schwenken der Hüften. Die Jungen freuen sich, lassen sich aber nichts anmerken und werfen dann doch einen verstohlenen Blick auf die glänzenden, schwarzen Haare und die sanften, unter der *kira* versteckten Rundungen der Mädchen.

Vom Basar aus führt die Straße in Richtung Thimphu hangabwärts. An einem Bach, der sich durch die Bäume dahinschlängelt, bleibe ich stehen. Eine Gruppe indischer Frauen hockt dort an einer Biegung, in der die Strömung nicht so stark ist, beim Wäschewaschen. Energisch klatschen sie die Wäschestücke gegen die flachen Steine am Bachrand. Nicht weit davon führt ein Pfad fast senkrecht hinauf zur einer kleinen Gruppe von Häusern. Der Boden unter meinen Füßen ist nass und schlüpfrig, und ich rutsche mit meinen Jogging-Schuhen immer wieder aus. Schon nach wenigen Minuten bin ich außer Atem und in Schweiß gebadet. Soll ich hier wirklich weiterlaufen? Der Pfad gabelt sich in drei Richtungen, und ich weiß nicht so recht, welche ich nun einschlagen soll, um an mein Ziel zu kommen. Drei schlammige Rinnen, die von bloßen Füßen glatt getreten wurden, warten auf meine Entscheidung. Sie kommt in Form von vier Mädchen, die hinter mir den Hang hinaufklettern. Kichernd bleiben sie stehen und mustern mich. Schließlich richtet die Kleinste, die etwa zehn Jahre alt ist, mit einem spitzbübischen Lächeln das Wort an mich. »Wohin gehen, Miss?«

»Ich gehe nur ein wenig spazieren«, antworte ich.

»Gehen nach Barpang, Miss?«, fragt mich das Mädchen mit gerunzelter Stirn. Spazieren zu gehen hält sie offensichtlich für sinnlos.

»Ich weiß nicht so recht«, bringe ich stotternd heraus.

Ist Barpang vielleicht die kleine Siedlung, die ich aufsuchen wollte? Soll ich ihr sagen, dass ich keine Ahnung habe, wo ich hingehe? Ich bin etwas ratlos.

Ihre drei Begleiterinnen gehen weiter, aber das kleine Mädchen ist noch nicht zufrieden.

»Woher kommen, Miss?«

»Ich komme aus Kanada.«

»Ich heiße Jamtsho, und das ist meine Schwester Kesang.« Sie zeigt auf das älteste der drei Mädchen und schaut mich erwartungsvoll an.

»Ich heiße Britta«, erwidere ich, bin mir aber nicht sicher, ob ich damit das Richtige gesagt habe.

Jamthso lächelt mir freundlich zu. »Bitte, kommen in mein Haus. Bestimmt kommen?«

Mit einem vorsichtigen Blick auf die rutschige Rinne vor mir frage ich sie, wo ihr Haus ist.

»Dort!«, ruft Jamthso und zeigt dabei irgendwo in die Höhe, wo Wolken und Berge aufeinander treffen.

Ich überlege hin und her, aber was habe ich schon zu verlieren? Jamthso ist die erste Person, die ich auf meinem Spaziergang kennen gelernt habe, die Englisch spricht. Also sage ich zu.

Höflich lassen mir die Mädchen den Vortritt und passen ihre raschen Schritte meinem mühsamen Aufstieg an. Ich fühle mich unbeholfen und schwerfällig bei meinem Versuch, so schnell wie möglich den Hang hinaufzuklettern. Wir kommen an einem großen, alten Bauernhof mit einem hölzernen Wassertrog vor dem Haus vorbei. Bellend und knurrend kommt ein Hund um die Ecke gerannt. Mit lauten Rufen und Steinen, die sie in Richtung der Furcht einflößenden Kreatur werfen, vertreiben sie den Hund, der sich, noch immer bellend, zurückzieht.

Wir klettern weiter den Hang hinauf. Plötzlich läuft Jamtshos Schwester voraus und schreit laut nach oben. Eine Stimme antwortet. Sie ruft erneut etwas. Jetzt rufen auch die beiden anderen Mädchen und verschwinden dann zwischen den Bäumen vor uns. Jamtsho und ich kommen langsam nach. Es erscheint mir wie eine Ewigkeit, bis wir endlich über ein hölzernes Gatter klettern und auf Jamtshos Haus zugehen. Umgeben von einigen Bananenbäumen und einem schmutzigen Hof, auf dem einige Hühner gackernd nach Futter suchen, steht ein Gebäude aus Holz und Stein. Es schmiegt sich so vollkommen in seine Umgebung, dass es aussieht, als wäre es nicht auf dem Boden errichtet, sondern als wäre es Teil davon und beanspruchte nur einen Platz, der ihm von Natur aus zukommt. Gras und Sträucher säumen den Hof, und es gibt keine eindeutige Trennlinie zwischen dem bebauten Land und der freien Natur. Es sieht aus, als könnte der Dschungel von der friedlichen menschlichen Behausung eines Tages wieder Besitz ergreifen.

Über eine Treppe gelangen wir zu einer kleinen Plattform, die das Haupthaus zu meiner Rechten mit einer separaten Küche zur Linken verbindet. Jamtsho führt mich durch eine große Holztüre in das Hauptgebäude. Links von mir sehe ich zwei kleinere Zimmer ohne Möbel oder Schmuck und vor mir einen riesigen Raum, der anscheinend unbewohnt ist. Dorthin führt mich Jamtsho. Rasch rollt sie einen kleinen Teppich vor einem halb geöffneten Fenster aus und fordert mich zum Sitzen auf, bevor sie verschwindet. Allein gelassen, kreuze ich die Beine zu einer, wie ich hoffe, akzeptablen Sitzposition, und achte darauf, dass meine Füße auf keinen heiligen Gegenstand weisen.

Schwere Holzbalken umrahmen die weiß getünchten Wände und vermitteln den Eindruck eines Fachwerkbaus. Die Dielen des Fußbodens sind glatt und glänzend poliert. Die holzgerahmten Fenster in der Wand hinter und neben mir haben Fensterläden im Inneren zum Zuschieben. Die leichte Brise, die zu mir hereinweht, macht den Raum kühl und angenehm. Wenn ich aus dem Fenster schaue, verliert sich mein Blick in dem feuchten Weiß, das alles einhüllt, aber ich kann mir vorstellen, welch wunderbare Aussicht sich hinter Wolken und Nebel verbirgt. Nach der Strecke zu urteilen, die wir geklettert sind, müsste sich von hier aus ein herrlicher Blick über die Hügel um Mongar bieten. Um das zu sehen, würde ich wohl ein andermal wiederkommen müssen.

Ich brauche ein paar Augenblicke, um mich an die Lichtunterschiede im Raum zu gewöhnen. Erst jetzt fällt mir auf, dass das Zimmer keineswegs unbewohnt ist. In der Mitte der Stirnwand steht ein großer, hölzerner Altar bunt bemalt mit Darstellungen von Muscheln, Juwelen und Endlosknoten. Auf dem Altar steht eine Reihe kleiner Gefäße und zu beiden Seiten eine Vase mit Blumen. Eine friedliche, ungestörte Stille geht von dem Halbdunkel des Altars aus und lässt mich in Kontemplation versinken. Ich schließe die Augen. Erschöpft von dem anstrengenden Aufstieg verfalle ich in Tagträume.

Ich weiß nicht, wie viel Zeit vergangen ist, als mich eine rötlich braun gescheckte Katze wieder in die Gegenwart zurückruft. Sie läuft auf die Ecke am anderen Ende des Raumes zu, wo auf zwei hölzernen Truhen gefaltete Stoffe liegen. Meine

Neugierde ist wieder erwacht. In der anderen Ecke liegen zwei dünne Matten, ordentlich zusammengerollt. Die Stoffbündel, so nehme ich an, sind die *kiras* der Familie. An der Wand darüber hängen mehrere *ghos*, das sind die talarartigen Gewänder der bhutanischen Männer. Daneben ist ein langes, dünnes Holzrohr mit einem Lederriemen befestigt. Neben der Türe, die auf den Gang hinausführt, steht an der Wand ein Webstuhl, den ich erst jetzt bemerke. In den Webrahmen ist ein wunderschönes, halb fertiges Stück Stoff mit einem zarten Blumenmuster auf gelbem Grund gespannt.

Die Minuten vergehen in besinnlicher Stille. Ich frage mich, wo Jamtsho sein könnte und was von mir als Gast erwartet wird. Ich warte darauf, dass man mir von irgendwo ein Zeichen gibt. Die Katze kommt zurück und macht es sich auf den *kiras* in der Ecke bequem. Durchs Fenster höre ich eine Kuh, die Gras kaut, und das ferne Bellen eines Hundes.

Der Wohnraum mit dem Familienaltar in Jamtshos Haus

Ich gehe zur Tür. Rauchschwaden ziehen von der Küche über die kleine Plattform, auf der etliche Paar Gummistiefel und ein Paar ausgedienter Sneaker aufgereiht sind. In der Küche hockt Jamtsho vor einer Feuerstelle aus Lehm und bläst durch ein Bambusrohr in die Glut. Inmitten der Glutasche steht ein geschwärzter Wasserkessel. Zwei Katzen liegen am Herd und putzen sich. Die Küchenwände sind mit Lehm verputzt. Auf den Holzregalen stehen Töpfe, Pfannen, Gläser und leere Flaschen in einer ordentlichen Reihe, zwei Aluminiumschöpfer schimmern im rußigen Dunkel. Außerdem kann ich zwei trommelförmige Behälter aus Kunststoff und eine Dose Tunfisch ausmachen. Staub und Spinnweben bedecken die Fensterbank, und der Rauch hat alles mit einem schwarzen Belag überzogen. Ein Flämmchen flackert am Ende eines Holzscheits, das aus der Glut ragt, und Jamtsho wendet sich zufrieden ab. Sie holt eine schwarze Dose hervor, aus der sie einige Teeblätter nimmt. »Tee kommt«, kündigt sie an. Ich verstehe das als höfliche Aufforderung, mich wieder an den mir zugewiesenen Platz zu begeben.

Endlich höre ich das Klappern von Geschirr, und Jamtsho erscheint in der Tür mit einer Tasse siedend heißen Tees in der Hand. Wortlos lächelt sie mich an und verschwindet wieder. Ich schaue auf die Schüssel, die sie neben meine Tasse gestellt hat. Sie ist mit gerösteten Reiskörnern gefüllt. Zögernd koste ich davon. Zu meinem Erstaunen schmecken die leichten, knusprigen Körner ein wenig süß und haben ein delikates Butteraroma. Die knackigen Körnchen passen wunderbar zum milchigen Tee.

Jamtsho kommt mit einem Teller mit Keksen zurück, die recht altbacken aussehen und mit ihrer rosa Füllung wenig einladend sind. Höflich esse ich einen davon, wende mich dann aber wieder meinem Tee und dem Reis zu, den Jamtsho *zao*

Jamtsho in der Küche beim Teekochen

nennt. Meine kleine Gastgeberin verschwindet immer wieder und kommt nur zurück, um meine Tasse und die Schüssel neu zu füllen. Erst als ich gut ein Drittel ihrer Gaben verspeist habe, setzt sie sich zu mir und begutachtet meine Regenjacke. Wie einem plötzlichen Einfall folgend legt sie ihren Kopf zur Seite und fragt: »Singst du ein Lied, Madam?«

»Ein Lied?«, frage ich, um mich zu vergewissern, ob ich sie auch wirklich richtig verstanden habe.

»Kennst du ein Lied?«, wiederholt Jamtsho und zieht dabei ihre *kira* zurecht, um es sich bequem zu machen. Anscheinend ist das mein Beitrag, der bei diesem geselligen Beisammensein von mir verlangt wird, das ich bisher allein mit Essen und Trinken verbracht habe.

»Ich kann nicht gut singen«, versuche ich mich herauszureden.

»Du singst, o.k.?«, sagt Jamtsho unerbittlich.

Zögernd piepse ich die erste Zeile eines alten deutschen Volkslieds. Das Singen in einer Sprache, die Jamtsho sicher nicht versteht, nimmt mir ein wenig von meiner Verlegenheit.

Kaum habe ich die ersten Töne meines Liedes gesungen, vergrößert sich auch mein Publikum. Aus dem Nichts tauchen Jamtshos ältere Schwester Kesang und eine gebückte, alte Großmutter auf. Gebannt hören alle drei meinem zittrigen Vortrag zu, der mir schrecklich in den Ohren klingt. Zum Glück lacht mich niemand aus, und von ihrem zustimmenden Nicken ermutigt, mache ich mich an die nächste Strophe.

Als ich fertig bin, sitze ich befangen da. Mit einem diskreten Lachen ziehen sich Kesang und die alte Frau zurück. Jamtsho klatscht in die Hände, was ich für eine Art Applaus halte, und so frage ich sie, ob sie auch etwas für mich singen würde. Jamtsho nickt und beginnt zu summen. Dazu malt sie mit den Händen geschwungene Linien in die Luft. Sie beginnt mit ihrer hellen und sanften Stimme eine Melodie zu singen, die recht traurig und melancholisch klingt. Fasziniert beobachte ich sie, wie sie die Lider senkt und sich auf fast anzügliche Weise in den Hüften wiegt.

»War das ein Sharchhop-Lied?«, frage ich sie später.

»Nein, Madam, das ist Hindi-Lied.«

»Hindi?«

»Ich lerne von Film, Madam. Hindi-Filme sind so schön.«

»Aha. Und kennst du auch Sharchhop-Lieder?«

Jamtsho nickt. »Ja, Madam, aber nicht gut. Hindi-Lieder viel besser. Jetzt du wieder singen.«

Ich muss mich wohl ihrem Wunsch fügen. Schließlich bin ich Gast, und man scheint das von mir zu erwarten. Nach zwei weiteren Liedern sehe ich an der einbrechenden Dämmerung, dass es Zeit zum Heimgehen ist. Es wäre ein Alptraum, auf dem ungewohnten Weg zurück zur Stadt von der Dunkelheit überrascht zu werden. Entschuldigend erkläre ich Jamtsho meine Lage, aber gerade als ich glaube, dass sie mich verstanden hat, steht das Mädchen auf und verschwindet ohne ein weiteres Wort.

Ich möchte nicht gehen, ohne meiner kleinen Gastgeberin gedankt zu haben, und so mache ich mich auf die Suche nach ihr. Schließlich finde ich sie neben der Scheune, wo sie etwas in einem Kübel wäscht. Anscheinend ist sie an meiner Dankesrede nicht interessiert.

»Es tut mir so Leid. Wir haben nichts zu bieten«, sagt sie stattdessen und legt zwei saubere braune Eier in meine Hände. »Bitte komme wieder nächste Woche, o.k.?«

Ich bin gerührt und verspreche ihr, so bald wie möglich wiederzukommen. Sorgfältig halte ich das wertvolle Geschenk in der Jackentasche fest. Halb stolpernd, halb rutschend gehe ich den ausgewaschenen Pfad nach Mongar hinunter.

Den Rest des Tages verbringe ich damit, in meinem »Haus« Ordnung zu machen. Irgendwie muss ich versuchen, den verfügbaren Raum möglichst gut zu nutzen, ohne dabei die Stühle für den Rattenschutz oder meinen Allzwecktisch zu verstellen. Ich verstaue meine Taschen, gebe die nötigen Geräte und das Geschirr in die Küche, schrubbe die Toilette und hänge Vorhänge ans Fenster.

Gerade als ich denke, wie schnell es mir doch gelungen ist, alle wichtigen Aufgaben zu erledigen, solange wir noch Licht haben, geht der Strom aus. Zum Glück flackert das Licht in der Glühbirne immer noch ein paar Sekunden lang, bevor es langsam erstirbt, und ich habe noch die Zeit, nach meiner Taschenlampe zu suchen. Im Stillen mache ich mir Vorwürfe, dass ich die Kerosinlampe noch nicht angefüllt habe.

Nebenan höre ich wieder das Schrillen des Alarms, ignoriere es aber diesmal. Wahrscheinlich meldet die Warnanlage für den Kühlschrank mit den Impfstoffen den Stromausfall. Dabei frage ich mich allerdings, was mit den kleinen Phiolen passiert, die die Aufschrift »Bei 4-6°C lagern« tragen.

Im flackernden Licht der Kerze ziehen die Bilder des vergangenen Tages in meinen Gedanken vorbei: der Markt und das hektische Treiben der ungeduldigen Käufer, die wie besessen nach den besten Schnäppchen suchten ... die schmächtige indische Frau im orangefarbenen Sari, die zu ihrem Lebensunterhalt Steine zerhackt ... Jamtsho, die neben der knisternden Glut in ihrer Küche hockt ... die barfüßigen Frauen in ihren abgetragenen *kiras* in Rinzin Tshockeys Laden ... Ich bin in einer eigenartigen Welt gelandet.

Was denken sich die Leute wohl, wenn sie mich sehen? Sicher finden die Bhutaner mich ebenso seltsam wie ich sie. Sie wundern sich über meine Kleidung und ich mich über ihre Armut. Es verursacht mir Unbehagen, wenn ich mir vorstelle, wie ich in Jeans und T-Shirt zwischen den Frauen in ihren knöchellangen Kleidern stehe. Die Gegenüberstellung von mir und ihnen erweckt in mir ein tiefes Gefühl der Fremdheit.

Mach die Augen nicht zu!

Mit einem lauten Knall fällt die mit einem Moskitonetz versehene Tür hinter mir zu. Eine Katze huscht durch den Korridor und verschwindet wieder. Vor mir liegt ein breiter Gang, der bis auf ein paar ungepolsterte Rollstühle leer ist. Zwei gelbe Türen tragen die Aufschrift »Operationssaal KEIN ZUTRITT«. In der Ferne höre ich Stimmen. Etwas verdutzt warte ich darauf, dass mich jemand findet.

Der Geruch fällt mir am meisten auf. Er trifft mich wie ein Schlag in die Magengegend. Ein stechender, Ekel erregender Gestank von Urin, ungewaschener Haut, von Abfällen und Desinfektionsmitteln. Zu meiner Rechten liegt ein kleiner Hof, der vom Hauptgebäude des Krankenhauses umgeben ist. Ich trete an das staubige, durchlöcherte Fliegengitter einer Fensteröffnung und atme tief ein.

Auf der anderen Seite des Hofs sehe ich die Fenster des Bereitschaftszimmers. Im Krankenhaus herrscht noch Stille. Ein paar Schwestern schlurfen an mir vorbei, mustern mich kurz, beachten mich dann aber nicht weiter. Es ist neun Uhr und die offizielle Dienstzeit hat soeben begonnen. Ich frage mich, wo meine Assistentin Pema bleibt.

Der Administrative Officer, kurz ADM genannt, ein Verwaltungsbeamter des Hospitals, kommt auf mich zu und führt mich zu meinem Behandlungsraum. Meine Abteilung umfasst zwei Zimmer und eine Toilette. Bis vor kurzem war der erste Raum als Verbandzimmer verwendet worden. Ein mit schmutzigen Gummilaken bedeckter Tisch zeugt noch von den blutigen Wunden und Bandagen der Vergangenheit.

Der amtierende Leiter des Krankenhauses, der District Medical Officer, gesellt sich zu uns. »Willkommen in Mongar.« Er versichert mir, dass man froh sei, mich hier zu haben. »Leider«, fügt er mit einem entschuldigenden Lächeln hinzu, »sind wir erst vor kurzem über Ihr Kommen informiert worden. Wir hatten nicht viel Zeit für Vorbereitungen.« Dabei zeigt er auf die verstreuten Instrumente und die Einrichtung, die den Raum noch eindeutig als Verbandzimmer ausweisen.

»Ich werde den Stationsgehilfen aufräumen lassen«, verspricht der ADM, und der Krankenhausleiter fügt hinzu, dass es nun meine Aufgabe sei, einen Aktionsplan für das kommende Jahr zu erstellen. Bis zum Ende der Woche sollte ich ihn über meine offizielle Zielsetzung informieren, die er dann prüfen und an die Zentrale in Thimphu weiterleiten würde. Die höfliche und etwas steife Unterhaltung dauert nur ein paar Minuten. Ich sehe ihnen nach. Der eine, ein dünner Mann, hat einen nervösen, aber beherrschten Gang, während der andere, etwas stämmigere, sich ganz seiner gehobenen Position bewusst, würdevoll dahinschreitet.

Die Räume sind viel besser als erwartet. In meinen Gedanken habe ich das vordere Zimmer bereits zum Therapieraum und das andere zu meinem Behandlungsraum gemacht. Das Therapiezimmer ist gut beleuchtet. Wie im übrigen Krankenhaus sind auch hier die Wände bis in Schulterhöhe mit einer dicken, abwaschbaren Latexfarbe gelb gestrichen. Die restliche Wand darüber ist weiß getüncht. Gegenüber einer Doppeltür befindet sich der Eingang zu einem kleinen Lagerraum und zur Toilette. Ein Rauchglasfenster schützt vor neugierigen Blicken aus der Waschküche dahinter. Der Behandlungsraum dagegen ist dunkel; über dem standardgelben Farbstreifen sind die Wände blau gestrichen. Von einem riesigen Eisenrahmen über dem Bett baumeln ein Flaschenzug und ein Seil. Neben und unmittelbar rechts von der Liege gehen zwei Fenster zum Gang und von dort auf den Innenhof hinaus. Gegenüber sind eine Tür und ein Milchglasfenster, die in den Vorraum des Operationssaals führen. Ein riesiger Holzschrank nimmt fast den ganzen Platz neben der Tür ein. In einer Ecke stehen eine Bestrahlungslampe, ein Ultraschallgerät und ein Kurzwellen-Diathermieapparat. Ein bunter Kalender an der Wand gibt Ratschläge zur Vermeidung von AIDS. Der Raum ist nicht schmutzig, aber die vielen Jahre, in denen er benutzt wurde, sind nicht spurlos an ihm vorübergegangen. Alles ist abgenutzt, ein wenig verbogen oder von Spinnweben überzogen.

Um halb zehn Uhr taucht Pema auf und entschuldigt sich mit einem scheuen Lächeln.

»Guten Morgen«, sagt sie. »Wann du ankommen?«

Lachend antworte ich. »Um neun Uhr, zu Beginn unserer Dienstzeit.«

Mein harmloser Hinweis wird von Pema taktvoll ignoriert, dennoch erklärt sie mir ihre Verspätung. »Nima ist krank, und so bin ich spät.« Das Thema Verspätung ist offensichtlich nur von nebensächlicher Bedeutung.

Ich nutze die Gelegenheit gleich, um sie nach der Krankheit ihres Sohnes zu fragen.

»Was fehlt Nima denn?«

»Ich glaube, er hat Husten. Er hat die ganze Nacht nicht geschlafen.« Erst jetzt fällt mir auf, dass Pema dunkle Ringe unter den Augen hat. »Eigentlich schläft er nie in der Nacht. Er wacht immer auf, und dann muss ich mit ihm spielen. Sonst weint er. Manchmal schläft er erst am Morgen ein.«

»Wie alt ist Nima?«

»Fast ein Jahr«, erwidert Pema stolz, doch dann zieht ein

Schatten über ihr Gesicht. »Er kann aber noch nicht krabbeln oder stehen. Was denkst du darüber, Schwester?«

»Ich – haben ihn die Ärzte schon einmal untersucht?« Nimas langsame, gekrümmte Handbewegungen ließen mich sofort an eine Hirnlähmung denken, aber ich wage es nicht, gleich eine so vernichtende Langzeitprognose zu stellen. »Ist ihm etwas passiert?«, frage ich stattdessen.

»Er war bei Geburt o.k. Ich bin sicher. Aber wir hatten einen schlechten Babysitter. Vielleicht hat sie Nima fallen gelassen. Ich habe immer Angst, wenn ich ihn zu Hause lasse.«

Abwesend streicht Pema über das blaue Laken auf dem Behandlungsbett. »Ich will ihn nach Vellore bringen«, sagt sie und wirft mir einen verzweifelten Blick zu.

Ich nicke. Ich habe keine Ahnung, wo Vellore ist, aber der Ort scheint Pema viel zu bedeuten.

»Glaubst du, dass er laufen lernt?« In Pemas zögernder Frage klingt Hoffnung mit.

»Ich weiß es nicht«, sage ich ehrlich. »Warum bringst du ihn denn nicht einmal her?«

Pema scheint sich meine Frage zu überlegen, schüttelt dann aber den Kopf. »Ja, ich möchte ihn bringen. Aber Nima ist so schwer. Und jetzt, im Regen, wird er nass. Und wer wird den ganzen Tag auf ihn aufpassen? Ich kann ihn nicht mitten am Tag nach Hause tragen.«

Ich schäme mich ein wenig für meine Gedankenlosigkeit, aber Pema lächelt mich an. »Ich glaube, jetzt wo du da bist, werden wir viel ändern in der Physiotherapie. Das wird gut. So lange habe ich zwei Zimmer verlangt. Jetzt bist du da und schon haben wir ein Therapiezimmer. Das wird gut für Patienten, nicht wahr?«

Etliche Krankenschwestern stecken den Kopf zur Tür herein und wechseln mit Pema ein paar Worte .

»Willkommen Schwester!«, grüßen sie mich, und dann kommt unweigerlich die Frage: »Wie gefällt dir Mongar?«

Ich lächle und nicke, denn ich habe noch immer keine passende Antwort darauf gefunden. »Bitte komm zum Tee, Schwester«, laden sie mich ein und rufen Pema beim Weggehen noch ein paar Worte zu. Voller Dankbarkeit für Pemas verhältnismäßig gutes Englisch wende ich mich meiner neuen Assistentin und Verbündeten zu.

»Wie viele Sprachen sprichst du?«

»Sharchhop, Dzongkha, Nepali und Hindi. Zu Hause mit meinen Eltern spreche ich Sharchhop. Die meisten Patienten sprechen auch Sharchhop. Ich werde dir beibringen. Und wir werden meine Eltern in Bargompa besuchen. Es wird dir gefallen. Es ist echtes Dorf. Aber du musst Sharchhop sprechen. Du kennst schon *Kuzuzang po la*, nicht wahr?«

»*Ku zoo zang poo la!*«, wiederhole ich, und wir lachen beide.

Gemeinsam inspizieren wir unsere Räume. Der Schrank widersteht allen Öffnungsversuchen, bis wir schließlich, am Ende unserer Geduld, der Schiebetüre einen mächtigen Schlag versetzen. Im Schrankinneren finden wir ein wildes Durcheinander aus Decken, korsettförmigen Rückenstützen, Schlingen, einem Bottich mit schwarzem Fett, einem neuen, weißen Bettlaken, einem angeblich launischen Ultraschallgerät, einer Schachtel mit allen möglichen Schrauben, Zahnstochern, Schnallen, Ersatzteilen für Geräte, die es schon lange nicht mehr gibt, und den verräterischen Spuren von Mäusen. Die meisten Dinge sehen veraltet aus. Sie stammen sicher aus der Zeit, als das Mongar Hospital erbaut wurde. Mehr als zwanzig Jahre war es von einer norwegischen Lepramission geführt worden.

Pema erzählt, dass die Mission vor einigen Jahren weggezogen ist, daraufhin wurde das Mongar Hospital in ein allgemeines Krankenhaus unter der Leitung der bhutanischen Regierung umgewandelt. Im Januar war es dann offiziell zum Gebietskrankenhaus für Ost-Bhutan ernannt worden.

Wir untersuchen das klapprige Fitness-Rad und ein Paar Krücken, bei denen die Gummienden fehlen.

»Wir haben noch viele Krücken, aber ich kann sie nicht brauchen. Sie sind im Lager. Als die Mission geht, lassen sie uns alle Krücken da.« Pema zeigt in die Richtung eines Gebäudes, das sich irgendwo oberhalb von meinem Unterrichtszimmer befindet. Dann weist sie stolz auf einen Berg Bandagen, den ihr die Operationsschwestern überlassen haben. »Ich habe sie hier, für alle Fälle«, erklärt sie mir.

Pema zeigt mir den Terminkalender, in dem sie die Patienten eingetragen hat. Darin ist notiert, ob sie stationär oder ambulant behandelt werden und wie Diagnose und Behandlung aussehen. Insgesamt sind ihre Angaben peinlich genau, und ich bin recht zufrieden.

Eines beunruhigt mich allerdings sofort: die Zahl der Neugierigen, die sich vor den Physiotherapieräumen versammelt hat. Nach den vielen Gesichtern zu urteilen, die durch die offenen Fenster in den Behandlungsraum hereinstarren, muss ich wohl eine ganz besondere Art von Homo sapiens sein. Patienten und Besucher, die im Hof ihre Runden drehen, kennen keinerlei Hemmungen, stehen zu bleiben und mich intensiv zu mustern. Sie studieren meine blonden Haare, meine helle Haut, meinen Rock, meine Schuhe, meine Gestik und meine Sprache. Sie nicken mir zu oder zeigen mit dem Finger auf mich. Manche reden mit Pema, während andere nur wortlos ins Zimmer starren. Es würde mich nicht überraschen, wenn mir jemand sagte, dass sie meine Atemzüge pro Minute zählen. Gruppen von Schulkindern wispern miteinander, kichern und drehen sich scheu um, wenn ich ihren Blick erwidere. Hin und wieder höre ich das Wort *phillingpa* (Ausländerin) und Doktor. Pema hat Mitleid mit mir und scheucht sie alle weg. Noch immer kichernd, ziehen sie sich zurück, doch schon nach wenigen Minuten hat sich eine neue Gruppe Neugieriger gebildet.

Nach ein paar Stunden wünsche ich mir nur eines – anonym zu sein. Ich wünsche mir schwarze Haare und eine dunkle Haut und nehme mir vor, von nun an nur noch eine *kira* zu tragen, Sharchhop zu lernen und in der Masse unterzugehen. Und zwar bald. Vorläufig habe ich aber nur den Wunsch, die Türen und Fenster zu schließen und den Leuten zu sagen, dass sie mich bitte nicht so anstarren sollen. Nur mit größter Beherrschung lächle ich weiter.

Am Nachmittag sieht der Raum schon wie verwandelt aus. Die überflüssigen Möbel und Geräte sind auf den Gang hinaus verfrachtet worden und warten darauf, dass man sie wegbringt. Der Übungsraum ist frisch ausgemalt, der Boden gekehrt und gewaschen – was nicht viel mehr bedeutet, als dass der Schmutz von einer Ecke in eine andere gewischt worden ist. Die Fenster sind noch immer offen, und ich bemühe mich nach besten Kräften, das Gedränge davor zu ignorieren. Um drei Uhr bin ich total erschöpft. Pema will so schnell wie möglich zu Nima nach Hause und bittet mich, die Abteilung abzuschließen. Im Gang drängen sich noch immer Leute, und ohne Pema verlässt mich mein Selbstvertrauen. Ich bin mir jeder Bewegung bewusst und stakse unter den Augen der Neugierigen wie ein Model auf dem Laufsteg nach Hause.

Als Pema am nächsten Morgen wieder nicht um neun Uhr da ist, schließe ich mich den Ärzten bei ihrer Morgenvisite an. Dr. Lhendup, ein praktischer Arzt, der sich vor allem um ambulante Patienten kümmert, scheint ein recht angenehmer

Mensch zu sein. Er hat ein ehrliches Gesicht und ist gesprächig. Wenn er die Tafeln der Patienten betrachtet, legt sich seine Stirn in Falten, und schon folgt ein Wortschwall auf Sharchhop. Dr. Kalita, der orthopädische Chirurg, stammt aus Assam in Indien. Er ist wie ich ein Neuankömmling in Mongar und wurde kurz vor meiner Ankunft hierher versetzt. Er schloss seine medizinische Ausbildung in Schottland ab und ist heute einer der führenden orthopädischen Chirurgen Bhutans. Dr. Shetri, ein Zahnarzt, scheint die Ortssprache noch nicht so recht zu beherrschen. Der kleine, energische Mann reißt laufend irgendwelche Witze und bemüht sich nach besten Kräften, sich in einer Mischung aus Nepali, Dzongkha und Sharchhop zu verständigen. Es überrascht mich, wie aktiv seine Rolle bei der Diagnose und Beurteilung der Patienten ist. Ganz offensichtlich beschränken sich seine medizinischen Kenntnisse nicht auf die Zähne. Der Klinikleiter ist Augenspezialist, und auch er schließt sich unserem kleinen Team hin und wieder an. Der junge praktische Arzt aus Indien, Dr. Bikul, scheint ganz von seinen Fällen in Anspruch genommen zu sein und verschwindet immer wieder in die Ambulanz. Zum Ärztestab gehören auch der Facharzt Dr. Pradhan und Dr. Robert, ein Gynäkologe aus Kamerun, die derzeit auf Urlaub sind.

Die Oberschwester, eine stämmige, entschlossen wirkende Frau, schiebt einen kleinen, gelben Wagen mit den Patientenberichten vor sich her. Es sind auch noch andere Schwestern da, die alle eine weiße *kira* und ein Käppchen auf dem Kopf tragen. Sie nehmen Bandagen ab, beschreiben den Zustand der Patienten und füllen die Tafeln aus. Bei jeder Visite werden die fünf Hauptstationen des Krankenhauses und etliche Zimmer von Privatpatienten und halb private Zimmer besucht. Die Säle A und B sind für Frauen und Kinder, C und D für Männer und ein getrennter Saal ist für Patienten mit aktiver Tuberkulose und Lepra bestimmt. Ich schätze, dass das Krankenhaus etwa sechzig Betten hat; zusätzliche Patienten werden je nach Bedarf auf Matratzen am Boden untergebracht.

Still folge ich der kleinen Ärzteprozession auf ihrem Marsch durch die Säle. Die meisten Krankheiten, mit denen ich hier konfrontiert werde, sind mir unbekannt. Außerdem unterhalten sich die Ärzte mit den Patienten nicht auf Englisch, und ich verstehe den örtlichen Dialekt viel zu wenig, um irgendetwas mitzubekommen. Am Tag zuvor hatte ich gelernt, dass *lepku* »gut« oder »besser« bedeutet, *mangi* oder *mala* sind Formen von »Nein«, *phaiga* heißt soviel wie »bei dir zu Hause«, und *pholang* ist das Wort für »Abdomen«, das mir recht oft zu Ohren kommt. Anscheinend leiden viele Patienten an irgendwelchen Bauchbeschwerden. Auf den Tafeln lese ich andere, mir fremd klingende Diagnosen: Osteomyelitis, virale Enzephalitis, chro-

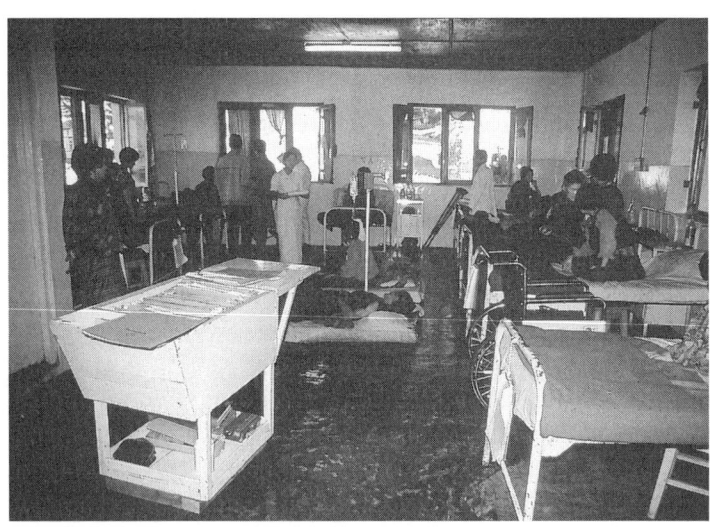

Morgenvisite im Mongar Hospital

nische Malaria, Typhus, abdominale Tuberkulose, lepröse Geschwüre, Unterernährung Grad 3 ... mir tut sich ein noch völlig unbekanntes medizinisches Gebiet auf.

Es ist gar nicht leicht, die Patienten auf den Stationen von ihren Angehörigen zu unterscheiden. Zumeist sitzen zwei oder drei Personen auf einem Bett, und wie ihre Besucher tragen auch die Patienten Alltagskleidung. Nirgends sieht man Pyjamas oder Krankenhauskittel.

Das dichte Haar ist bei Männern und Frauen kurz geschnitten; Staub und Öl wirken auf den manchmal recht struppigen Frisuren wie Haarspray. Alle Menschen hier sind mit einer Schicht aus Fett und Ruß bedeckt. Bei vielen sehen Lippen und Zähne blutig aus. Inzwischen weiß ich, dass ein Gemisch aus Betelnuss und Kalk diese tiefrote Farbe erzeugt. Die Kleidung ist oft verschmiert und nachlässig zusammengebunden und manchmal so abgetragen, dass nur noch Fetzen vom Körper hängen. Das Eigenartigste sind jedoch die Füße der Patienten. Im Verhältnis zum kleinen Wuchs der Menschen sind ihre Füße riesig groß, mit runden Zehen und ungepflegten Nägeln. Die Fußsohlen sind mit einer dicken Schmutzschicht überzogen, die sich durch das ständige Barfußgehen tief in die Schrunden und Risse eingefressen hat.

Der allgemeine Mangel an Sauberkeit hat sich auch auf die Umgebung übertragen. Die blauen Laken des Krankenhauses sind besudelt, oft wird eine *kira* an Stelle einer Decke übergeworfen, die gelben und weißen Wände tragen Schmutz- und Schimmelflecken, und die Fenster sind durch eine Staubschicht getrübt. Trotz der Gitter ist das Krankenhaus voller Fliegen, die über Betten, Menschen und Essen krabbeln. Ich war zwar auf einen gewissen Mangel an Hygiene vorbereitet, aber das, was ich hier sehe, beunruhigt mich sehr. In allen Ecken liegen Abfälle, und die Patienten denken sich nichts dabei, ihre blutigen

Bandagen, Plastiktüten und Essensreste unter den Betten zu verstauen. Während wir die Bettreihen entlanggehen, krampft sich mein Magen immer mehr zusammen, und mir wird schwach in den Knien. Aber trotz meiner Bestürzung bemühe ich mich, meinen Blick nicht abzuwenden.

Diskretion wird hier nicht praktiziert und auch nicht geschätzt. Das verrät schon der geringe Abstand zwischen den Betten. Jeder Patient kann die Untersuchung eines Nachbarn bis ins kleinste Detail mitverfolgen. Viele Patienten blicken resigniert vor sich hin, und ihr leerer Blick scheint die Wände zu durchdringen in der Sehnsucht nach den Bergen und Hügeln. In ihren Augen liegt nicht der Ausdruck von Schmerzen, sondern von Resignation und Unwissen. Niemand stellt eine Frage, und viele geben auch keine Antworten. Was in den Köpfen dieser Menschen vorgeht, ist mir ein Rätsel.

Wie würde ich mich fühlen, wenn ich in einem dieser Betten liegen müsste? In einer Reihe, ohne Vorhänge und Trennwände? Ein Alptraum! Alle in ihrer Straßenkleidung, schmutzig und übel riechend. Ein Gefühl von Mitleid, Trauer und Wut überwältigt mich, während wir weitergehen. Die fehlende Bildung und die naive Unwissenheit der Patienten gehen mir zu Herzen.

Einige der Kranken werden mir als »meine Patienten« vorgestellt. Da ist ein Mädchen mit einer schweren Brandnarbe und einer Knieverletzung, das ans Bett gefesselt ist. Ein alter Mann, der im Krankenhaus wegen einer Augeninfektion behandelt wird und über eine steife, schmerzende Schulter klagt. Ein Junge, der mit Malaria-Enzephalitis im Koma liegt und seit Tagen gelähmt ist. Eine alte Frau mit Diabetes, deren gangränöses Bein am Knie amputiert wurde, und die wieder gehen lernen soll.

Ich versuche, sie alle anzulächeln, aber es fällt mir schwer,

denn mein rebellierender Magen hat mir mein Selbstvertrau-
en geraubt. Wie kann ich all diese Patienten in unserer kleinen
Abteilung mit dem viel versprechenden Titel »Physiotherapie«
erfolgreich behandeln? Ich blicke in die Gesichter und sehe nur
ihre Tragik. Ich strecke meine Hand nach einem Patienten aus,
und sein Blick sagt mir, dass er sich in sein Leiden ergeben hat.
Mir bricht fast das Herz, und all mein Mut schwindet. Denn
nur einem dieser Patienten ein ganz klein wenig helfen zu können, würde schon ein kleines Wunder bedeuten.

Lhamo

Zuerst sehe ich nur ein kleines runzeliges Gesicht, das mit einem bezaubernden Lächeln um die Ecke des Behandlungszimmers guckt, dann ein Paar dünne, knochige Beine, die etliche Zentimeter über dem Boden schweben, schließlich die Gestalt einer winzigen Frau und zuletzt Lhamo, die von ihrer Mutter auf dem Rücken in den Behandlungsraum getragen wird.

Verdutzt beobachte ich die ungewöhnliche Erscheinung von Mutter und Tochter. Lhamo ist zwar dünn wie eine Bohnenstange, aber sie überragt ihre Mutter, die sicher nicht größer ist als 1,30 Meter. Die Schultern des 13-jährigen Mädchens sind etliche Zentimeter breiter als die ihrer Trägerin. Es scheint mir ein Ding der Unmöglichkeit, dass die winzige Frau nicht unter ihrer schweren Last zusammenbricht. Doch sie steht da vor mir und trägt die Tochter sicher auf dem Rücken. Es gelingt ihr sogar, einen ihrer Arme frei zu machen und damit auf das Bett neben mir zu zeigen. Als ich mich gefangen habe, führe ich die beiden schnell ins Zimmer. Mit einiger Mühe gelingt es uns, Lhamo aufs Bett zu legen. Sie rollt sich in eine fötale Stellung und blickt nervös zu mir herüber. Ich versuche, sie zu beruhigen, indem ich auf Englisch leise auf sie einrede. Meine Versuche werden mit einem scheuen, verständnislosen Lächeln belohnt.

Ein wenig später kommt Pema herein. Etwas verwundert frage ich sie, ob die beiden denn keinen Rollstuhl haben. Doch Pema erklärt mir, Lhamos Mutter sei daran gewöhnt, ihre Tochter zu tragen, und das sei kein Problem für sie. »Natürlich ist das ein Problem«, denke ich mir, sage aber nichts und nehme mir einen Bewertungsbogen vor.

Pema setzt sich auf einen Schemel neben mich. Meine Aufgabe ist es, während meiner Zeit in Mongar möglichst viel meines Fachwissens an Pema weiterzugeben. Im Zuge ihrer Ausbildung zur Assistentin hat sie sich bereits anatomische und physiologische Grundkenntnisse erworben, aber ihre Behandlungen basieren lediglich auf den Diagnosen der Ärzte und deren Anweisungen. Während meines Aufenthalts soll ich ihr helfen, die Patienten in Zukunft eigenständiger beurteilen und behandeln zu können. Wir haben vereinbart, dass sie während der ersten Woche als Übersetzerin fungiert und mir bei der Arbeit zusieht.

Mit gezücktem Stift bin ich bereit, Lhamos Krankengeschichte aufzuschreiben. Lhamos Mutter ist es aber nicht. In einem endlosen Wortschwall redet sie auf Pema in Sharchhop ein. Als sie endlich aufhört, frage ich Pema nach dem Inhalt ihres Monologs.

»Sie will wissen, ob Lhamo wieder laufen wird.«

Ein wenig irritiert frage ich, was sie denn noch gesagt hat.

»Nichts«, antwortet Pema und wendet sich wieder Lhamo zu.

Es dauert fast eine Stunde, bis wir Lhamos Geschichte zusammengestoppelt haben. Lhamos Familie stammt aus dem Bezirk Trashi Yangtse. Ihr kleines Dorf ist zwei Tagesmärsche von der Hauptstraße entfernt. Wie die meisten Bewohner des Ortes lebt die Familie seit Generationen auf demselben Bauernhof, wo sie ein kleines Stück Land bebaut. Lhamo ist nie zur Schule gegangen.

Die Mutter erzählt, dass Lhamo vor fünf oder sechs Jahren über einen Topf mit siedend heißem Wasser fiel und sich dabei die Rückseite des rechten Beins verbrannte. Die Wunde verheilte zwar, aber das Mädchen hat seitdem vom Gesäß bis unter das Knie eine schlimme Narbe. Vor einem Jahr wurde sie dann mit einem Messer am linken Knie verletzt, mit der Folge, dass sich das Knie in seiner gegenwärtigen Stellung versteift hat und ständig schmerzt.

Die Einzelheiten und Daten der Geschichte unterscheiden sich von dem, was mir die Krankenschwestern darüber mitgeteilt haben. Wiederholtes Nachfragen ergibt, dass die Verletzung am linken Bein möglicherweise acht und am rechten Bein drei Jahre, vielleicht aber auch nur ein paar Monate zurückliegt. Es scheint mir schließlich zwecklos, an Einzelheiten festzuhalten, die in ihrem Leben offensichtlich nur von geringer Bedeutung sind. Also fahren wir fort, und ich trage unter »Zeitpunkt der Verletzung« ein großes Fragezeichen ein. Die zweite Verletzung am linken Knie hatte für Lhamo und ihre Familie besonders tragische Folgen. Denn seit diesem Trauma kann Lhamo weder stehen noch gehen. Das Mädchen verbringt die ganze Zeit im Bett, außer wenn es von der Mutter nach draußen getragen wird, um dort seine Notdurft zu verrichten oder hin und wieder auch um gewaschen zu werden.

Angeblich wurden schon mehrere »Behandlungen« versucht. So zum Beispiel zahlreiche *puja* des Dorflama, religiöse Zeremonien, die eine Heilung herbeiführen sollen. Aber die vielen Gebete und Opfer der Familie brachten keinen Erfolg. Dann wurde sie ins Krankenhaus gebracht, und der damalige Chirurg versuchte, die Brandnarbe etwas zu verlängern, was aber auch nichts half. Die Operation wurde noch von mehreren anderen Ärzten wiederholt. Die anschließende Fibrose und die ständige Bettruhe machten das Bein aber nur noch steifer, und es blieb schließlich alles beim Alten. Auch eine Gruppe kosmetischer Chirurgen, die aus Australien zu Besuch kamen, schüttelten nur bedauernd den Kopf. Alles war zwecklos.

Zwischen den stückweise vorgebrachten Informationen fragt mich Lhamos Mutter immer wieder, ob ich ihre Tochter heilen kann. Beruhigend sage ich ihr, dass ich mein Bestes tun werde, aber sie gibt sich damit nicht zufrieden. Schließlich sei ich eine ausländische Ärztin, die über viel Wissen und Können verfügt. Ich müsste doch ihre Tochter heilen können.

Ich fordere Pema auf, zu versuchen, Lhamo zum Sprechen zu bringen, aber das Mädchen starrt uns nur mit einem verschreckten und abweisenden Blick an. Ohne sie zu berühren, spreche ich wieder mit ruhigen englischen Worten auf sie ein, und Pema übersetzt für mich. Ich erkläre ihr, dass ich sie nur ansehen will, dass ich ihr nicht wehtun werde, dass ihre Mutter die ganze Zeit bei ihr sein wird und dass sie mir jederzeit sagen kann, wo es ihr wehtut. Ganz langsam entspannt sich das Mädchen, ist aber immer noch argwöhnisch und verfolgt mit den Augen jede meiner Bewegungen. Allmählich wird sie gelassener.

Auf dem Korridor haben sich wieder einige Zuschauer versammelt, aber diesmal will ich ungestört sein und mache Fenster und Türe fest zu. Dann bitte ich Lhamo, ihren Rock, einen einfachen, geblümten Unterrock, den sie an Stelle einer *kira* trägt, auszuziehen. Lhamo weigert sich, und ich versuche ihr zu erklären, dass ich mir ihr ganzes Bein ansehen muss, aber es ist zwecklos. Vorsichtig hebe ich den dünnen Rock ein paar Zentimeter hoch, und Lhamo beginnt, wie ein Baby zu wimmern. Doch ich weiß nun wenigstens, wo das Problem liegt: Lhamo hat keine Unterwäsche an.

Irgendwie gelingt es uns, ihr den Rock zwischen die Beine zu klemmen, damit sie nicht entblößt daliegen muss. Die Rückseite des rechten Beins ist entsetzlich deformiert. Eine lange, tiefe und steife Brandnarbe zieht sich wie ein dickes Seil rückwärts vom Knie bis zum Gesäß hinauf. Es gelingt uns nicht, das Bein um mehr als 75 Grad zu strecken, aber wenigstens verursacht unser Versuch der Patientin keine Schmerzen. Der Fuß baumelt wie ein nutzloses Anhängsel vom Knöchel. Obwohl Lhamo verkrampft ist und nicht will, dass ich ihr Bein bewege, ist sie viel zu schwach, sich dagegen zu wehren. Stattdessen wimmert und jammert sie nur leise vor sich hin, schüttelt aber verneinend den Kopf, wenn ich sie frage, ob es wehtut.

Das andere Knie ist offensichtlich extrem schmerzempfindlich. Bei jeder Berührung schreit Lhamo laut auf, und nach mehreren Versuchen muss ich aufgeben. Soweit ich aber feststellen konnte, ist möglicherweise ein fünfprozentiger Bewegungsradius vorhanden. Auf unsere Frage hin versichert uns Lhamos Mutter, dass das Knie schon immer so steif war. Und hat es schon immer so geschmerzt? Sie nickt zur Antwort.

Weder die Mutter noch Lhamo haben mir etwas über sonstige Verletzungen gesagt, aber auf ihrer Tafel entdecke ich eine Anmerkung über eine wund gelegene Stelle. Als ich das Mädchen daraufhin untersuche, entdecke ich nicht nur eine, sondern zwei tiefe eitrige Wunden, eine über dem Steiß und eine über ihrem linken Sitzbein. Das erklärt auch, warum sich Lhamo nicht setzen will. Der dünne, über die Wunden geklebte Baumwollverband, hat sich durch die Bewegung verschoben, und die Klebestreifen zerren nun zum Teil am wunden Fleisch. Lhamas Rock ist vom Eiter, der aus den Wunden quillt, völlig verklebt. Entsetzt frage ich die Mutter, wann denn die Wunden zum letzten Mal gereinigt wurden.

»Gestern.«

»Warum nicht heute?«, will ich wissen und frage mich, wer für diese unnötige Vernachlässigung verantwortlich ist.

»Wird immer nur alle zwei Tage gemacht«, erwidert Pema. Entrüstet frage ich: »Sehen die Wunden immer so schlimm aus?«

»Ja«, lautet ihre Antwort.

Lhamo wimmert still vor sich hin. Als ich sie bitte, sich aufzusetzen, bricht sie in einen Wutanfall aus und kreischt mit schriller Stimme. Ihre Mutter redet streng auf sie ein, doch Lhamo fährt mit ihrem Jammergeschrei fort. Schmerz und Entsetzen sind ihr ins Gesicht geschrieben. Ich sehe ein, dass es für heute genug ist und bitte die Mutter, Lhamo auf die Station zurückzubringen. Erleichtert hebt die winzige Frau die Tochter hoch und trägt sie vorsichtig aus dem Behandlungsraum.

Habe ich etwa zu viel von Lhamo verlangt? Um diese negativen Gedanken zu verscheuchen, widme ich mich etwas Positiverem und bespreche mit Pema die Situation bezüglich der verfügbaren Rollstühle. Angeblich gibt es drei neue im Krankenhaus, einer davon gehört der Heilgymnastik und die beiden anderen den Stationen. Leider verschwindet unser Rollstuhl immer wieder. Ich bitte Pema, sich auf die Suche danach zu machen, und nach wenigen Minuten kommt sie mit einem faltbaren, gepolsterten Rollstuhl zurück. Ich atme erleichtert auf, denn jetzt haben wir wenigstens etwas, das wir Lhamo sofort anbieten können.

Eine kurze Prüfung des Stuhls ergibt, dass die Bremsen nutzlos sind. Zum x-ten Mal seit meiner Ankunft in Bhutan hole ich also mein Taschenmesser hervor und mache mich an die Reparatur. Zum Glück ist die Arbeit schnell getan, und ich drehe gleich einmal eine Testrunde.

Für gewöhnlich lässt sich von den Gesichtern der Menschen hier nur schwer etwas ablesen, aber als ich an den Fenstern des Vorraums zum Operationssaal vorbeirolle, ist das Erstaunen der Krankenschwestern unverkennbar.

»Schwester Britta! Wo fährst du hin?«, ruft mir Schwester Rupali, eine mollige, freundliche Frau, durchs Fenster nach.

»Ich teste den Stuhl!«, antworte ich lachend. Im Krankenhaus bin ich inzwischen von der Ärztin zur Schwester degradiert worden.

»Schwester, kommst du zum Tee? Bitte komm zu uns zum Tee. Schwester Pema kommt immer zum Tee!«

Ich habe mich ohnehin schon gefragt, wann wir Mittagspause machen, und das Angebot klingt verführerisch.

»Danke. Das ist wirklich nett von euch.«

»Bitte komm, Schwester. Komm zu uns.«

Das Fenster zum Vorraum schließt sich wieder, und ich rolle zurück zum Behandlungsraum.

Bei einer heißen Tasse süßen Tees, der mit zerstoßenem Kardamom und Nelken schmackhaft gewürzt ist, und ein paar zuckrigen Keksen trage ich meine Besorgnis über Lhamos Wundverbände vor.

»Könnte man das vielleicht etwas regelmäßiger machen?«

»Lhamo ist nettes Mädchen, nicht wahr?«, erwidert Schwester Chandra. »Es ist gut, dass du ihr jetzt helfen kannst.«

Schwester Rupali stimmt zu, aber auch sie weicht meiner Frage nach den Wundverbänden aus.

»Du musst mit Oberschwester darüber sprechen. Hier im OP machen wir nur die Verbandpackungen. Siehst du«, sagt Schwester Rupali und zeigt auf den dampfenden Autoklav. »Es ist so schwer. Keinen Strom und immer kaputt, nicht wahr, Schwester?« Dabei wendet sie sich zur Bestätigung an die anderen OP-Schwestern. Alle um den Tisch nicken mit ernsten Gesichtern. Rupali wirft dem pfeifenden Autoklav einen vernichtenden Blick zu und wechselt abrupt das Thema.

Nach meinem Zwischenspiel im Vorraum zum OP bringen Pema und ich den Rollstuhl zu Lhamo. Sie soll begreifen, dass es von nun an, zumindest während ihrer Zeit im Krankenhaus, eine alternative Transportmöglichkeit zum Rücken ihrer Mutter gibt. Lhamo und ihre Mutter sitzen auf dem Bett und teilen sich das Mittagessen. Unsere Ankunft wird mit aufgeregtem Geplapper begrüßt und der halb leere Teller auf der Bettdecke abgestellt. Die Krankenhausration besteht aus Reis, einer Art Kartoffelcurry und *dal*. Ich hatte zuvor gesehen, wie der Koch die Speisen aus zwei riesigen Eimern im Hof schöpfte, und bin überrascht, das Essen jetzt auf dem Teller zu sehen. Es sieht besser aus als erwartet.

Besorgt betrachtet Lhamo den Rollstuhl. Man steht hier allem Neuen misstrauisch gegenüber, und das unbekannte Gerät scheint meine junge Patientin einzuschüchtern. Ihre Mutter hingegen erkennt sofort die Vorteile der mechanischen Räder. Mit einem strahlenden Lächeln begutachtet sie stolz den Stuhl. Allmählich gelingt es uns, die noch immer äußerst skeptische Lhamo zu einem Versuch zu überreden. Langsam lassen wir sie in den Stuhl sinken, in dem sie dann unbeholfen sitzt und mich anstarrt. Fest entschlossen ergreift die Mutter die Lenkstangen und fährt mit Lhamo im Saal herum. Auf einmal begreift Lhamo das Potenzial ihrer neu gefundenen Freiheit, und ein bezauberndes Lächeln überzieht ihr Gesicht. Vorsichtig lehnt sie sich über die Seiten, drückt prüfend auf die Armstützen und spielt mit den Fußleisten.

»Yalama!«, ruft sie ganz aufgeregt, und eine alte Frau im Bett neben ihr bricht in Beifallsrufe aus.

Ungeduldig plappert das Mädchen nun auf die Mutter ein und schiebt die Räder dann selbst einen halben Meter vorwärts. Sie klatscht in die Hände und wendet sich uns zu. Ihr Gesicht strahlt vor Freude. In ihren Augen schimmern Hoffnung und Aufregung und kindliche Freude über ein in ihrem jungen Leben so seltenes Vergnügen. Als ob sie schon seit Monaten auf diesen Augenblick gewartet hätte, durchbricht nun Lhamos Lachen endlich den von ihrem Leiden errichteten Schutzwall. Nicht länger ans Bett gefesselt, hat das Mädchen auf dem Plastikkissen eines wackeligen Rollstuhl eine neue Unabhängigkeit gefunden. Und zum ersten Mal seit meiner Ankunft in Mongar weiß ich, dass ich mit meinem Aufenthalt hier die richtige Entscheidung getroffen habe.

Mörderische Arbeit

Für den Vormittag waren nicht viele Patienten zu erwarten, und so ging ich schnell auf ein paar Minuten nach Hause, um ein paar Lehrbücher zu holen. Als ich schwer beladen zurückkomme, steht vor den Fenstern unserer Abteilung eine Menschenschlange. Als ich wegging, war der Korridor leer gewesen. Es sieht aus, als hätte jemand eine Schleuse geöffnet. Ich erkenne keine Gesichter, aber unter den Wartenden sind nicht die üblichen Neugierigen, es sind Menschen, die in Gedanken versunken, geduldig ausharren.

Als ich näher komme, treten alle respektvoll zur Seite und lassen mich durchgehen. Für sie ist mein weißer Labormantel anscheinend ein unverkennbares Zeichen von Autorität. Ich lächle die Patienten an und merke, dass die meisten von ihnen indische Kleidung tragen. Die Frauen tragen Sari, die Männer einfache Hemden und Hosen. Möglicherweise arbeiten sie auf dem Baugelände des Krankenhauses, oder es sind Straßenarbeiter, deren kleine Camps ich auf meiner Fahrt von Thimphu nach Mongar gesehen hatte.

Pema ist schon damit beschäftigt, die Geschichte einer Patientin aufzuschreiben. Ich kann weder ein »*ngamla*« (Schmerz) noch ein »*oga?*« (wo?) ausmachen, anscheinend spricht sie nicht Sharchhop, sondern Hindi. Ich verstehe kein Wort, setze mich also und sehe zu. Die Frau neben Pema spricht mit einer leisen, fast unhörbaren Stimme. Sie hat ihre Hände im Schoß gefaltet. Ihr Anliegen scheint dringend und vertraulicher Natur zu sein. Die Frau hat den Blick von mir abgewandt, aber nach einer Weile beginnt Pema mit dem Übersetzen.

Die Patientin heißt Dhan Maya. Sie arbeitet tatsächlich an einer Straße etwa eine Gehstunde vom Krankenhaus entfernt. Dort schleppt sie die Steine an eine Stelle, wo sie die anderen Arbeiter brechen können. Seit einer Woche leidet sie an starken Rückenschmerzen, die sie am Schlafen hindern.

Ich schaue mir ihren Überweisungsschein an. »Chronische Lumbalstörung. Für Physiotherapie. Bitte beurteilen und behandeln.« Die Unterschrift besteht aus einem großen kühnen B mit einigen Kritzeln dahinter. Ich frage Dhan Maya nach ihrem Arzt. Es ist Dr. Bikul, der junge indische Arzt, der in der Ambulanz arbeitet.

Ich werde für die arme Frau nur wenig tun können. Dhan Maya besteht nur aus Haut und Knochen, und ihr zarter Körper ist viel zu schwach für die schwere Arbeit, die sie leistet. Nur eine Änderung des mörderischen Pensums, das sie täglich erfüllt, könnte ihre unerträglichen Schmerzen lindern. Ich bespreche die verschiedenen Möglichkeiten mit Pema. Eine andere Beschäftigung steht außer Frage. Sie ist mit ihrer Familie hierher gekommen, und sie und ihr Mann arbeiten, damit sie etwas Geld an seine Geschwister in der Heimat schicken können. Sie sind dankbar für die Arbeit und leben schon an die sieben Jahre hier.

Ich will wissen, ob sie ihre Arbeitszeit etwas reduzieren könnte, erhalte auf diese Frage aber nur ein verneinendes Kopfschütteln. Ich frage sie, ob sie im Lauf des Tages vielleicht mehrere Pausen machen könnte, die Antwort ist wieder Nein. Auf meine Frage, ob es vielleicht möglich wäre, ihre Tätigkeit mit der einer anderen Frau zu tauschen, erklärt sie mir, dass alle ähnliche Arbeiten ausführen und dass sie eine der jüngsten und stärksten unter den Arbeiterinnen ist.

Indische Arbeiter auf der Straße von Mongar nach Thimphu; Felsbrocken werden von Hand zu Kies geklopft

Könnte sie zur Behandlung hierher kommen?

Nein, das würde zu viel von ihrer Arbeitszeit beanspruchen. Sie habe nur heute frei.

Die Physiotherapie ist keine Kunst, die schnelle Abhilfe schaffen kann, und ich bin daran gewöhnt, auf Probleme zu stoßen. Doch hier in Bhutan sehe ich mich ganz neuen, oft - unüberwindlichen Herausforderungen gegenüber. Zu Hause würde ich ihren Arbeitgeber anrufen und mit ihm besprechen, wie ihre Arbeit erleichtert oder geändert werden könnte. Sie könnte Entschädigungen auf Grund einer Berufskrankheit beanspruchen oder zumindest für eine Weile von der Arbeit freigestellt werden. Es wäre möglich, die Umstände zu ändern, die zur ständigen Verschlechterung ihres Gesundheitszustands führen – aber hier? Was soll ich ihr sagen? Ich fühle mich miserabel, denn ich befinde mich in einer Sackgasse und sehe keinen Ausweg.

»Wir sehen hier viele Arbeiter«, seufzt Pema, ihre Augen voller Mitleid. »Du hast gesehen, wo sie wohnen?«

Ich nicke.

»Wirst du sie behandeln können?«

»Ich hoffe es«, antworte ich, ohne meine Zweifel zuzugeben.

Die nächsten Patienten haben alle ähnliche Beschwerden. Schmerzen im Kreuz, in den Schultern, am Ellbogen. In fast allen Fällen werden die Krankheitssymptome von der über alle menschlichen Kräfte gehenden körperlichen Tätigkeit verursacht. Sie alle sind Schwerarbeiter. Sie alle brauchen ihre Jobs. Keiner kann es sich leisten, sich frei zu nehmen, und keiner will das auch. Müde schleppen sie sich zu mir herein, und genauso verlassen sie mich wieder – resigniert, desillusioniert, in ihr Schicksal ergeben.

Ich fühle mich elend und überflüssig. Wenn ich ihnen doch wenigstens ein bisschen Ruhe unter einer Bestrahlungslampe bieten könnte. Das würde ihnen, wenn auch nur für kurze Zeit, doch ein wenig Erleichterung schaffen. Aber heute ist der Strom ausgefallen, und die begehrten Geräte stehen unbenutzt im Halbdunkel des Raums. Ich bin ziemlich niedergeschlagen.

Dann endlich steht mir ein akuter Fall gegenüber, den ich behandeln kann. Der Patient ist Pasang, ein siebenundzwanzig Jahre alter Bhutaner, der sich beim Heben eines Baumstamms den Rücken verletzt hat. Ich trage ihm auf, sich für den Rest des Tages auszuruhen und bringe ihm ein paar Übungen bei. Wenn er auch nur einer von vielen ist, so kann doch wenigstens er von meiner Anwesenheit profitieren.

Pema fragt mich, weshalb er sich von den anderen Patienten unterscheidet, die wir bisher gesehen haben, und ich nehme mir die Zeit, seinen Zustand näher mit ihr zu besprechen. Schließlich soll sie ja von mir lernen. Dann schicke ich Pasang zurück zum Arzt, der ihm ein entzündungshemmendes Medikament verschreiben soll. Innerhalb weniger Minuten ist er wieder da. Angeblich will mich der Arzt sofort sehen. Ich bin nicht besonders überrascht. Alle Überweisungen aus der Ambulanz kamen von Dr. Bikul, und Pasang ist der erste Patient, den ich behandeln konnte. Und jetzt stellt Dr. Bikul meine Methoden in Frage!

Schon heute früh bei der Visite hatte ich eine Auseinandersetzung mit ihm wegen einer seiner Diagnosen. Seiner Meinung nach handelte es sich um den Fall einer L3-Paraplegie, während ich es eher für eine inkomplette L4 hielt, was ich ihm auch sagte. Wir debattierten dann eine Weile, ob die Ursache ein Tumor, eine Autoimmunkrankheit oder eine Kompressionsfraktur sein könnte. Dann prüfte er mich über die Nervenversorgung der unteren Extremitäten und wartete die ganze Zeit darauf, dass ich mir eine Blöße geben würde. Aber den Gefallen tat ich ihm nicht. Er wirkte äußerst erstaunt. Schließlich gab er zu, dass er fast gar nichts über Physiotherapie wisse, und wandte sich abrupt seinem Patienten zu.

Vor der Tür steht noch ein Patient, der seit fast einer Stunde auf mich wartet. Ich beschließe, ihn zuerst zu behandeln, und dann zu Dr. Bikul zu gehen. Und überhaupt, wenn es so dringend ist, warum kommt er dann nicht selbst zu mir? Mit einem freundlichen Lächeln schicke ich Pasang zu Dr. Bikul mit der Nachricht, dass ich bald komme.

Eine halbe Stunde später betreten Pema und ich den Raum Nr. 4 und lassen den dicken, blauen Vorhang hinter uns zufallen. Dr. Bikul sieht von seinen Papieren auf. »Bitte setzen Sie sich«, sagt er und weist auf zwei Stühle vor seinem Schreibtisch. Er wirkt abweisend, und sein arroganter Gesichtsausdruck irritiert mich. Abwehrend pflanze ich mich vor ihm auf, gleichzeitig aber werfe ich einen Hilfe suchenden Blick zu Pema. Sie sitzt da und lächelt wie immer.

»Sie wollten mich sprechen?« Panik steigt in mir hoch, aber ich bemühe mich, sie nicht zu zeigen.

»Ja.«

Die unheilvolle Stille, die dem kurzen »Ja« folgt, lässt all meinen Mut schwinden. Ich kann von seinem Gesichtsausdruck nichts ablesen. Vielleicht habe ich etwas falsch gemacht. Wieder sehe ich zu Pema, aber sie zeigt keinerlei Unruhe. Rasch überfliege ich in Gedanken alle Fälle, die ich an diesem Vormittag gesehen habe. Was kann er nur von mir wollen?

Seine Frage reißt mich schließlich aus meinen Gedanken. »Wie gefällt Ihnen Mongar?« Zum ersten Mal huscht eine Art Lächeln über sein Gesicht.

»Ich weiß noch nicht so recht«, bringe ich zögernd hervor. Dann füge ich noch schnell hinzu, »Es scheint ein recht schöner Ort zu sein.« Dabei schelte ich mich insgeheim, dass ich nicht mehr Enthusiasmus gezeigt habe.

»Es tut mir Leid, dass ich Ihnen heute früh so viele Patienten geschickt habe. Ich war mir nicht sicher, ob man in der Physiotherapie etwas für sie tun kann, aber ich dachte, es sei einen Versuch wert.« Er wirkt dabei fast kleinlaut. Ich bin nun etwas gelöster und warte ab.

»Könnten Sie mir erklären, weshalb Sie Pasang diese Übungen gegeben haben?«

Hier ist also die Falle. Ich fühle, wie mein Körper sich verkrampft. Aber ist nicht er derjenige, der von der Physiotherapie keine Ahnung hat?

»Bei meiner Untersuchung konnte ich feststellen, dass Pasang ein mechanisches Problem in der Kreuzgegend hat.« Ich lasse eine ausführliche Erklärung über mechanische Rückenschmerzen folgen, deren Ursachen und die dafür empfohlene physiotherapeutische Behandlung.

Dr. Bikul hört aufmerksam zu. Für einen Moment habe ich das Gefühl, dass ich mich selbst und nicht ihn überzeugen will. Wie erkläre ich ihm denn die anderen Fälle mit mechanischen

Rückenschmerzen, denen wir keine Übungen gegeben haben? Wird er es mir übel nehmen, wenn ich von den mörderischen Arbeitsbedingungen der Straßenarbeiter spreche? Ich bin erst eine Woche hier und will nicht gleich Schwierigkeiten machen.

Dr. Bikul ist in Gedanken noch immer bei Pasang und ruft ihn ins Zimmer zurück.

»Pasang, verstehst du Madams Übungen?«

»Ja, Sir.«

»Kannst du sie mir zeigen?« Dr. Bikul weist dabei auf seine Untersuchungsliege.

»Ja, Sir. Natürlich, Sir.«

Vorsichtig klettert Pasang auf die Liege und führt uns seine Heimübungen vor. Es stimmt nicht alles haargenau, ist aber akzeptabel, und so sage ich nichts.

Dr. Bikul scheint zufrieden. »Hmm. Gut. Mach die Übungen, wie sie Madam aufgetragen hat. Komm in zehn Tagen zurück, wenn du noch immer Schmerzen hast.« Er wendet sich nun an mich.

»Sind Sie mit Pasang fertig?«

»Ja«, antworte ich.

Dr. Bikul nickt Pasang zu. »O.k., Pasang. Du kannst jetzt gehen.«

Meine Nerven haben sich etwas beruhigt, und ich habe nun den Mut, mir Dr. Bikul etwas näher anzusehen. Er sieht gut aus. Er ist jung, etwa in meinem Alter, von athletischem Körperbau, mit breiten, kräftigen Schultern. Er hat dichtes, schwarzes Haar, und seine dunklen, ebenmäßigen Züge heben sich gut vom weißen Labormantel ab. Seine Augen sind groß und ausdrucksvoll und strahlen mich nun mit einem scheuen Lächeln an.

»Ich möchte gerne noch mehr mit Ihnen über die Physiotherapie sprechen. Es ist ein interessantes Thema.«

»Das würde mich freuen«, antworte ich. »Jederzeit.« Unser Gespräch scheint beendet zu sein.

Wir stehen auf. Pema, die dem Gespräch während unseres ganzen Besuchs wortlos gefolgt ist, wendet sich nun an Dr. Bikul und sagt neckend: »Doktor, es warten noch eine Menge Mädchen auf eine Untersuchung.« Ich bin plötzlich verlegen und verlasse so schnell wie möglich den Raum. Draußen sieht mich Pema mit einem breiten Lachen an. »Du hast ihm alles über die Physiotherapie so richtig gesteckt. Nicht wahr?« Wir lachen beide. Pema hat Recht. Wir haben unseren ersten kleinen Sieg errungen.

Wieder im Behandlungsraum fühle ich mich dann nicht mehr gar so siegreich, als ich auf einen Stapel Überweisungen schaue, der sich inzwischen auf meinem Schreibtisch aufgetürmt hat.

»Wo kommen denn die her?«, frage ich

»Das sind Überweisungen von den Stationen.«

Seufzend studiere ich die Diagnosen. Eine alte Frau mit chronischen Kreuzschmerzen, ein Mann mit einem eitrigen Fuß und noch mehr Patienten mit Kreuzschmerzen.

Eine junge Frau von etwa dreißig Jahren tritt ins Zimmer. Sie kommt aus einem Dorf zwei Tagesmärsche von Mongar entfernt. Sie sei von der neuen ausländischen Ärztin gehört und besteht darauf, dass ich sie behandle. Zuerst bin ich etwas verwirrt, da sie nicht an mich überwiesen wurde, und als ich sie frage, ob sie schon einen anderen Arzt gesehen hat, nickt sie. Ja, sie sei schon bei einem Gynäkologen gewesen, aber jetzt wolle sie mich sehen. Nach etlichem Hin und Her wird mir endlich klar, weshalb sie zu mir gekommen ist. Sie will, dass ich mir ihre Intrauterinspirale anschaue, die man ihr zur Empfängnisverhütung gegeben hat. Ich weiß nicht, ob ich lachen oder weinen soll.

Pema versucht ihr nun zu erklären, dass ich zwar ein »Doktor«, aber nicht diese Art von Doktor bin. Sichtlich enttäuscht bittet mich die Frau mehrmals, sie doch zu untersuchen. Schuldbewusst denke ich an ihren langen Marsch zum Krankenhaus. Wie schnell sich doch die Nachricht von meiner Ankunft in den Dörfern verbreitet hat, und ich stelle mir vor, wie sie sich gefreut haben muss, dass sie nun endlich mit ihren privaten Problemen zu einer Frau kommen konnte. Obwohl ich in keiner Weise an diesem Missverständnis schuld bin, frage ich mich trotzdem, ob ich je in der Lage sein werde, die hohen Erwartungen zu erfüllen, die hier als ausländischer »Doktor« an mich gestellt werden.

Am Ende des Tages haben wir uns endlich durch den Stapel der Überweisungen gearbeitet und empfangen unsere letzte Patientin, Tshering Dema, eine achtundsechzig Jahre alte Frau aus dem Bezirk von Mongar. Sie hat ein Magengeschwür, Skoliose und Kreuzschmerzen.

Pema sagt mir, dass ich alle älteren Frauen mit Abi an Stelle ihres Namens ansprechen kann. Wir vereinbaren, dass ich zum Üben der Sprache so viel wie möglich auf Sharchhop sagen soll. Die alte Abi aus Saal B ist eine wahre Freude. Die intensive Sonne der Berge hat ihr Gesicht wie eine Dörrpflaume verhutzeln lassen, und ein einziger verfärbter Zahn, der ganz schief aus ihrem Mund lugt, lässt ihr Lächeln nur noch gewinnender wirken. Während Pema Notizen macht, murmelt Abi ohne Unterlass vor sich hin und hört dabei nicht auf, uns anzulächeln.

Nun bin ich mit meiner Untersuchung an der Reihe. Bevor ich auch nur ein Wort sagen kann, hat Abi ihre kira ausgezogen und sich auf das Bett gelegt. Sie streckt mir ein Paar außergewöhnlich große (und ebenso außergewöhnlich schmutzige) Füße entgegen. Ich bitte sie, sich aufzusetzen, aber Abi zeigt mit ihrem zahnlosen Lächeln auf ihren Rücken – und bleibt auf dem Bett liegen. Als ich sie endlich zum Aufstehen bewege, will sie gleich wieder ihre *kira* überziehen. Nur mit größter Schwierigkeit gelingt es mir, sie so lange vom Anziehen abzuhalten, bis ich mir ihren Rücken angeschaut habe.

Ihr Rumpf hat direkt über den Hüften tiefe Furchen, die davon stammen, dass sie den Gürtel ihrer *kira* ihr Leben lang viel zu eng geschnürt hat. Das kann in Verbindung mit der schweren Feldarbeit und dem jahrelangen Tragen der Kinder und Enkel auf dem Rücken selbst beim stärksten Rückgrat Schmerzen verursachen. Abis Wirbel sind auf eigenartige Weise verbogen und gekrümmt, was die Diagnose einer Skoliose fast zum Understatement macht. Ich fordere Abi auf, ein paar Bewegungen für mich zu machen. Abi lächelt weiter.

Während ich mir hilflos überlege, wie ich ihre Schmerzen behandeln könnte, geht das Licht an. Schnell wie der Blitz ist Abi wieder auf dem Bett und sieht mich erwartungsvoll an. Ich schalte die begehrte Bestrahlungslampe an, und Abi murmelt glücklich vor sich hin. Minuten später ist sie eingeschlafen. Bedauerlicherweise, wenn auch nicht gerade überraschend, geht das Licht nach zehn Minuten wieder aus. »Kein Licht, keine Maschine!«, sage ich zu Abi. Lächelnd zieht sie ihre *kira* über und drückt mir beim Hinausgehen ein paar Walnüsse in die Hand. Dann humpelt die alte Frau, die im Lauf der Jahre wahrscheinlich um ein Viertel ihrer ursprünglichen Körpergröße geschrumpft ist, langsam und tief gebeugt aus dem Raum. Auf ihrem Überweisungsschein sehe ich, dass sie heute aus dem Krankenhaus entlassen wurde, und ich bin mir sicher, dass ich sie nie mehr sehen werde. Wahrscheinlich ist sie schon auf dem Weg zurück in ihr Dorf, zurück zu den Feldern und ihren unzähligen Aufgaben.

Om mani padme hum

»Nicht bewegen!« Pema stürzt auf mich zu und zerdrückt schnell ein Stück meines Labormantels zwischen ihren Fingern. »Ich hab ihn!« Sie inspiziert ihren Fang und untersucht dabei genau ihre Fingerspitzen. Dann läuft sie zur Toilette, und ich höre, wie sie den Wasserhahn aufdreht. Augenblicke später kommt sie zurück, mit einem winzigen, schwarzen Leichnam auf ihrer ausgestreckten Handfläche. »Sie mögen dich wirklich gern.«

Verzweifelt werfe ich die Hände in die Höhe, muss gleichzeitig aber auch lachen. Ja, die Flöhe scheinen wirklich auf mich zu fliegen. Jeden Tag werden im Krankenhaus Flöhe eingesammelt, und ich bin die erklärte Obersammlerin. Niemand sonst scheint Probleme mit diesen entsetzlichen kleinen Blutsaugern zu haben, außer mir. Ich habe schon mehrere Ärzte gefragt, was ich denn tun könnte, aber sie sehen mich nur verwundert an und empfehlen mir, meine Kleidung zu wechseln, sobald ich nach Hause komme. »Natürlich ziehe ich mich um!«, denke ich mir. Aber was nützt das, wenn ich mir gleich wieder neue Flöhe hole, sobald ich am nächsten Tag die Patienten berühre? Manchmal sehe ich direkt, wie sie herüberspringen, ein andermal fühle ich nur das ärgerliche Jucken irgendwo unter meiner Bluse. Am liebsten gehen sie an meine Unterwäsche. Wie ein Ausschlag, der von einem billigen Waschmittel verursacht wird, zieht sich jetzt eine Reihe roter Punkte entlang dem Gummiband meines Höschens und um die Ränder meines BHs. Hut ab vor den Moskitos und Kriebelmücken, aber im Vergleich zu den Flöhen sind sie gar nichts. Ich habe schon etliche schlaflose Nächte verbracht, bei dem Versuch, nicht zu kratzen und das unerträgliche Jucken zu ignorieren. Letztlich aber war das Jucken immer stärker als meine Selbstbeherrschung. Und nun ist meine Haut überempfindlich und stellenweise blutig.

Pema ist voller Mitleid. »Flöhe sind schrecklich. Nima wird viel gebissen. Ich weiß nicht warum, aber sie lassen mich und Chimmi in Ruhe. Vielleicht, weil wir eine dunklere Haut haben.« Ihre Besorgnis ist echt, aber auch sie weiß keine Lösung.

Wir fahren mit unserer Besprechung fort. Pema studiert die Anatomie der Schulter und die Ursachen von Schmerzen, die dort auftreten können. Es hat sich herausgestellt, dass die Überweisungen in Mongar demselben Gesetz unterworfen sind, wie überall: Syndrome treten gehäuft auf und dann plötzlich gar nicht mehr. Es vergehen Monate, ohne dass man einen einzigen Schulterpatienten zu Gesicht bekäme. Dann kommen auf einmal innerhalb eines einzigen Tages vier Patienten mit ähnlichen Symptomen. Gestern war unsere Praxis mit chronischen Schulterschmerzen geradezu überlaufen.

Pema runzelt konzentriert die Stirn. »Was sind Rotatoren?«

»Das sind die Stützmuskeln der Schulter, die kleinen da drinnen. Diese hier«, ich zeige auf das Bild im Buch.

»Wie können wir sie behandeln?« Pema will möglichst schnell zu etwas Interessanterem übergehen.

»Wie behandelst du denn andere Entzündungen von Sehnen?«, frage ich sie anstatt einer Antwort.

Ein »*Jang oma exercise pincha mo?*« unterbricht unseren Unterricht. Aus einem alten, verwitterten, zu einem breiten Lächeln verzogenen Gesicht blitzt uns ein einziger Zahn entgegen. Ich muss lachen. Dieser *meme* (auf Sharchhop die Anrede für einen alten Mann) ist einer meiner Lieblingspatienten.

»*Nan odo meme!*«, antworte ich. »Komm herein, komm herein.«

Meme schlurft herein, zieht sich den *gho* von den Schultern und geht schnurstracks auf den Schemel neben der Bestrahlungslampe zu.

»*Mangi meme!*« Nicht jetzt! Ich versuche ihm zu erklären, dass wir im Moment keinen Strom haben und die Bestrahlungslampe nicht benutzen können. Pema biegt sich vor Lachen bei meinem Versuch, mich mit dem alten Mann auf Sharchhop durch Worte und Zeichen zu verständigen. Mit ein paar wenigen Worten hat sie ihm meine Erklärung übersetzt. Meme ist enttäuscht, dass seine Therapie heute nicht verfügbar ist. Ich zeige auf die Seilrolle im Türrahmen.

»*Nan exercise pi. Nado?*« Du übst jetzt, o.k.?

Ein widerstrebendes »*Dikpe, dikpe*« ist die Antwort. O.k., o.k.

Ich beobachte Meme, wie er sich für die Übungen fertig macht. Seine Beine sind von der harten Arbeit in den Bergen gebogen. Sein Oberkörper ist schmächtig und eingefallen, jede Rippe ist sichtbar, und seine Schlüsselbeine stehen wie zwei dünne Gesimse vor. Seine von der Landarbeit gebräunten Unterarme kontrastieren mit seinem restlichen Körper, der mit Ausnahme der Füße relativ blass ist. Sein Haar ist grau, aber noch immer dicht. Ein schütterer Schnurrbart und ein ebenso dünner Spitzbart unterstreichen seine vorstehenden Wangenknochen, und tiefe Lachfalten sind ihm ins Gesicht geschnitten.

Meme drückt seine blinzelnden Augen noch mehr zusammen. Skeptisch betrachtet er die Seilrolle und zieht dann vorsichtig daran. Das Seil bewegt sich. Überrascht zieht er erneut daran, diesmal etwas fester. Seht mal, es funktioniert! Triumphierend blickt mich Meme an. Ein breites Lächeln legt sein Gesicht in tausend Falten – ein tausendfacher Beweis für ein glückliches Leben. Er spaßt nun mit uns und turnt mit dem Seil herum. Streng genommen lässt sich das zwar nicht als Therapie bezeichnen, aber helfen wird es bestimmt. In diesem Augenblick geht das Licht wieder an. Sofort lässt Meme das Seil los und läuft auf die Bestrahlungslampe zu. Licht bedeutet Strom, und Strom bedeutet eine Ruhepause in der sanften Wärme der infraroten Strahlen. Ja, Memes Leben ist wirklich gesegnet.

Bald schon zieht ein anderer alter Mann den Schemel an die Bestrahlungslampe heran. Er bringt seinen zerdrückten Überweisungsschein, eine Gebetsmühle und seine Gebetsschnur mit. Während er wartet, bis er an die Reihe kommt, schwirren die beiden Kügelchen, die von der Gebetsmühle in seiner Hand hängen, rundum und ziehen die zylinderförmige Trommel mit sich, langsam dreht sich sein Handgelenk im Uhrzeigersinn. In der anderen Hand hält er die Gebetsschnur, und sein Daumen lässt gleichmäßig eine Perle nach der anderen durch die Finger gleiten. Dabei murmelt er leise vor sich. Da ich ihn nicht verstehen kann, frage ich Pema.

»Er sagt ›*Om mani padme hum*‹« erklärt sie mir.

Om mani padme hum? Ist das ein Gebet, oder versucht er, seine Schmerzen durch die laufende Wiederholung dieses Satzes wegzuhypnotisieren? Ich frage, was das bedeutet.

Als Antwort murmelt der alte Mann die Worte laut, für mich klingt es wie »O manee peme hu, O manee peme hu, O manee peme hu, O manee peme hu …« Dieselben Silben werden immer aufs Neue wiederholt und jedes Mal gleitet eine Perle durch die Finger, und die Gebetsmühle macht ein paar Drehungen. Ich frage erneut nach der Bedeutung und bin überrascht, dass Meme diesmal eine Antwort für mich bereithat.

Die Bestrahlungslampe wird von allen heiß begehrt – leider gibt es nur selten Strom

Mir war bereits aufgefallen, dass die Bhutaner im Allgemeinen sehr religiös sind und ihre Rituale äußerst gewissenhaft befolgen, dass aber nur wenige fähig oder bereit sind, deren tieferen Sinn zu erklären. Der Meme vor mir ist offensichtlich ein gelehrter und redegewandter Mann, denn er hat eine Menge zu sagen. Mit viel Mühe und recht umständlich übersetzt Pema die Erklärungen für mich.

Demzufolge ist *Om mani padme hum* ein Mantra, ein Gebet, das den Bittsteller durch seine fromme Wiederholung dem erwünschten Ziel näher bringt. Es gibt viele Mantras, aber in Bhutan ist »*Om mani padme hum*« das gebräuchlichste. Wörtlich übersetzt bedeutet es »Om Juwel im Lotos, hum«. *Padma* ist das Wort für goldener Lotos, *mani* für Juwel, *om* ist der Laut für den Beginn aller Dinge und *hum* ist das Ende; *om* in Verbindung mit *hum* steht für das Universum.

Angeblich werden mit einer jeden Drehung der Gebetsmühle Verdienste gesammelt. Jedes Mal, wenn das Mantra gemurmelt wird, kommt es zu den vielen anderen Gebeten im All, die uns der Erleuchtung der Menschheit näher bringen. Somit lässt uns die ständige Wiederholung der Mantras auf dem geistigen Pfad vorwärts kommen, der uns die Erlösung bringt.

Nachdem er mit seiner Erklärung Pemas Übersetzungsvokabular völlig erschöpft hat, wendet sich der alte Mann ab, schließt seine Augen, und murmelt weiter seine Gebete für die Erleuchtung der Menschheit.

Die Nachricht, dass die Bestrahlungslampe wieder funktioniert, hat sich wie ein Lauffeuer verbreitet, und im Handumdrehen versammelt sich eine Schlange ungeduldiger Patienten, die alle auf ein paar selige Minuten der Entspannung in der Physiotherapie warten. Leider ist das Glück nur von kurzer Dauer, und bald sitzen wir wieder im Halbdunkel unseres Zimmers. Mit dem Strom verschwinden auch unsere Patienten.

Als wir zu Mittag noch immer keinen Strom haben, läuft Pema schnell nach Hause, um Nima ins Krankenhaus zu bringen. Der Husten des Kleinen hat sich verschlimmert, und Dr. Pradhan, der Facharzt, hat versprochen, sich das Kind anzusehen. Pema ist erleichtert, aber auch etwas nervös, als sie mit Nima im Arm in den Therapieraum kommt.

»Er glaubt, es ist nur ein Husten. Ich hole Hustensaft für Nima.«

Mir ist schon aufgefallen, dass Pema großes Vertrauen auf Dr. Pradhan setzt.

»Was hält Dr. Pradhan davon, dass Nima noch immer nicht krabbelt?«, frage ich vorsichtig.

Nima beginnt zu kichern, als Pema eines seiner feinen schwarzen Löckchen um ihren Finger wickelt. Die Mutter hebt ihn hoch und stützt ihn ab, während sie ihn auf seine Beinchen stellt. Der Junge wackelt und schwankt, hat dabei aber seinen strahlenden Blick fest auf die Mutter gerichtet.

»Vielleicht wurde er am Kopf verletzt. Oder es ist während der Geburt passiert.« Nima kichert noch immer, bis ein Hustenanfall seinen kleinen Körper schüttelt. Pema schließt den Jungen fest in die Arme. »Aber ich glaube, es hat ihm am Anfang nichts gefehlt.«

Entschlossen zieht Nima eines seiner Händchen aus Pemas Umarmung und führt die Finger an den Mund. Mit einem fernen, fast nachdenklichen Blick streicht er sich mit dem Zeigefinger langsam kreisförmig um die Lippen.

»Lass das!«, ermahnt Pema ihren Sohn sanft und wendet sich dann mir zu. »Ich bin mir nicht sicher, ob er mich hören kann, weißt du. Manchmal lächelt er, wenn wir mit ihm sprechen, aber wir wissen einfach nicht, ob er uns hört. Ich möchte ihn nach Vellore bringen. Auch Dr. Pradhan glaubt, dass wir nur in Vellore eine gute Diagnose bekommen.«

Zum ersten Mal, seitdem ich Pema kenne, sehe ich, wie ihr eine Träne über die Wange rollt. Sie hinterlässt einen kleinen dunklen Fleck auf Nimas Ärmel.

Ich nicke und wende mich den Papieren auf meinem Schreibtisch zu, um Pema in ihrem Schmerz nicht zu stören. Von Dr. Pradhan habe ich erfahren, dass Vellore in Tamil Nadu eines der führenden Krankenhäuser Indiens für Diagnostik und Forschung ist. Auf Grund der fehlenden Ausrüstungen und Ressourcen können viele Krankheiten in Bhutan nicht richtig diagnostiziert werden. Komplizierte Fälle werden oft nach Indien überwiesen. Dabei sind die Kosten, die die bhutanische Regierung für einen jeden dieser Patienten aufbringen muss, enorm, was auch die lange Warteliste für derartige Überweisungen erklärt. Für Pema stellt Vellore die einzig echte Hoffnung dar. Bis zum heutigen Tag war es niemandem in Bhutan gelungen, den Zustand ihres Babys richtig zu beurteilen. Auch mich verwirren die Symptome und das Verhalten des Kindes.

»Wir leben jetzt nur noch für ihn«, seufzt Pema. Einem Impuls folgend strecke ich meine Hand aus und lege sie leicht auf ihre Schulter. Die junge Mutter blickt mich mit einem zaghaften Lächeln an, aber ihre dunklen Augen verraten ihre Trauer. Ich streiche über die weichen Locken auf Nimas Köpfchen, und der Junge beantwortet meine Geste mit einem fröhlichen Glucksen. Pema hat dabei nicht bemerkt, dass er seine Hand frei gemacht hat und schon wieder an die Lippen führt. Dann wendet der Junge den Kopf, und ich glaube, in seinem glücklichen Gesichtsausdruck ein Erkennen zu lesen. Ich folge seinem Blick zur Tür.

»Einen schönen Nachmittag, Ladys.« Pemas Mann kommt mit einer Schachtel Süßigkeiten aus der Bäckerei herein. Müde lächelt er mich an und drückt dann seinen Sohn an sich, der vor Freude quietscht. »Ich dachte, dass ihr vielleicht hungrig seid.« An Pema gewandt fragt er: »Was hat Dr. Pradhan gesagt?« Leise besprechen die beiden den Besuch beim Arzt.

»Arbeitest du heute nicht?«, frage ich Karma.

»Ich habe den Nachmittag freigenommen, damit ich Nima heimbringen kann.« Er antwortet langsam und gedehnt, mit einer vor Müdigkeit undeutlichen Stimme. »Nima hat in der Nacht nicht gut geschlafen«, entschuldigt er sich, und ich kann mir vorstellen, dass das für die ganze Familie gilt.

»Warum gehst du nicht auch nach Hause?«, sage ich zu Pema

und zeige dabei auf die stromlose Glühbirne. »Es kommen bestimmt nicht mehr viele Patienten.« Dabei frage ich mich einen Augenblick lang, ob ich damit nicht die Grenzen meiner Amtsgewalt überschreite, beruhige mich dann aber damit, dass es ohnehin niemand merken wird.

»Wirst du alleine o.k. sein?«, fragt mich Pema, steht dann aber schnell auf, bevor ich meine Meinung ändern kann.

»Natürlich«, lüge ich mit unbegründeter Zuversicht und suche dabei in Gedanken nach einem weiteren vernünftigen Grund für Pemas vorzeitiges Heimgehen. »Du erinnerst dich doch: Das Wichtigste für unsere Patienten ist Ruhe. Und das gilt jetzt auch für dich und Nima.«

Mag sein, dass wir hier in unserer kleinen Physiotherapieabteilung nicht viel zu bieten haben, aber ich kann wenigstens einen kleinen Teil meiner westlichen Ausbildung zur Anwendung bringen.

Choden

Die Sonne ist noch nicht aufgegangen über der schneebedeckten Bergkette im Osten. Im Haus sind die ersten morgendlichen Geräusche zu hören. Choden reibt sich die Augen, gibt ihrer kleinen Tochter, die zusammengerollt neben ihr schläft, einen sanften Kuss, und zieht sich dann von ihrer Schlafmatte hoch. Auf ihrem Hinterteil rutscht sie durch die Tür, über zwei Holztreppen hinunter und in die Küche. Mit ausgestreckten Beinen sitzt sie am Herd und stochert in der restlichen Glut vom Vortag. Sie legt ein paar Zedernholzscheite und etliche Zweige darauf und bläst in die staubige Asche. Die Luft ist feucht und erschwert das Anzünden, aber schließlich flackert doch ein winziges Flämmchen aus der orangefarbenen Glut.

Im Hof vermischt sich der laute Weckruf des Hahns mit dem müßigen Gegacker der Hühner. In einen mit Mais halb gefüllten Topf sammelt Chodens Mutter die Eier ein, die die Hühner in der Nacht gelegt haben. Dann geht sie in den kleinen Holzschuppen und kauert sich zum Melken vor die Kuh. Vorsichtig balanciert sie schließlich mit ihren Schätzen über ein paar Bretter, die über einer großen Schmutzlache liegen, in die Küche. Bald ist die ganze Familie im rauchigen Raum versammelt. Das Hauptgericht ist ein großer Topf mit Reis, zu dem es eine dicke Chilisauce mit Käse gibt. Choden richtet eine zweite Schüssel her, die sie für ihre Tochter Yeshey ans Feuer stellt. »Die Kleine soll ruhig noch ein wenig schlafen«, denkt sie und zieht die schmutzigen Teetassen zu sich heran. Für ihren Mann und ihre Eltern bereitet sie fürs Mittagessen drei Bambuskörbchen mit Reis und Curry vor. Dann schiebt sie sich wieder in die große Stube.

Von ihrem Webstuhl, der außen am Haus angebracht ist, blickt Choden über die steilen Weidehänge in die Ferne und beobachtet ihre Eltern und einige benachbarte Bauern, die damit beschäftigt sind, einen großen, umgestürzten Baum vom Rand eines Kornfelds zu ziehen. Ihr Mann gesellt sich mit einem recht gutmütigen Ochsen dazu, den er auf der anderen Talseite zum Pflügen geholt hat, denn für die Arbeit im schweren, feuchten Erdreich ist ein kräftiges Tier notwendig.

Plötzlich bricht Choden in lautes Stöhnen aus. Ein schwerer Krampf durchzieht ihre Beine, und sie ist unfähig, sich aus der sitzenden Stellung im Webstuhl zu befreien. Erbarmungslos presst ihr die Kontraktion das Blut aus den Waden und verbiegt ihr die Beine in eine völlig unnatürliche Stellung. Sie stöhnt erneut laut auf, doch ihr Versuch, sich freizukämpfen, endet nur damit, dass ihr ganzer Körper vor Erschöpfung zu zittern beginnt. Hilflos lässt sie ihren Kopf nach vorne fallen. Durch Tränen blickt Choden auf ihre nutzlosen Beine. »Warum können sie nicht wieder normal sein wie früher?« Wie eine grausame Antwort auf diese Frage, durchzuckt ein neuer Krampf ihre Zehen.

»Yeshey!« Choden versucht verzweifelt, wieder Herr ihrer Stimme zu werden.

Das kleine Mädchen ist im Hof, wo es vorsichtig ein paar kleine Zweige zu einem Häuschen für eine Raupe zusammenlegt. Als sie die Stimme der Mutter hört, springt sie sofort auf.

»Yeshey, geh und hol die Großmutter!«

Yeshey sieht die Mutter mit den großen, fragenden Augen einer Fünfjährigen an. Dann starrt sie verwirrt auf die gekrümmten Beine der Mutter.

»Lauf schnell, Yeshey!«, mahnt die Mutter erneut, bevor sie wieder von Schmerzen übermannt wird.

Rasch hüpft das Mädchen den Pfad hinunter auf die tief gebeugte Gestalt der Großmutter zu, die auf dem Feld arbeitet. Dort ange-

kommen, ruft sie laut um Hilfe. Chodens Mutter sieht Yesheys ent-
setztes Gesicht. Ohne zu zögern, lässt sie einen großen Stein wieder
zur Erde fallen und eilt den Weg hinauf zurück zum Haus.

Gemeinsam helfen die alte Frau und das Kind Choden aus dem
Webstuhl heraus und betten sie auf den Boden. Nach einigen Mi-
nuten lassen die Krämpfe nach. Die Beine entspannen sich und hän-
gen leblos von den Hüften, nur im Bauch der Kranken verbleibt noch
ein dumpfer Schmerz. Yeshey wischt den Schweiß von der Stirn ih-
rer Mutter. Die ältere Frau breitet eine zerschlissene kira *auf dem*
Boden aus. Dann heben beide die Kranke auf das Tuch und ziehen
sie damit ins Haus hinein. Den restlichen Tag ruht Choden dort auf
dem Boden, und Yeshey spielt in Hörweite ihrer Mutter.

Die Großmutter muss zurück aufs Feld, denn es ist höchste Zeit,
die Felder für die nächste Ernte vorzubereiten. In gebückter Haltung
zieht sie verzweifelt an einem riesigen Stein, der in einer frisch ge-
pflügten Furche steckt, und schüttelt dann frustriert den Kopf. Der
schwere Stein erinnert sie an Chodens widerspenstige Beine, die auch
nicht tun, wie ihnen geheißen wird. Wenn sie ihrer Tochter doch nur
helfen könnte. Seufzend murmelt die Frau ein Gebet vor sich hin. Sie
kann sich kaum mehr erinnern, wie lange es nun schon her ist, dass
sie begonnen hatten, den Dämon, der vom Körper ihrer Tochter Be-
sitz ergriffen hat, zu bekämpfen.

Mir war Choden schon am ersten Tag während der Visite aufgefallen, als mir Dr. Shetri erklärt hatte, dass sie an einer trans-
versalen Myelitis leide. Sie sei wegen einer von ihrem Katheter verursachten Harntraktentzündung im Krankenhaus. Da
ich die Diagnose nicht genau kannte, hatte ich weitere Fragen
gestellt, worauf der Arzt mir erklärte, dass die transversale Myelitis von einem Virus verursacht wird, das das Rückenmark
angreift, was zu neurologischen Funktionsstörungen führt. Die
Krankheit hatte bei Choden eine teilweise Lähmung der unte-

ren Körperhälfte verursacht, mit der Folge, dass sie seit etwa vier Jahren nicht mehr gehen und stehen kann. Als ich Choden an diesem Tag beobachtete, merkte ich, dass sich die Muskeln beider Beine immer wieder so heftig verkrampften, dass sie sich auf dem Bett vor Schmerzen krümmte. Meine Frage, ob man die Beine behandeln würde, wurde verneint. Sie sei nur wegen der Harntraktentzündung im Krankenhaus.

Niemand schien in Choden eine mögliche Kandidatin für die Physiotherapie zu sehen – niemand, außer mir. Ich will einen Versuch wagen und bitte um die Erlaubnis, mit ihr arbeiten zu dürfen. Nur widerwillig stellen die Ärzte eine entsprechende Überweisung aus. Dieses Zögern irritiert mich ein wenig. Überhaupt macht mir die Einstellung der Ärzte zu meiner Rolle innerhalb des Krankenhausbetriebs zu schaffen. Man hat mich zwar als Mitarbeiterin willkommen geheißen, wenn ich aber einen Vorschlag mache, der von der vorgeschriebenen Behandlungsart abweicht, stoße ich auf Ressentiments. Manchmal frage ich mich, ob ich mir das alles nur einbilde, ob ich vielleicht ein wenig paranoid bin, und Kritik wahrnehme, wo es gar keine gibt. Trotzdem kann ich mich des traurigen Eindrucks nicht erwehren, dass ich immer irgendjemandem auf die Füße trete.

Jedenfalls kommt Choden heute in Begleitung ihrer Mutter und ihrer fünfjährigen Tochter Yeshey zur Physiotherapie. Choden ist eine recht hübsche Frau von sechsundzwanzig Jahren mit großen, braunen Augen und einem dichten, schwarzen Bubikopf. Der intelligente und verständnisvolle Ausdruck in ihrem Gesicht erhellt sich oft zu einem Lächeln. Sie ist selbstsicher und erstaunlich agil. Sie hat gelernt, sich trotz ihrer nutzlosen Beine geschickt vorwärts zu bewegen, indem sie ihr Körpergewicht mit ihren muskulösen Armen abstützt und dabei die Hüften zur Seite dreht. Auf diese Weise kann sie sich wenigstens vom Bett auf einen Stuhl und nötigenfalls auch auf den Boden manövrieren.

Auch bei ihr gibt es unterschiedliche Angaben zur Dauer der Krankheit, aber es scheint ziemlich sicher zu sein, dass sie nach der Geburt ihrer Tochter zum Ausbruch kam. Im Anfangsstadium war sie unterhalb der Taille völlig gelähmt, doch seitdem hat sich ihr Zustand geändert, und es kommt immer wieder zu schmerzhaften Krämpfen in den unteren Extremitäten. Sie sagt mir, dass der Katheter ihr größtes Problem sei. Sie habe nur den einen, und zu Hause im Dorf sei es schwer, ihn sauber zu halten. Im Lauf der vergangenen Jahre ist sie schon mehrmals wegen einer Harntraktinfektion im Krankenhaus gewesen.

Ihre kleine Tochter Yeshey betrachtet mich neugierig. Fasziniert starrt sie auf meine blonden Haare und meine helle Haut. Wie eine kleine Wächterin steht sie ganz ruhig neben dem Rollstuhl ihrer Mutter und scheint mich von dort auf meine Vertrauenswürdigkeit zu prüfen.

»Willst du dich aufs Bett zu deiner Mutter setzen?«, frage ich sie. Yeshey antwortet mit einem ernsthaften Nicken. Sie hat offensichtlich nicht die Absicht, ihre Mutter auch nur eine Minute lang aus den Augen zu lassen.

Ich bitte Pema, den beiden Frauen meinen Behandlungsplan zu übersetzen. Chodens Mutter stellt ein paar Fragen, Choden selbst bleibt still. Lächelnd zieht sie ihre Tochter an sich, und obwohl Yeshey bestimmt nicht alles versteht, wirkt die Kleine schon viel gelöster.

Mit sorgenvoll gerunzelter Stirn wendet sich Pema an mich. »In Thimphu wäre es besser.«

»Weshalb denn das?«, frage ich.

»Thimphu hat bessere Geräte und besseren Raum. Man kann dort viel besser arbeiten.«

»Ich glaube, dass das bei der Beurteilung keine große Rolle spielt«, erwidere ich.

»Trotzdem ist die Arbeit besser in Thimphu.«

»Lass uns doch erst mal sehen, was wir hier tun können. Es wird schon klappen.« Pemas plötzliche Kritik an den primitiven Zuständen in Mongar überrascht mich. Könnten hinter Pemas Bemerkungen vielleicht noch andere Gründe stecken? Wird Karma etwa nach Thimphu versetzt – oder erinnert Choden Pema an ihren Sohn, und Pema fragt sich, ob nicht auch Nima in der Hauptstadt bessere Chancen hätte? Ich beschließe, meine getreue Assistentin zu bestärken, Nima zu uns in die Physiotherapie zu bringen. Vielleicht würde Pema etwas mehr Vertrauen in meine Behandlung haben und einen Versuch mit mir wagen, wenn wir bei Choden ein wenig Erfolg hätten.

Ich schaue von Pema zu Choden, und mir fällt die ruhige Entschlossenheit der beiden Frauen auf. Diesmal bin ich allerdings froh, dass meine Patientin nicht Englisch spricht.

»Bitte schrecke Choden nicht schon ab, bevor wir überhaupt begonnen haben«, bitte ich Pema.

Meine für gewöhnlich so eifrige Mitarbeiterin zuckt nur die Schultern und behauptet erneut: »Thimphu hat bessere Einrichtungen.« Dann beginnt sie mit der physischen Beurteilung.

Pema versucht einige Male den Bewegungsbereich von Chodens Beinen zu ermitteln, muss sich dann aber geschlagen geben. Je stärker sie an den Beinen drückt, desto mehr verkrampfen sie sich. Ihre Versuche sind der Auslöser für starke unwillkürliche Muskelkontraktionen, die Chodens Beine wie in einem Schraubstock entweder ausgestreckt oder fest gekrümmt halten. Es hilft auch nichts, wenn sich Choden intensiv konzentriert. Im Gegenteil, die Muskeln geraten dann noch mehr außer Kontrolle. Man kann nur warten, bis sie sich von selbst wieder beruhigen. Mit nachlassender Spannung ist Choden in der Lage, ihre Beine mit steifen, ruckartigen Bewegungen in eine akzeptable Stellung zu bringen.

Choden will trotzdem einen erneuten Versuch wagen. Also beginnen wir wieder, diesmal etwas langsamer, die Beine zu bewegen. Anfangs scheint es, als hätten wir diesmal Erfolg. Doch dann fühle ich, wie sich Chodens Bein plötzlich versteift, und bevor ich reagieren kann, hat sie mich an die Wand gestoßen. Meine Hüfte kracht gegen die Eisenstange des Hängerahmens, und das laute Klappern hallt durch den ganzen Raum. Verschämt entschuldigt sich Choden, offensichtlich würde sie jetzt lieber aufgeben. Über Pema lasse ich ihr versichern, dass sie sich keine Sorgen machen soll. Wie könnte ich ihr sagen, dass eigentlich ich diejenige bin, die sich dumm vorkommen müsste? Ich hätte darauf vorbereitet sein sollen. Ich nehme mir fest vor, das nächste Mal besser aufzupassen.

Voll konzentriert arbeiten wir weiter. Nach einer knappen halben Stunde haben wir eine Lösung gefunden. Wenn wir Chodens Knie auf 90 Grad biegen und dabei die Fußsohlen mit gleichmäßigem Druck auf das Bett drücken, scheinen die Krampfanfälle aufzuhören. Erschöpft lächelt uns Choden zu. Das Haar klebt ihr an der feuchten Stirn, und der Schweiß fließt ihr über die Wangen.

Chodens Mutter geht hinaus, um ein Glas Wasser zu holen, und Yeshey klettert aufs Bett und legt den Kopf auf den Bauch der Mutter. Zärtlich flüstern die beiden miteinander. Dann lacht Choden laut auf und streift eine Locke von Yesheys Stirn. Gerührt betrachte ich das enge, vertrauensvolle Verhältnis zwischen Mutter und Tochter, und ich denke an all die Schwierigkeiten und Probleme, die diese Beziehung so gefestigt haben.

Genau wie Lhamo lebt auch Choden mit ihrer Familie in einem kleinen Dorf, das weit von Mongar entfernt ist. Ein Besuch im Krankenhaus ist wie eine Reise zu einem anderen Kontinent. Zu Hause bestellen ihre Eltern und ihr Mann den Bauernhof, und Choden verbringt fast den ganzen Tag allein. Sie schiebt sich mit Hilfe der Arme auf dem Boden im Haus herum. Trotzdem scheint ihr fröhliches Wesen unter ihrem schweren Los nicht gelitten zu haben. Auch jetzt spaßt sie mit Yeshey, während sie versucht, sich mit Hilfe der Tochter in den Rollstuhl zu manövrieren.

Von unserem geringen Erfolg ermutigt, plane ich nun meine Behandlungsstrategie. Ich will Choden helfen, wieder zu gehen. Sie hat einen kräftigen Körperbau und ist eine entschlossene Frau. Irgendwie werden wir es schaffen und einen Weg finden. Ich bitte Choden, früh am nächsten Tag wieder zu kommen, gleich vor der Visite, so dass wir ihre Therapie in zwei kürzere Behandlungstermine unterteilen können. Bei meiner Ankunft in Mongar hat mich der Krankenhausleiter gefragt, was ich noch bräuchte. Jetzt weiß ich, was mir fehlt. Ein Barren! Wir brauchen zwei kräftige Stangen, an denen sich Choden bei ihren Gehversuchen mit beiden Händen festhalten kann und dazwischen einen geringen Abstand, um Stürze zu verhindern. Und dann brauchen wir noch einen Spiegel. Choden muss sehen, dass sie stehen kann; sie muss sehen, dass es möglich ist.

Ich erzähle Pema von meiner Idee. »Glaubst du, dass wir einen wirklich langen Spiegel auftreiben könnten?«

»Warum nicht!«, erwidert Pema enthusiastisch. Von ihrem widerstrebenden Verhalten ist nichts mehr zu spüren.

»Du musst mit dem ADM sprechen.«

Kurze Zeit später bespreche ich meine Pläne mit der Verwaltung. Der ADM schickt mir Arup, das Krankenhausfaktotum, der sich die Sache ansehen soll. Er schlägt vor, es mit zwei alten Rohren und mit Holzbrettern für den Unterbau zu versuchen. Arup bittet mich, ihm genau aufzuzeichnen, was mir vorschwebt. Vielleicht ist mein Enthusiasmus ansteckend! Zwei weitere »Generalpraktiker«, Dendrup, der Elektriker und sein Gehilfe Tenzin, schließen sich uns an, und wie ein Ingenieursteam überprüfen wir nun die Baustelle. Arup beantwortet jeden meiner Vorschläge mit einem bestätigenden »So soll es sein …, nicht wahr?« Dann ermutigt er mich mit einem kurzen seitlichen Nicken des Kopfes: »Ja, ja, ich glaube, das ist möglich, o.k., o.k.!« Arup ist nicht nur voller Eifer, er scheint sich auch recht gut auszukennen. Pema steuert kritische Bemerkungen bei, und Dendrup und Tenzin nicken zu allem zuvorkommend. Ich habe guten Grund, volles Vertrauen in unser Projekt zu setzen.

Am Nachmittag stehe ich mit Arup und Dendrup in der Hütte, in der die Wäsche getrocknet wird. An einem Ende des einfachen, überdachten Holzgerüsts befindet sich eine Feuerstelle, und über die gesamte Länge des Schuppens sind Wäscheleinen aus Draht gespannt. Gleichzeitig scheint die Hütte aber auch eine Art Speicher zu sein, denn unter den aufgehängten Laken und Kissenbezügen liegen Holzabfälle, alte Türen, rostige, verbeulte Nachttische und zerbrochene Fenster aufgetürmt, die alle darauf zu warten scheinen, irgendwann einmal wieder gebraucht zu werden.

Obwohl der Schuppen nach allen Seiten hin offen ist und gut belüftet sein sollte, riecht es schal und muffig. Eine alte Frau kocht etwas über dem Feuer, und die Rauchschwaden, die den Nebel durchziehen, lassen sich auf den frisch gewaschenen Bettlaken nieder. Während ich mit Arup die technischen Prinzipien der Konstruktion eines Barrens bespreche, beobachte ich Dendrup, der an den vier Eckabstützungen hämmert.

Ich bin verblüfft, mit welcher Geschwindigkeit unser Projekt vorankommt. Meine bisherigen Erfahrungen haben mich gelehrt, dass die ungeduldigen, gereizten Menschen im Westen und die unbekümmerten, gelassenen Bewohner im Süden Asiens vom Begriff der »Pünktlichkeit« eine völlig unterschiedliche Vorstellung haben. Bhutan ist da keine Ausnahme, und für gewöhnlich kommen Dinge, die für den nächsten Tag versprochen werden, wenn man Glück hat, am Tag danach. Ich habe gelernt, dass man hier nur mit Geduld überleben kann und dass ich mich darin noch üben muss. Aber hier ist ein Wunder geschehen. Weniger als einen Tag nachdem ich die Idee hatte, schaue ich auch schon zu, wie man mir meinen Barren baut.

Und noch ein Wunder geschieht an diesem Nachmittag. Der Regen hört auf! Als hätte jemand im Himmel den dichten weißen Vorhang zerrissen und ließe die Stücke jetzt als Wolken dahingleiten. Der Nebel verliert seinen Halt und verdampft, als ob er nie da gewesen wäre. Wärmende, goldene Sonnenstrahlen durchfluten die Stücke blauen Himmels und verbannen das Dunkel. Die Feuchtigkeit auf Boden, Bäumen, Büschen und Wiesen steigt dampfend in die Lüfte. Im letzten Licht der Sonne erschließt sich mir plötzlich eine grüne Farbenpracht. Aus dem Nebel ragen die Berge in den Himmel. Es sind wunderschöne, freundliche Berge, deren sanfte Hänge vom dichten Grün des Dschungels überzogen sind. Hier und da sind die Bergzüge von Tälern zerschnitten, die sich zwischen dem Grün verlieren.

Auf einem kleinen Hof vor dem Krankenhaus, der auf der einen Seite vom Trakt für die ansteckenden Krankheiten und vom OP auf der anderen Seite halb eingeschlossen ist, hat sich eine Gruppe von Patienten mit ihren Begleitern versammelt, die den herrlichen Abend genießen. Die Frauen plaudern leise miteinander, während ihre Finger geschäftig ein Stück Stoff weben, Wolle spinnen oder Läuse aus dem Haar des Nachbarn picken. Eine Gruppe von Männern sitzt etwas abseits in ein Kartenspiel vertieft. In einer Bodensenke, wo das neue Krankenhaus errichtet werden soll, spielen Kinder auf einem Sandhaufen. Andere vergnügen sich beim Versteckspiel, und in einer Ecke findet ein munteres Wetthüpfen statt, bei dem sich die Kinder einen ausgeleierten Gummigurt umschnallen. Ein paar Buben spielen lärmend Fußball.

Choden sitzt in ihrem Rollstuhl auf einer Rampe, von wo aus sie dem fröhlichen Treiben zusehen kann. Lhamos Mutter schiebt ihre Tochter über den Hof auf ein Stückchen Wiese. Schüchtern fordern Yeshey und ein anderes kleines Mädchen in einer zerrissenen *kira* Lhamo zum Fangenspielen auf. Zum ersten Mal höre ich lautes, frohes Lachen. Ungezwungen und entspannt verbringen alle den ausgehenden Nachmittag mit Singen und Spielen. Erst als die Sonne hinter den Bergen versinkt und der Koch zum Abendessen ruft, zieht sich die kleine Schar wieder in die Mauern des Krankenhauses zurück.

Mitleid mit kleinen Dingen

In der dritten Juniwoche ziehe ich bei strahlendem Sonnenschein und bester Laune mit meinem Bett und meinen Habseligkeiten in ein neues Quartier unterhalb des Krankenhauses. In der kleinen Zweizimmerwohnung habe ich das trostlose Dasein in meinem Unterrichtszimmer bald vergessen. Obwohl das Baugelände in meiner neuen Umgebung dreimal so groß ist wie zuvor und trotz des Baulärms, bin ich fest entschlossen, meine schöne Aussicht voll zu genießen. Direkt vor meiner Tür fällt der Hang steil ins Tal ab. Ich kann nicht bis ganz hinuntersehen, habe aber einen wunderschönen Blick auf die andere Talseite, die Südhänge des Chhali.

Wenn um mich herum nicht immer das Getöse der Bauarbeiten herrschen würde, könnte ich mich in meinem kleinen Reich wirklich wie in ein Paradies am Ende der Welt versetzt fühlen. Meine Nachbarn sind freundlich, aber nicht besonders erpicht darauf, meine nähere Bekanntschaft zu machen. Nur die OP-Schwester Chandra, die links von mir wohnt, ist immer zu einem Lächeln und ein paar netten Worten bereit. Die Leute in den beiden Wohnungen über mir ziehen es vor, nur die Aussicht mit mir zu teilen.

Vor meinem Eingang bildet die Treppe zum Oberstock einen kleinen Überhang, den ich zu meinem Wasch- und Trockenraum mache. Am ersten Sonntag nach meinem Einzug wird meine provisorische »Veranda« von einem Huhn eingeweiht, das auf meiner Türschwelle ganz ungezwungen seine glitschige Visitenkarte hinterlässt. Zufrieden steckt es den Kopf durch die Tür und inspiziert meinen Allzweckraum, der mir als Wohn- und Schlafzimmer dient. Leider erfahre ich nicht, ob meine Einrichtung seinen Beifall findet, denn gerade stolziert ein Hahn um die Ecke, und die beiden suchen gackernd und mit fliegenden Federn das Weite.

In diesem Augenblick läutet das Telefon. Ein echtes Telefon, mein eigenes Telefon in meiner eigenen Wohnung! Und es ist auch kein gewöhnliches Telefon, denn während der vergangenen fünf Jahre ist Mongar mit der Außenwelt per Satellit verbunden worden – welch unvorstellbarer Luxus! Wieder ein Beweis dafür, dass neue Technologien in Bhutan, wenn überhaupt, nur in ihrer nützlichsten und vollendetsten Form übernommen werden. Erwartungsvoll nehme ich den Hörer ab, die Leitung ist klar und störungsfrei. Die Stimme am anderen Ende ist mir allerdings unbekannt.

»Hier ist Dr. Bikul«, wiederholt mein Anrufer.

Ja, natürlich, der skeptische Arzt. Weshalb ruft er mich denn am Sonntagfrüh an?

»Möchten Sie mit uns Badminton spielen? Alle Ärzte treffen sich gegen zehn Uhr zu einem Spiel.«

Ich soll Badminton spielen? Hilfe! Ich habe seit meiner Schulzeit keinen Schläger mehr in der Hand gehalten. Und ich glaube auch nicht, dass dies gerade der richtige Zeitpunkt ist, mir ein Match mit der High Society des Mongar Hospitals zu liefern.

»Ich habe keinen Schläger«, sage ich ausweichend.

»Das ist o.k., Sie können einen von den anderen leihen«.

Ich suche verzweifelt nach einer anderen Ausrede, aber mir fällt nichts ein. Meine Antwort klingt selbst in meinen eigenen Ohren hohl und lahm. »Danke, aber nicht heute. Vielleicht komme ich später hinauf und schaue zu.«

Dr. Bikul scheint von meiner Antwort enttäuscht zu sein und hängt nach einem verärgerten »O.k., tschüss« auf. Nun habe ich ein schlechtes Gewissen, weil ich seine erste private Einladung nicht angenommen habe. Aber zumindest bin ich für den heutigen Tag damit aus dem Schneider.

Als ich mich mittags dann aber etwas einsam fühle, beschließe ich, mir wenigstens ein Spiel anzusehen. Ich gehe den Weg zum Wohncampus und den Hauptgebäuden des Krankenhauses hinauf und bereite mich seelisch auf das Angestarrtwerden und versteckte Kichern bei meinem Anblick vor. Zu meiner Erleichterung aber treffe ich keine Menschenseele.

Auf einer kleinen Betoninsel inmitten des Wohncampus ist ein Männerdoppel in vollem Gang. Der ADM und der Klinikleiter stehen Dr. Bikul und Karma, Pemas Mann, gegenüber. Das Spiel ist schnell und aggressiv, und man sieht nicht einmal die Andeutung eines Lachens. Ich nehme an, dass sich die Spieler amüsieren, obwohl es mir mehr nach einem Kampf aussieht. Mit zusammengebissenen Zähnen und konzentriertem Blick aus verkniffenen Augen attackieren sie den Federball. Ein Patzer wird vom Partner mit lautem Stöhnen und von den Gegnern mit Triumphgeschrei quittiert.

Ich bleibe ein paar Minuten lang stehen und gehe dann weiter auf der Straße, die durch das Krankenhausgelände führt. Die Unterkünfte der Klasse A sind von einem Stück Wiese mit einigen Bäumen und einem alten Volleyballplatz umgeben. Dr. Shetri, Dr. Kalita, Dr. Bikul und Dr. Robert haben alle ein eigenes Haus mit einem kleinen Garten und einem herrlichen Ausblick über das Tal. Der Klinikleiter, der ADM und die Oberschwester wohnen in Bungalows vom Typ der Klasse-A-Häuser mitten im Wohncampus. Rundum sind die Unterkünfte der Klasse B und C für Krankenschwestern, Labortechniker und sonstige Hilfskräfte angelegt.

Es herrscht akute Wohnungsnot, und die gegenwärtigen Bauarbeiten sind ausschließlich der Konstruktion neuer Unterkünfte für das Krankenhauspersonal gewidmet. Auf Grund des Platzmangels müssen aber alte Wohnungen abgerissen werden, bevor neue gebaut werden können, was bedeutet, dass viele Mitarbeiter derzeit keine Unterkunft haben. Sie sind vorübergehend in der Stadt selbst untergebracht, aber auch dort ist jetzt schon alles voll. In einem Ort wie Mongar ändert sich nicht viel, und wenn zusätzlich Leute einquartiert werden müssen, ist kein Platz für sie da.

Nachdem ich auf der Straße eine Runde gedreht habe, lande ich wieder beim Badmintonplatz. Das Spiel ist vorbei, und der Klinikleiter und Karma sind gerade dabei, das Netz abzunehmen. Dr. Bikul schlendert zu mir herüber. Sofort meldet sich wieder mein schlechtes Gewissen, aber ich lächle ihn tapfer an.

Er scheint etwas auf dem Herzen zu haben, ohne die richtigen Worte dafür zu finden. Nervös tritt er von einem Fuß auf den anderen, schaut dabei auf mich, dann auf seinen Schläger und dann wieder auf mich. »Möchten Sie heute mit mir im Guesthouse zu Abend essen?«, fragt er schließlich.

Abendessen? Habe ich richtig gehört? Ja! Selbstverständlich! Ein Essen, das nicht von mir selbst gekocht wurde. Ein richtiges Essen und nicht der Katzenfraß, den ich mir am Abend zuvor gekocht habe. Ich sehe noch den Reis vor mir, der sich in einen klebrigen Brei verwandelt hatte, und die geschmacklosen grünen Bohnen, die mir das Fehlen von Gewürzen und Saucen nicht verziehen hatten. Viel zu lange schon habe ich nur von Brot und Kartoffeln gelebt, und Honig und Erdnussbutter hängen mir bereits zum Hals heraus.

Weiß er, dass ich nicht kochen kann, oder ist das eine Einladung unter Freunden? Aber ganz gleich, was seine Gründe für die Einladung auch sein mögen, für mich bedeutet es jedenfalls, dass ich mich endlich wieder einmal mit einem vollen Magen ins Bett legen kann. Mit ruhiger Geste nehme ich an, denn ich will nicht, dass er merkt, wie scharf ich auf das Essen bin.

Der restliche Tag ist heiß und schwül. Man ringt nach Atem und träumt von frischer Limonade und einem kühlenden Eis. Um 5 Uhr nachmittags laufen wir los zur Stadt hinauf. Der Abend ist warm und wolkig, und die Lebensgeister kehren langsam zurück. Die quälende Hitze des Tages ist der angenehmen Kühle eines Sommerabends gewichen.

Dr. Bikul geht mir mit kurzen, entschlossenen Schritten voraus, und ich bemühe mich nach Kräften, nicht allzu weit zurückzubleiben. Einem unausgesprochenen Gesetz folgend, nehmen wir unsere Unterhaltung erst auf, als wir den Basar erreicht haben. Dort, inmitten des Gewühls aus indischen Arbeitern, Bauern und jungen Männern, die sich mit Trinken und einem dem Poolbillard ähnlichen Spiel, *carom*, die Zeit vertreiben, entwickelt sich ein ernstes Gespräch. Dr. Bikul scheint wirklich das Bedürfnis nach einer Unterhaltung zu haben.

»Ich mag Kanada. Es ist ein gutes Land. Die Kanadier tun viel für die Umwelt. Sie spielen eine führende Rolle im Umweltschutz.«

»Hmm«, antworte ich als vage Bestätigung.

Dr. Bikul fährt fort: »Ich mag besonders die Hudson's Bay Company. Ich habe gehört, dass sie viel zum Schutz der kanadischen Wälder unternimmt.«

Diesmal muss ich aber doch unterbrechen. Meint er wirklich dieselbe Hudson's Bay Company, an die ich denke? »Wussten Sie, dass die Gesellschaft ursprünglich ihr Geld mit dem Pelzhandel verdient hat? Und das ist kein besonders umweltfreundliches Geschäft«, antworte ich.

Dr. Bikul scheint von meiner Entgegnung überrascht, aber er ist keineswegs verstimmt. Gelassen fährt er fort, über die Vorteile der kanadischen Geisteshaltung und über unser Umweltbewusstsein zu sprechen, bevor er zu globalen Problemen übergeht. Ich komme überhaupt nicht zu Wort. Irgendwie kommt er auf den nächsten Weltkrieg zu sprechen, besteht aber darauf, dass eine solche Möglichkeit völlig außer Frage stünde. Als er mir schließlich eine Lektion über Hitler und die Deutschen erteilt, habe ich endlich genug.

»Wissen Sie, dass ich ursprünglich aus Deutschland komme? Und ich schätze es wirklich nicht, dass Sie sich so verallgemeinernd über ein Land auslassen, das Sie überhaupt nicht kennen. Das ist gefährlich! So entstehen Vorurteile!«

Ich bin ziemlich außer mir. Für wen hält er sich denn überhaupt? Dieser arrogante Bücherwurm, der sich mit theoretischem Wissen voll gestopft hat. Am liebsten würde ich umkehren, aber stattdessen gehen wir weiter die Straße hinauf und haben Mongar und das Guesthouse inzwischen längst hinter uns gelassen. Während unsere Füße auf dem holprigen Boden Halt suchen, hat unser Gespräch wieder einen ruhigeren Verlauf genommen, aber die Atmosphäre ist noch immer gespannt.

Wir sind schon gute zwanzig Minuten unterwegs, als wir zu einer Biegung gelangen. Ich wende mich um und sehe Mongar unter uns. Im Licht der Dämmerung heben sich die Bergketten um uns herum wie graue Schatten gegen das Firmament ab. Dr. Bikul zeigt auf die einzelnen Gipfel und nennt mir ihre Namen; manchmal ist es der örtliche Name, hin und wieder aber auch einer, den er sich selbst ausgedacht hat.

»Dort drüben, gegenüber von Mongar, ist Chhali. Ich mag die Leute dort. Sie sind wirklich lustig, und niemand kann einen Chhalipa unter den Tisch trinken!«

Dr. Bikul vollführt einen kleinen Tanz und zeigt dann auf den nächsten Berg. »Der hohe Gipfel neben dem Chhali ist der Takshu. Und der Pass rechts davon am Ende des Tales heißt Kori La.«

Ich folge seinem Finger und sehe eine Straße, die sich an einem Berghang dahinschlängelt und dann in einem Wald verschwindet. Der Blick ist herrlich. Bauernhöfe sind zwischen Reisterrassen und Getreidefeldern über die Abhänge verstreut. Die Häuser und die winzigen Gestalten der Menschen vermischen sich ganz natürlich und ungezwungen mit ihrer Umgebung. Es erstaunt mich immer wieder von neuem, wie harmonisch sich die bhutanischen Gebäude trotz ihrer oft recht erheblichen Größe und phantastischen Architektur in die überwältigende Pracht des Berglands einfügen.

Mit leiser Stimme fährt Dr. Bikul fort.

»Ich nenne den Kori La Krishna Pahar, im Andenken an meinen Vater. Krishna Pahar ist der Ort, wo die Sonne am Morgen aufgeht und wo der neue Tag beginnt.« Dann blickt er weiter nach Süden. »Und diese beiden Gipfel habe ich Hurja und Anonda getauft. Wenn man vor dem Sonnenaufgang hier oben steht und alles noch dunkel ist, sind die Berge nur in Umrissen zu erkennen. Doch dann treten ganz plötzlich Hurja und Anonda hervor. Ihre Form ist klar und deutlich zu erkennen. Sie erstrahlen als Erste im Licht der Sonne, noch bevor auch der Kori La angestrahlt wird.«

Wenn er »seine« Berge betrachtet, wirkt Dr. Bikul viel sanfter. Die strenge Arroganz in seinem Gesicht weicht einem fast verträumten Ausdruck vertrauensvoller Zärtlichkeit.

»Ich liebe die Natur«, sagt er leise. Dann lächelt er. Und dieses warme Lächeln löscht auch die letzten Reste reservierter Zurückhaltung aus seinem Gesicht. Leidenschaft glüht in seinen dunklen Augen, und eine Sekunde lang bin ich von seinem Lächeln verzaubert. Ganz plötzlich wird Dr. Bikul aber wieder sachlich, und wie um sein offenes Geständnis zu schützen, schreitet er gleich wieder ein paar Schritte voraus.

Ein Hund kommt hinkend die Straße herunter, und mein flüchtiger Augenblick des Glücks zerbricht an seinem traurigen Blick. Die arme Kreatur ist fast kahl, und die roten, offenen Hautstellen sind mit eitrigen Wunden überzogen. Jede einzelne Rippe hebt die Haut etliche Zentimeter von seinem abgemagerten Körper, und ein paar Schrammen an seinen Beinen hinterlassen eine Blutspur am Boden. Seine verschwollenen Augen tränen, und lange, schleimige Speichelfäden hängen ihm über die Brust bis zu den Pfoten hinunter. Er beschnüffelt die Straße in der Hoffnung, etwas zum Fressen zu finden, und schleppt sich resigniert weiter.

Er ist nicht der erste Hund, den ich hier in Bhutan in einem so Mitleid erregenden Zustand sehe, aber er ist sicher von allen dem Tod am nächsten. In Mongar und auch in Thimphu gibt es überall auf den Straßen streunende Hunde, von denen die meisten verstümmelt und von der Räude verunstaltet sind. Doch niemand scheint sich um die armen Tiere zu kümmern. Mir ist es einfach unverständlich, wie derartiges Leiden in einem Land mit buddhistischer Philosophie ignoriert werden kann. Anstatt etwas Zuwendung zu erfahren, werden diese Kreaturen gestoßen und angeschrien, und die Kinder lernen schon in jüngstem Alter, dass sie allenfalls ein gutes Ziel für Steine abgeben.

Ich stehe da und beobachte hilflos, wie die bedauernswerte Kreatur mit letzter Kraft einen weiten Bogen um uns macht. Dr. Bikul kommt zu mir herüber, und ich erzähle ihm von meinem Kummer. Ich erwarte nicht, dass er mich versteht, aber ich muss meiner Enttäuschung irgendwie Luft machen.

Zu meiner Überraschung fragt er mich, ob ich den Hund füttern möchte und zieht ein Päckchen KitKat aus der Tasche. Ganz erstaunt blicke ich ihn an. Seine übliche Maske ist einem weichen Ausdruck gewichen. Dankbar erkenne ich, dass er meine Gefühle teilt und dass uns das gemeinsame Mitleid miteinander verbindet.

Ich breche den KitKat-Riegel in kleine Stücke, die ich sorgfältig auf den Boden streue. Der Hund sieht nicht zu mir herüber und hinkt weiter. Rasch gehe ich ihm ein Stück voraus und lege eine kurze Schokoladenspur zu den anderen Stücken hin. Einen Augenblick scheint es so, als ob das arme Ding einfach weitergehen würde. Es zeigt keinerlei Interesse. Oder könnte es sein, dass sein Sehvermögen und sein Geruchssinn schon völlig abgestorben sind? Doch dann leckt der Hund plötzlich ein ganz winziges Stückchen von der Straße auf. Das Schlucken macht ihm offenbar zu schaffen, und ich zerkrümle nun rasch noch den restlichen Riegel. Ganz langsam frisst er nun vorsichtig ein Stück nach dem anderen, ohne dabei hochzusehen, denn das Fressen nimmt seine ganze Kraft in Anspruch. Tränen steigen mir in die Augen, und ich wende mich ab, um den Hund in Frieden seine Mahlzeit verzehren zu lassen. Dann machen Dr. Bikul und ich uns auf den Weg zurück zum Guesthouse.

Bei der Grundschule biegt die Straße steil nach links ab, zum Royal Guesthouse hinauf. Durch das rote Eingangstor gelangt man in einen schönen englischen Garten. Große Bäume säumen den Pfad, und die Luft ist erfüllt vom Duft ihrer Blüten. Eine steinerne Mauer umgibt den üppigen, gut gepflegten Rasen. Hinter der Mauer erhebt sich der Dzong und darunter liegen die Häuser von Mongar. Kesang, ein junger, freundlicher Mann, bittet uns, auf einer kleinen geschützten Veranda vor dem Hauptgebäude Platz zu nehmen.

Selbstsicher bestellt Dr. Bikul ein Bier für mich und zieht dann erstaunt die Augenbrauen hoch, als ich ihm sage, dass ich keinen Alkohol trinke. Ich bestelle stattdessen eine Cola.

Unser Menü wurde wahrscheinlich vorbestellt, denn innerhalb weniger Minuten bringt man uns einen Teller mit gerösteten Erdnüssen, gefolgt von mehreren Speisen, die alle irgendein Fleisch enthalten. Ich bin ein wenig um meinen Magen besorgt, möchte aber nichts ausschlagen. Also esse ich nur ein paar kleine Stücke davon und versuche zu erklären, dass ich nur wenig Fleisch esse. Wieder scheint Dr. Bikul überrascht zu sein. Er bestellt noch eine Cola für mich und bietet mir eine Zigarette an. Höflich lehne ich ab, denn ich rauche nicht. Ich sehe am Gesicht meines Begleiters, dass er schwer damit kämpft, sich ein neues Bild von uns Menschen im Westen zu machen. Nach seiner bisherigen Vorstellung trinken und rauchen wir offensichtlich alle und essen Fleisch in Mengen. Er fragt mich, ob es mir etwas ausmachen würde, wenn er raucht, drückt dann aber seine Zigarette schon nach ein paar Zügen wieder aus. Befangen beenden wir unsere Mahlzeit.

Erst nachdem die letzte Schüssel vom Tisch geräumt ist, finden wir wieder den Draht zueinander. Ich stelle Fragen über den Buddhismus, über das religiöse Verhalten meiner Patienten und über die Einstellung der Bhutaner zum Leiden. Dr. Bikul scheint sich bei diesen Themen wohl zu fühlen, und er gewährt mir einen tiefen Einblick in sein philosophisches Denken. Er erzählt mir von Buddha und Guru Rimpoche, von den Mönchen, die in völliger Abgeschiedenheit in den Bergen nur der Meditation leben, und er erklärt mir die Beziehungen zwischen Buddhismus und Hinduismus. Es ist fast schon Mitternacht, als wir im blassen Licht des Mondes und der unzähligen Sterne durch das Dunkel zum Krankenhaus zurückgehen.

Chili con carne

Mit einem überwältigenden Gefühl der Freude wache ich am nächsten Morgen auf. Ein warmes, strahlendes Licht durchflutet mein Zimmer. Ich gönne mir den Luxus, stehe ganz langsam auf und mache mir eine starke Tasse Kaffee. Dann öffne ich Fenster und Türen und lasse das Leben zu mir hereinfluten.

Von der anderen Talseite grüßt ein recht ansehnlicher grüner Riese zu mir herüber, der die benachbarten Gipfel um etliches überragt. Die Monsunregen im Sommer und die trockenen Winter haben seine Hänge mit vielen kleinen Rinnen durchzogen. Mächtige Flüsse, die sich alljährlich immer tiefer ins Gestein graben, trennen ihn von seinen Gefährten.

Auf einem Steilhang des Chhali über dem Fluss Kuru Chhu sehe ich im Licht der Sonne Bauernhöfe und Reisterrassen. Bäume und Sträucher säumen die Parzellen, auf denen ich die Reisfelder in ihrer vielfach grünen Pracht ausmachen kann. Sonnenstrahlen reflektieren sich in den geballten Wolken und werfen leuchtend bunte Lichtreflexe auf die Berge. Unter mir höre ich das Brausen des Gangolah, der in Richtung Lingmethang durch das Tal donnert. Das Echo, das sich an den Felswänden zu beiden Seiten des Flusslaufs bricht, vermischt sich mit dem Gesang der Vögel, die fröhlich den Morgen begrüßen.

Auf mich wartet meine Morgenroutine. Hier muss man sich stets den Torheiten des Wetters anpassen. Man verbringt die Tage damit, sich selbst und die Wohnung sauber zu halten und zu kochen. Heute ist Waschtag, und meine große, blaue Plastikwanne ist bereits mit Wasser gefüllt. Jeden Tag, wenn ich vom Dienst heimkomme, wandert meine von Flöhen verseuchte Uniform sofort in die Wanne. Wenn ich dann spazieren gehe, wirken Hitze und Feuchtigkeit schon nach kurzer Zeit wie ein Dampfbad, so dass ich schweißgebadet nach Hause komme und mich sofort wieder umziehen muss. Und wenn ich in der Nacht schließlich erneut von Flöhen befallen werde, muss auch mein Pyjama am Morgen wieder in die Wäsche.

Das Trocknen der Wäsche stellt eine weitere Herausforderung dar. Wenn es bewölkt ist oder regnet, habe ich so gut wie keine Chance. Dann hängt die Wäsche tagelang auf der Leine, bevor ich überhaupt daran denken kann, sie ins Haus zu bringen. Im Handumdrehen setzen dann die noch feuchten Kleidungsstücke in meinem Schrank Schimmel an und trocknen erst durch die Körperwärme, wenn ich sie anziehe. Das bedeutet, dass sie nur ein paar Minuten lang trocken sind, denn gleich tun Schweiß und Staub wieder das Ihre. Als ich den schweren Bottich mit der nassen Wäsche nach draußen trage, beschließe ich, in Bezug auf Geruch und Flecken nicht mehr so heikel zu sein. Ich werde mich ganz einfach anpassen und die Gesetze des Monsuns wohl oder übel akzeptieren.

Als ich schon fast damit fertig bin, meine Wäsche aufzuhängen, läuft ein kleiner, wolliger Hund zu meiner Veranda herauf. Ich rufe ihn zu mir her, aber er sieht mich nur aus seinen großen, braunen Augen an. Als ich mich niederbeuge und mit den Fingern auf den Boden trommle, wedelt er zwar zögernd mit dem Schwanz, wahrt aber weiterhin Distanz. Er hat die Größe eines Terriers und ein langes, rötliches Fell. Mit Freude stelle ich fest, dass er recht gesund aussieht und nicht so verwahrlost wie die meisten anderen Hunde hier. Ich glaube aber nicht, dass er irgendjemandem gehört, denn bis jetzt ist mir noch nie zu Ohren gekommen, dass in Mongar jemand den Besitz eines Haustiers zugegeben hätte.

Ganz langsam kommt der kleine, rote Hund auf mich zu und beschnüffelt meine Hände, meine Füße und mein Kleid. Er scheint recht zufrieden mit meinem Geruch, denn plötzlich verwandelt er sich in ein springendes, bellendes Bündel Energie. Lachend gehe ich in die Küche, um etwas Reis vom Vorabend zu holen, kann aber nur ein paar gekochte Kartoffeln finden. Die Kartoffeln rufen mir denn auch den Namen in Erinnerung, den eine Freundin ihrem Teddybär gegeben hat, und so nenne ich meinen neuen Freund Spud, ein umgangssprachliches englisches Wort für Kartoffel.

Am Nachmittag will ich zum Basar hinaufgehen, um Unterwäsche für Lhamo zu kaufen. Der Krankenhauscampus ist menschenleer, und nur die Tür zur Ambulanz steht offen. Ich ziehe den Vorhang zur Seite und stecke den Kopf hinein. Dr. Bikul ist in seine Bücher vertieft.

»Hi!«, rufe ich in die hallende Stille der Betonwände. »Sie sind noch am Arbeiten?«

Er sieht verwirrt von seinen Büchern hoch und erkennt mich nicht gleich. »Oh, hi!« Mit einer verstohlenen Geste stopft er seine Zigarettenpackung in die Schreibtischschublade. Ich will mich aber nicht für dumm verkaufen lassen und sage lachend: »Sie brauchen Ihre Zigaretten nicht zu verstecken.«

Dr. Bikul sieht mich schuldbewusst an wie ein kleiner Junge, der soeben auf frischer Tat ertappt wurde.

Mit einem erleichterten Lächeln fragt er: »Wie haben Sie das denn so schnell gesehen?«

»Ich habe eben ein wachsames Auge für solche Dinge«, antworte ich.

Wir lachen beide.

»Essen Sie denn nie?«, frage ich mit einem Blick auf die Uhr. »Ich sehe, dass Sie immer erst spätabends aus der Ordination kommen.«

Er druckst ein wenig herum und sagt dann: »Ich esse im Hotel.« Offensichtlich spürt er, dass ich auf eine weitere Erklärung warte, und fügt noch hinzu: »Sie kennen doch Norbu, den Apothekergehilfen, der diese Woche versetzt worden ist. Er hat für mich gekocht.« Und nach einer kleinen Pause: »Ich kann nicht kochen.«

»Und jetzt essen Sie immer im Hotel?«, frage ich erstaunt. Selbst ich, die schlechteste Köchin der Welt, kann dies nicht fassen.

»Ja, ich esse nur eine große Mahlzeit am Tag. Zum Frühstück gibt's bei mir Tee und eine Kokosnuss.« Ihm scheint unser Gespräch jetzt peinlich zu sein.

»Oh.«

Ich weiß nicht recht, was ich sagen soll. Ich hatte immer angenommen, dass sich alle unverheirateten Männer, die jahrelang als Junggesellen gelebt haben, selbst versorgen können. Und ich hatte mich selbst mit meinen nicht existierenden Kochkenntnissen als eine klägliche Ausnahme unter den Singles über zwanzig angesehen. Offensichtlich war ich nicht allein.

Etwas verlegen beschließe ich nun, den hungrigen Doktor seinem Studium zu überlassen. Als ich gerade aus der Türe gehen will, hält mich jedoch etwas zurück. Bevor mir bewusst wird, was ich sage, platze ich mit einer Einladung heraus. »Kommen Sie doch heute Abend zu mir. Sie können mit mir essen, denn ich muss ja für mich selbst auch kochen.«

Warum habe ich das nur gesagt, und warum hat er angenommen? Den ganzen Weg zum Basar mache ich mir Vorwürfe. Was soll ich denn nur kochen? Was isst er denn? Was soll ich essen? Was soll ich denn einkaufen? Ich hab doch keinen Dunst vom Kochen und schon gar nicht von der indischen Küche. Ich weiß ja nicht einmal, wie das Gewürz heißt, das in jedes Curry kommt. Was ist, wenn er wie die Bhutaner nur ganz scharfe Sachen mit Unmengen Chilis isst? Wenn ich doch nur die Einladung rückgängig machen könnte, aber dazu ist es jetzt zu spät. Irgendwie muss ich mir etwas einfallen lassen!

Ich beschließe, zuerst das Problem der Unterwäsche in Angriff zu nehmen, bevor ich mich dem Essen widme. Eine der Schwestern hatte mir empfohlen, in Yeshey Peldens Laden zu gehen, den ich auf halber Höhe der Straße finde. Das Geschäft liegt im Souterrain in einer Art Zwischengeschoss. An der rechten Wand sehe ich alle möglichen Getränke: Bier, Rum, Orange Squash, Lemon Squash, Ananas- und Orangensaft in Dosen und verschiedene Fruchtsäfte in kleinen Getränkekartons. Davor steht ein langer Glaskasten, in dem die verschiedensten Kekse, Süßigkeiten, verstaubten Schokoladenriegel und Cracker ausgestellt sind. An der rückwärtigen Wand entdecke ich ein Regal mit Kleidungsstücken. Ich frage nach Unterwäsche.

»Welche Größe?«

»Klein«, antworte ich, »ganz klein.« Das Mädchen hinter dem Tresen kichert verstohlen, und ich habe das Gefühl, dass ich vielleicht meinen Wunsch doch näher erklären soll. »Die Wäsche ist nicht für mich, sondern für eine Patientin, die erst dreizehn ist.« Das Mädchen zieht ein paar Zellophanpackungen aus dem Regal. Die Höschen sind mit kleinen Schmetterlingsmotiven versehen – gar nicht so schlecht für unsere gottverlassene Gegend! Ich nehme die kleinste Größe und verlasse so schnell wie möglich den Laden. Nun widme ich mich ganz dem Einkauf meiner Lebensmittel.

In Rinzin Tshockeys Laden sehe ich mich eine Weile lang um. Vor mir steht ein großer Korb mit Tomaten, die wahrscheinlich mit dem Bus aus Samdrup Jongkhar gekommen sind. Tomaten – was könnte ich denn mit Tomaten kochen? Plötzlich kommt mir eine exzellente Idee. Chili con carne! Ohne das carne. Denn in Mongar gibt es für uns gewöhnliche Sterbliche kein Fleisch. Ich erinnere mich, dass ich irgendwo ein recht schmackhaftes Rezept für dieses Gericht ohne Fleisch liegen habe. Entschlossen wende ich mich an Rinzin Tshockey.

»Könnte ich ein paar Chilis haben?«

Er blickt mich fragend an. »Madam, wollen Sie wirklich mit Chilis kochen?«

»Ja, ich möchte es versuchen. Könnte ich – hm – vielleicht fünf Stück haben?«

»Fünf Chilis, Madam?«

»Ja, nur fünf.«

Rinzin Tshockey lacht übers ganze Gesicht. »Bitte«, sagt er und reicht mir fünf grüne Chilis. »Für Sie. Ein Geschenk.«

Ich plage mich über dem Gasöfchen, schwitze über den Chilis und vergieße Tränen über den Zwiebeln. Ich sende ein Gebet zum Himmel und rede gut auf den Kochtopf ein. In nervöser Erwartung laufe ich zwischen Küche und Wohnzimmer hin und her. Ist der Tisch schön gedeckt? Sind die Kartoffeln schon gar? Werden wir Licht haben, bis wir mit dem Essen fertig sind? Am besten lege ich für alle Fälle ein paar Kerzen bereit. Ob aber Kerzen gerade das Richtige sind? Vielleicht ein wenig zu romantisch für ein Dinner unter Freunden? Immerhin sind wir in Mongar, wo alle bei Kerzenlicht essen. Nein, die Kerosinlampe ist die beste Lösung, schließlich will ich ihn auf keine falschen Gedanken bringen.

Ich bin einigermaßen überrascht, als das Gericht beim Kosten recht gut schmeckt. Wenn ich es aber noch länger koche, wird es bestimmt wieder zu einem ungenießbaren Brei. Nervös und besorgt fummle ich an meinem Gasöfchen herum. Ich drehe das Gas ab und ein paar Minuten später gleich wieder an, aus Angst, das Essen könnte kalt werden. Immer wieder schaue ich auf die Uhr und zähle die Minuten. Spud schaut vorbei, und ich teile ein paar Kartoffeln mit ihm.

Um neun Uhr sitze ich schließlich am leeren Tisch und versuche, ein paar Bissen von meinem nunmehr kalten Chili con carne, ohne Fleisch und Gesellschaft, hinunterzuwürgen. Die Enttäuschung schmeckt bitter.

Das Licht flackert und wird immer schwächer. Automatisch nehme ich ein Streichholz und zünde eine Kerze an, bevor es im Zimmer völlig dunkel wird. Eine große Spinne huscht über den Boden und versteckt sich unter meinen Schuhen, eine andere lässt sich von der Decke auf mein Bett fallen. Weg damit! Bei dem Gedanken, dass ich mein Bett mit diesem Krabbeltier teilen soll, stürze ich auf die Liege zu und verscheuche den ungebetenen Gast von meinem Territorium. Ein kratzendes Geräusch in der Küche erinnert mich an die Ratten, und mir fällt ein, dass ich am Vortag ein paar verdächtige Haare auf meinem Schneidbrett gefunden habe. Ist mein Fliegenschrank ordentlich verschlossen? Und wie werde ich die Fruchtfliegen und den Schimmel los? Habe ich das Wasser zum Filtern gekocht? Nein, das habe ich vergessen. Aber vielleicht reicht mein Vorrat noch bis morgen früh. Todmüde, wie ich bin, kommen meine Gedanken aber immer wieder auf dieselbe lästige Frage zurück: Warum hat mich Dr. Bikul versetzt?

Flohjagd und andere Freuden

Es ist noch recht früh am Tag, aber ich habe bereits eine volle Stunde damit verbracht, meinen gefürchtetsten Feind – den Floh – zu jagen! Zuerst wollte ich es mir noch einmal im Bett gemütlich machen, nachdem ich den Großteil des Abendessens und eine Tafel Schokolade, halb verhungert, wie ich war, verschlungen hatte (das alles morgens um halb fünf, als sich der erste Hahn in der Nachbarschaft meldete). Doch dann fühlte ich etwas auf meinem Bein, und als ich die Stelle im Licht der Taschenlampe betrachtete, sprang das Ding in die Luft!

Nach den Qualen der letzten vierzehn Tage, in denen ich mich Tag und Nacht bis aufs Blut kratzen musste, könnte ich niemals ruhig im Bett liegen und lesen, wenn ich weiß, dass mein Erzfeind irgendwo herumlungert. Widerwillig stehe ich also auf, trage mein Laken und meine Decke nach draußen und hänge sie für den Rest des Tages unter dem Treppenvorbau auf. Dann gehe ich schnell ins Bad und unterziehe meinen Körper und mein Nachthemd einer eingehenden Prüfung – umsonst. Das kleine Biest ist mir entkommen.

O.k., dann ziehe ich mich eben an. Ich hebe eine Socke auf und entdecke darunter sofort den verdächtigen schwarzen Punkt. Im Nu ist mein Feind zerdrückt. Doch dann fällt mir ein zweiter schwarzer Punkt auf meinem Bein ins Auge. Geschickt fange ich ihn ein und zerdrücke ihn mit Toilettenpapier. Als ich das Papier aber vorsichtig öffne … ist nichts zu sehen. Das Papier kann das Insekt doch nicht einfach verschlungen haben?

Doch nein … boing! Der Floh springt in meine Richtung und weg ist er.

Verliert man eine dieser blutrünstigen Kreaturen wieder aus den Augen, überfällt einen immer eine gewisse Paranoia. Ich mache mich wie eine Besessene auf die Suche nach dem Tier. Ohne Erfolg. Nach meiner letzten Rechnung habe ich einen erwischt, und zwei sind entkommen. Das entspricht in etwa dem Durchschnitt der meisten meiner Flohjagden. Und wahrscheinlich sitzen noch immer etwa ein halbes Dutzend anderer in meinem Zimmer, in meinen Kleidern und sonstwo, die nur darauf warten, dass ich vorbeigehe, damit sie sich auf mein unschuldiges Fleisch stürzen können. Ich bestreue meine ganze Umgebung mit Mottenpulver, mit dem Erfolg, dass sie sich einfach woanders auf die Lauer legen.

Bin ich grausam geworden? Ich weiß, dass die buddhistische Philosophie Respekt für alle empfindungsfähigen Kreaturen fordert – und habe wirklich ein schlechtes Gewissen. Für gewöhnlich würde ich keiner Fliege etwas zu Leide tun, aber die vielen schlaflosen Nächte haben mir die letzten Nerven geraubt. Mit einem stillen Gebet um Vergebung tauche ich meinen Kleiderballen in den riesigen Trog.

Das Krankenhaus ist zum Bersten gefüllt. Über Nacht waren einundzwanzig Patienten eingeliefert worden, die nun auf Matratzen überall auf dem Boden liegen, wo Platz ist. Mitten auf den Gängen stehen Infusionsgeräte, und das Pflegepersonal drängt sich auf dem verbliebenen Raum. Dr. Bikul ist damit beschäftigt, die zur Tagschicht erschienenen Krankenschwestern einzuweisen. Es gibt keine Ordnung in diesem Chaos, aber alle verstehen doch irgendwie, dass sie sich ruhig verhalten müssen. Niemand klagt oder beschwert sich, niemand drängt sich vor. Passiv warten Patienten und Pfleger, bis die Reihe an ihnen ist.

Um halb neun schließe ich die blaue Doppeltür zur Physiotherapie auf. Quietschend öffnet sie sich und ich schalte gleich einmal das Licht an. Der saubere, verschlafene Raum heißt mich willkommen. Von der Liege herüber grüßen die fröhlichen Gesichter einiger Stofftiere, die man uns für unsere kleinen Patienten geschenkt hat. Neben einem haarigen Kobold sitzt ein grüner Frosch, der quakt, wenn er geschüttelt wird, und der kleine Hund daneben kuschelt sich an einen selbst gemachten Baumwollkäfer, dessen rote Augen nicht mehr ganz so fest im Gesicht sitzen. Die Ärzte haben unsere Menagerie anfangs etwas geringschätzig beäugt, aber ich mag sie. Sie sind die Wächter von Pemas und meinem Reich.

Das Licht beginnt zu flackern und verlischt nach einem letzten Aufblitzen für den Rest des Tages. Ich öffne das Fenster zum Hof und blicke von meinem sicheren Refugium aus hinaus. Ich fühle mich wohl in meiner Abteilung. Hier, in diesen beiden Räumen, können Pema und ich unsere eigenen Entscheidungen treffen, hier können wir Diagnosen stellen, behandeln und die Patienten nach eigenem Gutdünken entlassen. Sobald wir aber diese Räume verlassen, müssen wir uns an die ungeschriebenen Gesetze des Mongar Hospitals halten. Wir beugen uns den Regeln von Position und Respekt, die uns nicht immer weise erscheinen oder in unseren Augen nicht unbedingt im Interesse der Patienten sind. Draußen müssen wir politisch agieren, hier drinnen können wir frei und offen sprechen. Es gibt keine Geheimnisse in der Physiotherapie.

Stolz betrachte ich den neuen Barren im Therapieraum. Mit ihren langen, glänzend gelben Eisenstangen wirkt die Konstruktion kompakt und stabil. An einem Ende des Barrens ist ein halb langer Spiegel angebracht, der mir mein etwas verzerrtes Bild zuwirft. Obwohl ich erst seit drei Wochen in Mongar bin, fühle ich mich schon fast zu Hause. Lächelnd rüttle ich ein wenig an den Stangen, um mich erneut von ihrer Robustheit zu überzeugen, und gehe dann los, um Choden zur Behandlung abzuholen.

In den Sälen herrscht reges Getriebe. Einige Patienten und Pfleger sind noch beim Frühstück, andere machen ihr Bett, stellen sich zur Toilette an oder versuchen verzweifelt, noch ein wenig weiterzuschlafen. Ich muss kurz auf Choden warten und das rege Treiben im Saal fesselt meine Aufmerksamkeit. Auf der anderen Seite des Mittelgangs beobachte ich, wie ein nacktes, kleines Mädchen gerade auf ein Kissen pinkelt. In Sekundenschnelle hebt die Mutter das Kind hoch und hält es über die Bettkante. Urin ergießt sich über die Beinchen der Kleinen und auf die Plastikpantoffeln der Nachbarin. Niemand nimmt von der Lache auf dem Boden Notiz. Zufrieden mit ihrem raschen Handeln setzt sich die Mutter aufs Bett, löst die Schnallen ihrer *kira* und nimmt das kleine Mädchen an die Brust, das zufrieden daran saugt. Alles nimmt wieder seinen üblichen Gang.

Inzwischen scheint im anderen Saal ein kleiner Aufruhr entstanden zu sein. Zwei Krankenschwestern reden mit lauten Stimmen auf eine Gruppe von Leuten ein, die am Bett einer verhutzelten Abi versammelt sind. Die alte Frau zieht sich gerade mit Hilfe eines jungen Mannes an. Ich habe auf der gestrigen Visite erfahren, dass sie an einem schweren Magengeschwür leidet und heute operiert werden soll. Offensichtlich will sie das Krankenhaus nun aber verlassen. Ich frage eine der Schwestern, was denn los sei.

Sie erzählt mir, dass die Angehörigen Abi für eine *puja*, eine religiöse Zeremonie, bei der eine baldige Genesung erbeten wird, heimbringen wollen. Sie lehnen die Operation am heutigen Tag ab, denn angeblich sei es kein gutes Datum dafür. Sie würden die Abi nach der *puja* wieder zurückbringen, aber jetzt müssten sie gehen. Die Schwestern versuchen, die Abi zum Bleiben zu überreden, doch ohne Erfolg. Die Angehörigen wollen nicht hören, was die Ärzte zu sagen haben, sie hätten schon genug gehört. Ihr Lama hatte ihnen aufgetragen, heimzukommen, und das müssten sie jetzt tun. Noch bevor jemand etwas unternehmen kann, hat der Sohn die alte Frau aus dem Krankenhaus getragen. Ich gehe in Saal B zurück, wo Choden inzwischen bereit ist. Drei Tage lang arbeiten wir nun schon miteinander, und ich habe den Eindruck, dass wir Fortschritte machen. Choden hat gelernt, sich zu entspannen, und ich habe gelernt, langsamer vorzugehen. Heute will ich etwas Neues versuchen. Choden soll mit Hilfe des Barren zum ersten Mal stehen.

Gleich nachdem Pema angekommen ist, machen wir uns an die Arbeit. Zuerst befestigen wir den Transfergürtel um ihre Taille, dann fahren wir den Rollstuhl an das offene Ende des Barrens heran und setzen Choden auf einen Holzschemel gegenüber dem Spiegel. Nun erklären wir Choden, was sie tun muss. Ich werde mich vor sie hinknien und ihre Füße festhalten, um sie am Ausrutschen zu hindern. Sie soll dann mit beiden Händen die Stangen fassen, und ich versuche sie auf – eins, zwei, drei – zu mir herzuziehen, während sie sich aus dem Sitz erhebt und die Beine streckt. Dem Plan zufolge würde sie dann sicher zwischen den Stangen stehen und sich mit den Armen abstützen.

Choden ist sichtlich nervös. Ich knie mich nieder und weise sie an, die Füße zwischen die Stangen zu stellen. Vorsichtig versucht Choden, ihre Zehen auf den Boden zu setzen, aber ihr Hüftmuskel verkrampft sich, und ihr Bein schnellt in die Luft. Auch der zweite Versuch scheitert. Schließlich ziehe ich ihren Fuß zum Boden hin und drücke ihn mit aller Gewalt nieder. Die Muskeln entspannen sich. Wir versuchen es nun mit dem zweiten Fuß. Der lässt sich aber nicht von der Fußleiste nehmen. Wieder müssen wir ihre Muskeln austricksen. Es kommt mir wie eine Ewigkeit vor, bis wir endlich beide Füße fest auf dem Boden haben. Choden ist in Schweiß gebadet. Ihre Handflächen sind feucht, und sie zittert am ganzen Körper. Ich spüre, wie sich ihr Griff um die Stangen festigt.

»*Dikpe?*« Bereit?

Mit einem kurzen seitlichen Nicken und einem nervösen Lächeln signalisiert sie uns, dass es so weit ist. Also los! Mit einem ermutigenden »Hoch!« ziehe ich Choden zu mir her. Sie taumelt nach vorn, und ihre Knie geben nach. Ich halte plötzlich ihr ganzes Körpergewicht in den Armen. Ich stöhne auf, denn ein stechender Schmerz fährt mir in den Rücken. Dann hat sich Choden wieder gefangen und ihr Gewicht auf ihre kräftigen Arme verlagert. Pema kommt uns nun zur Hilfe. Sanft drückt sie Chodens Knie in eine feste Stellung und hält sie darin fest.

Choden zittert noch immer; diesmal aus Angst, wie mir scheint. Sie murmelt etwas, was sich wie eine Bitte anhört, dass wir aufhören sollen, aber ich bestärke sie, noch ein wenig zu warten. In meinem besten Sharchhop fordere ich Choden auf, nach oben zu blicken. Keine Reaktion. Choden ist nach vorne gebeugt und beobachtet, wie die Muskeln ihrer widerspenstigen Beine versuchen, die Füße unter ihr wegzuziehen. Erneut bitte ich Choden, nach oben zu blicken, und als sie endlich den Kopf hebt, starrt sie in den Spiegel hinter mir. Der Ausdruck in ihrem Gesicht geht von anfänglichem Erstaunen in Unglauben und schließlich in reine Freude über. Langsam löst sich ihre Spannung, und sie redet aufgeregt auf ihre kleine Tochter Yeshey ein. Was sie sagt, verstehe ich nicht, aber ich weiß, dass es etwas Gutes ist. Ihre Worte sind von einem glücklichen Lächeln begleitet, und dem Ton ihrer Stimme entnehme ich

Stolz und aufgeregte Freude. Zum ersten Mal seit Jahren sieht Choden, dass sie stehen kann.

Ein kleines verschrecktes Gesicht guckt um die Ecke. Anscheinend hat uns Lhamo bei unserer schwierigen Übung beobachtet und fürchtet nun, dass sie dieselbe Tortur über sich ergehen lassen müsse. Ich lächle sie ermunternd an. Auch sie hat schon gute Fortschritte gemacht, und ich bin stolz auf sie. Mit einem Nicken fordere ich sie auf, hereinzukommen. Sie ist im Umgang mit ihrem Rollstuhl noch etwas unbeholfen und kracht mehrmals an den Türrahmen, bevor sie in der Mitte des Raums zum Stehen kommt. Ich überlasse es Pema, unsere eigenwillige Patientin zur Liege zu dirigieren.

Gleich beginnt das tägliche Jammern. Ich weiß nie, ob es Angst ist oder ob es Schmerzen sind, die Lhamo in ein ängstliches Häufchen Elend verwandeln, sobald sie sich auf der Behandlungsliege befindet. Ich kann zwar an der Stärke ihrer Klagelaute ablesen, wann es ihr wirklich wehtut, weiß aber nicht, was das Schluchzen verursacht. Aber ganz ohne Schmerzen geht es bei der Behandlung einfach nicht.

Nachdem ich ihre Röntgenbilder gesehen und mit dem Chirurgen über ihr linkes Knie gesprochen habe, ist mir bewusst, dass eine Behandlung dieses Beins nicht nur äußerst schmerzhaft, sondern auch totale Zeitvergeudung wäre. Nur durch eine Operation könnte das Bein wieder beweglich gemacht werden. Aber bis jetzt hat sich jeder Chirurg geweigert, das Knie anzurühren. Dr. Kalita sagte, dass er es versuchen würde, dass wir aber in Mongar nicht die nötige chirurgische Ausrüstung dazu hätten. Ich wurde angewiesen, das linke Knie zu vergessen. Das rechte Knie hingegen weist ein gewisses Potenzial auf. Selbst wenn es uns nie gelingen sollte, einen Normalzustand des Beins wiederherzustellen, so hoffe ich doch, dass es eines Tages so kräftig sein wird, dass das Mädchen mit Krücken gehen kann. Denn alles ist besser als ihr gegenwärtiger Zustand.

Pema hat für Lhamos geschwundene Muskeln ein Stärkungsprogramm ausgearbeitet, und jeden Tag nach dem Strecken überwachen wir die Übungen unserer jungen Patientin. Dank der Wiederholungen habe ich auf Sharchhop zählen gelernt: *thur, nigzing, sam, pshi, nga, khung* usw.

Wenn sie am Rand der Liege sitzt und die Beine baumeln lässt, erlangt Lhamo wieder ein wenig von der Fröhlichkeit eines jungen Mädchens ihres Alters. Sie hat den Kopf dann voller Unsinn. Mit einem schelmischen Lächeln versucht sie, ein wenig zu mogeln und etliche Wiederholungen weniger zu machen. Ein paar Scheltworte oder ein warnender Blick von uns scheinen den Wert des Mogelns für sie dabei nur zu erhöhen. Zu meinem großen Erstaunen führt sie ihre Übungen letztlich aber immer zu Ende. An manchen Tagen braucht sie dazu mehrere Stunden, und ich habe dann eindeutig das Gefühl, dass sie das Übungsprogramm in die Länge zieht, um etwas länger bei uns bleiben zu können und Gesellschaft zu haben.

Ich kann ihr Verlangen nach etwas Abwechslung durchaus verstehen, denn der Krankensaal hat einem jungen Mädchen nicht viel zu bieten. Jedes Mal, wenn ich Lhamo dort besuche, sitzt sie auf ihrem Bett und spielt mit ihrer Mutter. Ihre Spiele sind recht einfach. Eines besteht zum Beispiel darin, dass jemand einen Knoten in ein Seil macht und die andere Person dann versuchen muss, den Knoten zu lösen. Besonders gerne spielt sie auch mit Steinchen in einer kleinen Schüssel, die jemand fangen muss.

Aber das ist alles nichts im Vergleich zur Physiotherapie. Hier kann sie eine unbekannte Kreatur erforschen. Wenn sie neben mir sitzt, berührt sie fragend mein blondes Haar, wickelt es um ihren Finger und inspiziert es dann im Licht. Sie betrachtet meine blauen Augen und vergleicht sie mit Pemas, wobei sie uns laut ihre Meinung kundtut. Sanft befühlt sie die helle Haut auf meinen Armen und starrt verwundert auf meine Sommersprossen. Sie will sehen, wie ich schreibe, wie ich meine anderen Patienten behandle und welche Übungen die anderen machen müssen. Meine Sprachversuche auf Sharchhop quittiert sie mit einem entzückten Kichern, und bald wird sie zu meiner ungeduldigen Lehrerin. Gemeinsam arbeiten wir uns nacheinander durch die Körperteile. Ich zeige auf etwas, und sie sagt mir den Namen dafür. Dann wiederhole ich das Wort. Sie lacht dazu, wiederholt das Wort aber nicht. Ich muss also verschiedene Aussprachen probieren und meine Zunge dabei in die absonderlichsten Stellungen bringen. Meist muss ich dasselbe Wort mehrmals hintereinander aussprechen, bevor sie mich endlich mit einem zufriedenen Lächeln belohnt und wir zum nächsten Wort übergehen können.

Wenn andere Patienten kommen, zieht sich Lhamo auf das leere Bett zurück und beobachtet uns. Manchmal fährt sie dann dort mit ihren Übungen fort, aber die meiste Zeit sitzt sie mit einem erstaunten Gesicht da und studiert ihre Umgebung. Unsere vier Wände sind ihr zweites Heim im Krankenhaus geworden, und wenn sie nicht im Raum ist, erwarte ich immer, dass ihr Gesicht plötzlich im Fenster auftaucht. Ihr Rollstuhl hat ihr eine neue Freiheit geschenkt, und die Physiotherapie ist für sie ein Reiseziel.

Sind Sie langweilig?

Ich komme gerade aus dem Krankenhaus zurück, als das Telefon klingelt. Dr. Bikul ist am Apparat.

»Möchten Sie Badminton spielen?«

Ich bin hin- und hergerissen. Einerseits möchte ich Ja sagen, nur um mir selbst zu zeigen, wie tapfer ich bin, andererseits aber steckt mir ein Kloß im Hals, wenn ich an das chauvinistische ichbezogene Gehabe der Männer beim letzten Spiel auch nur denke. Kleinlaut entschuldige ich mich also mit dem Eingeständnis, dass ich keine gute Spielerin sei.

»Bitte kommen Sie doch, es wird Ihnen gefallen«, beteuert Dr. Bikul beharrlich.

Nervös spiele ich mit dem Telefonkabel. Ich bin froh, dass er mich nicht sehen kann. Dann nehme ich meinen ganzen Mut zusammen und frage ihn, ob er stattdessen vielleicht spazieren gehen möchte.

Nach einer kleinen Pause antwortet Dr. Bikul: »Ich habe heute Notdienst, aber vielleicht könnten wir nach fünf einen Spaziergang machen?«

Erleichtert sage ich zu und bin froh, dass er nicht erneut aufs Badminton zurückkommt.

Wir treffen uns vor seiner Wohnung und gehen langsam die schmutzige Straße um den Hubschrauber-Landeplatz zum Basar hinauf. Nachdem wir das Krankenhausgelände hinter uns gelassen haben, erscheint mir die Luft plötzlich freier und frischer.

Mit leichten Schritten gehe ich den Hügel hinauf. Der Himmel hat sich wieder überzogen, und ein sanfter, warmer Nieselregen befeuchtet mein Haar. Die Straße ist menschenleer, und ich genieße die Ruhe und Stille um uns. Nur ein alter Mann sitzt vor einem der Läden und dreht ergeben seine große, mit Mantras gefüllte Gebetsmühle. Ein kleiner Holzriegel an ihrer Spitze schlägt bei jeder Drehung gegen ein Glöckchen, was daran erinnern soll, jeden Tag eine gute oder fromme Tat zu vollbringen. Der Mann sieht an uns vorbei in die Ferne, während sein Daumen Kugel um Kugel der Gebetsschnur vorwärts bewegt. Ohne sein Gebet zu unterbrechen, sinkt er immer tiefer in die Ecke seiner Bank und dreht dabei den großen Zylinder in einem gleichmäßigen Rhythmus. Das Echo des Glöckchens hallt über den Marktplatz, und jede Pause dazwischen ist von der völligen Stille der Berge erfüllt. Mein Begleiter und ich passen unsere Schritte einander an und lauschen gebannt dem Klang des Glöckchens. Schritt für Schritt fühle ich, wie sich mein Körper entspannt.

Wir steigen wieder zum Kori La hinauf. In unsere Gedanken verloren schreiten wir durch die nebligen Wolken, und mir wird plötzlich bewusst, wie wohl wir uns in der Gesellschaft des anderen fühlen. Es ist einfach, sich die Zeit mit einem Freund mit Lachen und Gesprächen zu vertreiben, dass man sich aber ganz ohne Worte so nahe fühlen kann, dazu bedarf es viel mehr. Ich frage mich, was es sein mag, das uns so mühelos miteinander verbindet, sobald wir das Krankenhaus hinter uns gelassen und die unberührte Bergwelt betreten haben. Es ist, als ob hier in der freien Natur Farbe, Religion und Vorurteile nicht mehr existieren würden und zwei Menschen ohne Heuchelei und Misstrauen zueinander finden können. Die regennassen Zweige weisen uns den Weg, und die Wolken begleiten unsere Schritte und umhüllen uns wie ein behaglicher Kokon. Es scheint mir, als seien wir die einzigen Menschen auf dieser Welt, die gemeinsam einen Weg gehen, den vor ihnen noch niemand betreten hat, dabei ist mir jede Biegung des Pfads bereits ein vertrauter und willkommener Wegweiser.

An der Wegbiegung bei Sangchuk machen wir wieder kehrt. Der Regen ist stärker geworden, und Dr. Bikuls T-Shirt und Jeans sind völlig durchnässt. Er scheint den Regen wie einen Freund zu genießen. Ich sehe ihn von der Seite an. Der arrogante Doktor, der für gewöhnlich so reserviert und ein wenig aggressiv in die Welt blickt, ist im Krankenhaus zurückgeblieben. Stattdessen habe ich einen fröhlichen, jungen Mann vor mir, der mit federnden Schritten durchs Leben geht. Die dunklen Augen, die so hochmütig funkeln können, sind jetzt tiefgründig und verwundbar und lassen mich an einen kleinen Jungen denken, der nicht erwachsen werden will.

»Dr. Bikul«, beginne ich, aber er unterbricht mich mit gerunzelter Stirn.

»Bitte nennen Sie mich doch nicht Doktor. Ich bin ganz einfach Bikul. O.k.?« Er lächelt mich fragend an.

»Oh, o.k.«, stottere ich mit einer Mischung aus Stolz und Aufregung. »Bikul«, sage ich und lasse dabei den Klang seines Namens auf meiner Zunge zergehen. Doch dann zwinge ich mich, ohne Rücksicht auf etwaige Folgen, die Frage zu stellen, die mich schon den ganzen Tag beschäftigt hat.

»Warum bist du denn gestern Abend nicht zum Essen gekommen?« Ich versuche dabei meiner Stimme einen sachlichen Klang zu geben und meine Enttäuschung nicht durchscheinen zu lassen.

Er hält beim Gehen inne und sieht mich bestürzt an. »Hast du mich denn wirklich eingeladen?«

Ich nicke.

»Du hast für mich gekocht?«, fragt er erneut.

»Tja, ich habe genug für uns beide gekocht, denn ich dachte, dass du kommen würdest. Hast du woanders gegessen?«

Jetzt sieht mich Bikul mit noch größerer Bestürzung an. »Ich habe eigentlich überhaupt nichts gegessen. Ich musste ins Krankenhaus zurück, weil ein Patient aus Lhuntshi eingeliefert wurde, und dann bin ich in meinem Behandlungsraum geblieben und habe gearbeitet.«

Verwirrt und ein wenig erleichtert, weiß ich nicht, was ich sagen soll.

Bikul sieht gespannt auf seine Füße und gesteht mir dann: »Ich hatte geglaubt, dass du es nicht ernst meinst. Hast du lange auf mich gewartet?«

»Nein, gar nicht so lange«, lüge ich. Dabei hatte ich ihm eigentlich sagen wollen, wie unhöflich er sich benommen hat. Gestern Abend war ich noch ganz auf eine ernste Auseinandersetzung aus, zumindest hätte ich ihn am heutigen Tag gerne einfach ignoriert. Meine erste Absicht habe ich aber ganz offensichtlich bereits über Bord geworfen. Ich bin so erleichtert, dass ich alles nur allzu gerne so schnell wie möglich vergebe und vergesse, nur um sein Lächeln zu sehen. Ist er mir wirklich schon so tief unter die Haut gegangen? Es wäre mir lieber, wenn ich diesen Wunsch als lächerlich abtun könnte, aber wenn ich ihn ansehe, habe ich das dringende Bedürfnis, ihn zu berühren … Doch mit einem Ruck bringe ich mich aus diesen Träumen in die Wirklichkeit von Mongar zurück. Ein nicht enden wollendes Getratsche wäre wahrscheinlich die Folge. Ich wende also meinen Blick von den beiden reizenden Grübchen auf Bikuls Wangen ab und konzentriere mich stattdessen auf den Basar von Mongar.

Bei Rinzin Tshockeys Laden trennen sich unsere Wege. Ich muss noch ein paar Kleinigkeiten für mein Abendessen besorgen, und auf Bikul warten mehrere Patienten im Krankenhaus.

»Tschüss«, wispere ich etwas heiser und wiederhole dann etwas lauter für mich und alle anderen, »Tschüss, bis später.«

Bikul dreht sich um und winkt, und in meinem Bauch veranstalten meine Gefühle einen kleinen Freudentanz.

»Wie geht es Ihnen heute, Frau Doktor? Wo sind Sie und Herr Doktor gewesen?« Rinzin Tshockey sieht mich fragend an. Trotz meiner Aufregung muss ich lachen. Natürlich hätte ich wissen müssen, dass jeder meiner Schritte im Basar von den Neugierigen beobachtet und kommentiert wird.

»Wir sind nur ein wenig spaziren gegangen«, antworte ich wahrheitsgetreu und lobe dann rasch die neue Anordnung seines Ladens. Rinzin Tshockey kommt verschmitzt lächelnd hinter dem reich beladenen Tresen hervor. »Den ganzen Tag nichts zu tun, also kümmere ich mich um Geschäft.«

Das leuchtet mir ein. Er hat nun alle Waren und Nahrungsmittel auf die linke Seite des Ladens verfrachtet und rechts eine kleine Bar mit einem Tisch und einigen Stühlen aufgebaut. Etliche ältere, dünnbeinige Männer haben es sich bereits bequem gemacht. Zufrieden kauen sie ihre Betelnüsse, jeder von ihnen hält eine halb leere Flasche Bier an sich gedrückt.

»Nicht viel zu tun in Mongar, nicht wahr, Frau Doktor?«, klagt Rinzin Tshockeys Frau Dema. »So langweilig hier.«

Und, als ob sie verstünde, wie entsetzlich langweilig mein Leben sein müsste, fügt sie hinzu: »Kommen Sie, wir gehen zu meiner Freundin Choden Karma.«

Auf dem Weg zum Haus ihrer Freundin kommen wir an Mongars einziger Tankstelle vorbei. Hier kann der verzweifelte Autofahrer, wenn er Glück hat, mit Hilfe einer vorsintflutlichen Handpumpe Benzin tanken. Ein großer blauer TATA-Lkw hält neben der Pumpe an, und sofort schart sich eine Gruppe Jugendlicher um das prächtig dekorierte Fahrzeug und inspiziert ehrfurchtsvoll die abgenutzten Reifen und die verbeulte Stoßstange. Dema und ich weichen mehreren Pfützen aus, auf denen verschüttetes Benzin in allen Farben des Regenbogens schillert. Die ganze Umgebung der Tankstelle stinkt nach Dieselöl und Kerosin.

In Choden Karmas Haus wird der Gestank der Tankstelle durch den Geruch von Räucherstäbchen ersetzt, der so stark ist, dass mir beinahe schwindlig wird. Dankbar sinke ich gleich auf eine kleine Bank nieder. Als ob sie uns erwartet hätte, serviert uns unsere Gastgeberin, eine kleine, recht resolute Person, sofort eine Schüssel *zao* und zwei Tassen Tee. Sie ist voller Neuigkeiten und Tratsch und möchte gleich die Gründe für meine Anwesenheit in Mongar erfahren.

Zwischen den langwierigen Erklärungen überlege ich mir, wie ich denn am besten den angebotenen Reis essen könnte. Choden Karma weist mich an, ihn in meine Tasse zu schöpfen. Voller Verlegenheit weigere ich mich und zeige dabei auf meine schmutzigen Hände. Choden Karma sieht mich verwundert an und inspiziert meine helle Haut, die in ihren Augen sicher völlig sauber ist. Dann verschwindet sie mit einem fröhlichen »Nur einen Moment!« und kommt kurze Zeit später mit einer Schüssel, einem Krug Wasser und Seife zurück. Während sie reichlich Wasser in die Schüssel gießt, wasche ich mir unbeholfen mitten in ihrem Wohnzimmer die Hände. Wasser und Seife spritzen überall herum, was aber niemanden zu stören scheint. Meine Gastgeberin lächelt zufrieden und drängt mir eine weitere Tasse Tee auf.

Nun beginnen Dema und Choden Karma ein lebhaftes Gespräch auf Sharchhop, und ich sehe mich ein wenig um. Mir gegenüber steht ein kleiner Hausaltar mit Opferschalen und etlichen Blumen, und auf einem Regal links davon thronen ein

Fernseher und ein Videorecorder. Fernsehprogramme sind in Bhutan nicht erlaubt, und dieses Verbot wird streng geregelt und überwacht. Vor etlichen Jahren haben aber indische und westliche Filme im Königreich Einzug gehalten, die nun offensichtlich in einigen auserwählten Häusern von Mongar bewundert werden.

Choden Karma folgt meinem Blick und nickt dann stolz zum Fernseher hin. »Filme sehen ist das Einzige, was wir in Mongar tun können. Es ist hier so langweilig.«

Sie erzählt mir, dass ihr Mann von Paro, einer größeren Stadt am anderen Ende des Landes, hierher versetzt worden ist, und dass sie von dieser Verlegung ihres Wohnsitzes gar nicht begeistert ist. »Sie müssen hier sehr langweilig sein, Frau Doktor. Mongar ist nicht gut, nicht wahr?«

Ich sehe auf ihre rot bemalten Lippen, die so gar nicht in diese Umgebung passen und schüttle den Kopf. Ich versuche ihr zu erklären, dass ich die Stille und den Frieden der Berge mag, aber wir scheinen nicht auf der gleichen Wellenlänge zu liegen. Die beiden Frauen blicken mich entgeistert an. Dann erzählen sie mir erneut, wie langweilig Mongar ist und dass es hier nichts zu tun gibt, und wie viel schöner und interessanter das Leben in den beiden Großstädten Thimphu oder Phuntsholing sei. Obwohl unser Gespräch recht freundschaftlich verläuft, bleibt es doch ohne gemeinsame Anhaltspunkte. Da ich aber nicht zu sehr als Außenseiterin erscheinen möchte, sage ich den beiden nicht, was ich vom Leben in der Großstadt halte. Als ich mich endlich verabschiede, muss ich versprechen, bald wiederzukommen. Denn die beiden Damen sind noch immer besorgt, dass ich allein zu »langweilig« sein könnte!

Wir haben am Abend keinen Strom, und so schütte ich mir beim Licht einer flackernden Kerze das Herz in meinem Tagebuch aus. Ein Klopfen an der Türe unterbricht meine Gedanken. Erschrocken schaue ich auf die Uhr und öffne ganz vorsichtig die Türe. Als Erstes sehe ich den großen Karton einer Bäckerei und dahinter Bikul, der mich über den Rand hinweg reumütig anblickt. Ungeduldig drückt er mir die Schachtel in die Hand. »Das habe ich dir mitgebracht.« Ich mache den Deckel auf und bewundere das leckere Gebäck. Eine versöhnliche Geste für unser Missverständnis vom Vorabend? Oder etwa …? Als Antwort auf meine unausgesprochene Frage entschuldigt sich Bikul für das versäumte Abendessen. Dann schaut er betreten auf seine Füße.

»Möchtest du hereinkommen?« Ich bin mir der Unschicklichkeit der Situation durchaus bewusst und mache nur zögernd die Tür ganz auf. Spud, der neben meinem Bett liegt, springt mit einem lauten, ärgerlichen Bellen auf und verschwindet ins Dunkel der Nacht. Bikul setzt sich auf einen Stuhl neben der Tür.

»Hast du schon gegessen?«, frage ich ihn.

»Eigentlich nicht«, murmelt Bikul.

Ich schlage vor, doch gemeinsam die mitgebrachten Kuchen zu verzehren, aber Bikul will nichts davon wissen und besteht darauf, dass sie nur für mich bestimmt seien. Trotz seines Einspruchs gehe ich in die Küche und hole ein Messer, mit dem ich jedes Stück Kuchen halbiere. Nachdem wir die bhutanische Förmlichkeit erfolgreich absolviert haben, wonach man angebotenes Essen mindestens zweimal verweigern muss, bevor man es annimmt, haben wir die Leckereien mit ein paar genüsslichen Bissen im Handumdrehen verzehrt.

Dann nimmt sich Bikul mein kleines Fotoalbum vor, und wir sehen uns gemeinsam die Bilder an. Ich habe das Gefühl, als wären wir uns noch mal näher gekommen. Bikul scheint von meinen Fotografien recht beeindruckt zu sein. Eingehend bewundert er jedes Bild und gibt dann seinen Kommentar dazu ab. Etwas bestürzt merke ich, dass er bald wieder in sein besserwisserisches Verhalten verfällt. Ich versuche, darüber hinwegzusehen, und denke an den Ausdruck seines Gesichts, als er mit seinem Entschuldigungsgeschenk bei mir ankam.

Wir sprechen über dieses und jenes, und der Abend vergeht wie im Flug. Hin und wieder frage ich mich, ob er seinen Abschied absichtlich hinausschiebt und nach einem Grund zum Bleiben sucht. Aber kurz nach zehn verabschiedet sich Bikul schließlich. Mein »Gute Nacht!« ist teils Erleichterung, teils Enttäuschung. Spud beginnt ein neues Bellkonzert, und ich prüfe verschämt, ob irgendjemand meinen späten Gast gesehen hat. In den Wohnungen um mich herum sind alle Türen verschlossen und die Vorhänge zugezogen – trotzdem werde ich das Gefühl nicht los, dass die Wände Augen und Ohren haben.

Minakpa Ama

Das Erste, was an diesem Morgen meinen friedlichen Schlummer stört, der mich wie ein weicher Kokon umhüllt, ist der arrogante, durchdringende Weckruf des Hahns meiner Nachbarn. Dann klopft es laut an meiner Tür. Verschlafen versuche ich, die hartnäckige Erinnerung an meinen unvollendeten Traum abzuschütteln, und wanke zum Eingang. Dorji, ein fröhlicher Stationsgehilfe, steht in seiner blauen Krankenhausuniform übers ganze Gesicht grinsend vor mir. Mit den Worten »Ihr Wasser, Madam« schiebt er einen Eimer zu mir herein.

Verblüfft schaue ich ihn an. Er lächelt mir noch immer verschmitzt zu.

»Warum bringst du mir denn Wasser?«, will ich wissen. Mit dem Schlaf kämpfend versuche ich, die Bedeutung dieser seltsamen Begegnung zu begreifen, und stiere zweifelnd auf den Regen, der vor meinem Eingang niederprasselt.

»Rohr gebrochen, Madam. Kein Wasser«, erklärt Dorji und fügt dann noch hinzu: »Doktor sagt, ich soll bringen.«

In meiner Verwirrung vergesse ich zu fragen, welcher Doktor ihm denn diesen Auftrag gegeben habe. Ich stottere ein verlegenes »Danke« und trage den Eimer in meine Küche. Ich will dem Ganzen noch nicht so ganz glauben und drehe den Wasserhahn auf. Tatsächlich schießt gurgelnd ein kurzer Wasserstrahl aus der Leitung, dann beginnt es im Rohr vorwurfsvoll zu krächzen und zu zischen. Ich drehe den Hahn schnell wieder ab. Kurios – während wir draußen im Regen untergehen, liegen wir hier drinnen auf dem Trockenen. Wieder eine der Eigenarten des Monsuns.

Eine Stunde später stapfe ich zu Bikuls Haus hinauf, um zu erfahren, ob er mein morgendlicher Wohltäter war. Eine Bhutanerin mittleren Alters öffnet mir die Tür. Ich nehme an, dass sie aus einem der Dörfer ist. Sie hat ihre *kira* nachlässig umgehängt, und ihre bloßen Füße stecken in Plastikpantoffeln, von denen nur noch Reste übrig sind. Sie lächelt mich an, und ich lächle zurück. Mein Auftauchen scheint sie überhaupt nicht zu überraschen, aber ich kann mich nicht erinnern, dass ich sie schon einmal gesehen hätte. Eifrig erzählt sie mir etwas auf Sharchhop, das von größter Wichtigkeit zu sein scheint. Dabei merkt sie gar nicht, dass ich von ihrem schnellen Wortschwall nichts verstehe. Sie nickt und lächelt. Die einzigen Wörter, die ich heraushören kann, sind »Doktor« und »*jonsho*«. Dann geht sie ins Haus zurück. Ich weiß nicht so recht, was ich nun tun soll, und bleibe an der Schwelle stehen.

»Ama!«, rufe ich ihr nach. Ich bin froh, dass man in Bhutan eine Frau oder einen Mann ansprechen kann, ohne ihren Namen wissen zu müssen. Eine Frau, die über das Teenageralter hinaus ist, wird einfach »Ama« genannt.

»Dr. Bikul …?« Ich möchte gerne wissen, ob er zu Hause ist. Aber wie soll ich danach auf Sharchhop fragen?

Ama gibt mir eine Antwort, die ich wiederum nicht verstehe. Soll ich jetzt umkehren oder ins Haus gehen? Meine Unsicherheit gewinnt die Oberhand, und ich gehe über den Rasenweg auf die Straße zurück. Auf halber Strecke beschließe ich dann doch, es noch einmal zu versuchen. Ich nehme meinen ganzen Mut zusammen und gehe zum Hintereingang, der in die Küche führt. Dort finde ich Bikul zwar auch nicht, aber dieselbe lächelnde Ama, die nun mit einem riesigen, schwertartigen Messer fachmännisch Zwiebeln hackt.

In der für gewöhnlich leeren Küche deutet alles auf ein bevorstehendes Fest hin. Der halbe Inhalt eines Plastiksacks mit Reis ist auf dem Tresen verschüttet, und in der Spüle türmen sich mit Erde verkrustete Kartoffeln. Neben einem Haufen grüner Bohnen auf dem Boden liegt ein fast ebenso großer Haufen recht unschuldig aussehender grüner Chilis. Ama ist noch immer mit ihrer kriegerischen Allzweckwaffe beschäftigt. Präzise landet die Klinge Millimeter von ihren Fingerspitzen entfernt, und die geschwungene Spitze schwingt nur knapp an den aufgereihten Töpfen und Pfannen vorbei. Der Schnellkochtopf pfeift laut dazu. Es riecht nach *dal* und gerösteten Gewürzen. Zögernd versuche ich ein paar Wörter auf Sharchhop.

»Dr. Bikul *gila?*«

»*Cha*«, erwidert sie und wackelt dabei mit dem Kopf von einer Seite zur anderen. Ja, er ist da.

Da mir nichts anderes einfällt, sage ich: »*Nan hang pile?*« Was wirst du tun?

Ama kann meine lahmen Versuche, die Sprachbarriere zu überbrücken, nicht so recht deuten und kommt auf mich zu. Ihr Lächeln entblößt ihre braun verfärbten Zähne und legt ihr von der Sonne gegerbtes Gesicht in viele Falten. Ich versuche es erneut. »Dr. Bikul?«

»*Cha, cha*«, sie nickt und zeigt auf Bikuls Schlafzimmer. Dann geht sie, wie einer plötzlichen Eingebung folgend, zur Küchentüre und ruft nach ihm.

Ich höre Bikuls Antwort aus dem hinteren Teil des Hauses. Der Ton seiner Stimme hat einen scherzhaften Klang, man spürt, dass er sich in Amas Gesellschaft wohl fühlt. Er schaut um die Ecke, guckt in die Töpfe und entdeckt mich schließlich auf den Stufen.

Er lacht. »Jetzt kennst du also meine Norbu Ama. Sie ist Pemas Mutter.« Und als ob das alles erklären würde, wendet er sich an Ama, und die beiden beginnen ein angeregtes Gespräch miteinander. Mir klingen die Ohren, denn ich habe das unangenehme Gefühl, dass ich selbst das Thema dieser Unterhaltung bin. Ungeduldig bitte ich Bikul, für mich zu übersetzen.

Mit einem schelmischen Lächeln erklärt er mir, dass Ama vorgeschlagen hat, dass ich für ihn kochen soll. Zur Bestätigung wendet er sich wieder an die lachende Frau, die mich mit einem enthusiastischen Nicken anblickt und dann auf die Küche weist. Verzweifelt versuche ich, Ama zu erklären, dass ich überhaupt nicht kochen kann. Bikul übersetzt. Doch Norbu Ama ist damit nicht einverstanden. Sie würde viel zu weit von hier wohnen und könnte nicht immer für Bikul kochen. Er würde jemanden brauchen, der sich um ihn kümmert. Nachdem ich alleine sei, könnte ich doch ohne weiteres für Bikul und für mich selbst kochen. Norbu Ama schenkt mir ein gewinnendes Lächeln, und ich kann jetzt ihren glänzenden Silberzahn bewundern. Damit ist für sie das Thema abgeschlossen, und sie widmet sich nun wieder ihrem Reis und Curry auf dem Küchenherd.

Ich fühle, wie sich mein Gesicht heftig rötet. Schließlich besteht Norbu Ama darauf, dass ich ins Wohnzimmer komme und mit ihnen esse, was die Sache noch schlimmer macht. »Mit ihnen« bedeutet letztlich, dass ich allein mit Bikul esse, denn Norbu Ama verschwindet wieder in die Küche, wo sie mit viel Lärm aufräumt.

Mein Magen revoltiert bei dem Gedanken, Reis und Curry zum Frühstück verspeisen zu müssen. Bikul holt mir eine Gabel. Er selbst schaufelt sein Essen fachmännisch mit der Hand in den Mund. Ich habe kaum angefangen, als er seinen Teller schon fast geleert hat. Unter Bikuls erwartungsvollem Blick probiere ich befangen den ersten Bissen. Sofort beginnt mein Hals zu brennen, und Tränen treten mir in die Augen.

Bikul stürzt in die Küche und kommt mit zwei Gläsern Wasser zurück. »Zu viel Chili!«, verkündet er und leert den Inhalt eines Glases in einem Zug. Unglücklich stochere ich in meinem Essen herum. Norbu Ama ist noch immer in der Küche beschäftigt, und schließlich hat Bikul Mitleid mit mir. Bevor es jemand merkt, hat er meinen Teller leer gegessen.

Als Norbu Ama zurückkommt, muss ich mehr als dreimal höflich ablehnen, um einer weiteren Portion der scharfen Speisen zu entgehen. Norbu Ama schüttelt den Kopf und unternimmt einen neuen Versuch, aber diesmal bleibt auch Bikul fest. Das Einzige, was sie besänftigt, ist unser Versprechen, sie bald daheim zu besuchen. Mit einem letzten großzügigen Lächeln schultert Norbu Ama ihren schweren Bambuskorb und geht in den Regen hinaus.

»Wo wohnt sie denn?«, frage ich Bikul. Die temperamentvolle Frau, die Pema so gar nicht ähnlich ist, hat mich neugierig gemacht. Bis jetzt war Pemas Elternhaus nur ein vages Bild in meiner Vorstellung, denn sie hatte mir nicht viel darüber erzählt, und ich habe sie auch nie danach gefragt. Meist sprachen wir über Nima und Chimmi. Und nachdem mir Pema erst kürzlich eröffnet hatte, dass sie nach Thimphu ziehen wollte, hatte ich fast schon vergessen, dass ihre Familie ja in der Nähe wohnt.

»Ihr Bauernhof ist in Bargompa, auf diesem Berg dort oben.« Bikul zeigt dabei auf einen Punkt in den Wolken über Mongar. Ich habe mich inzwischen schon an die Idee gewöhnt, dass die meisten Einheimischen hier irgendwo »dort oben« wohnen, wo Himmel und Erde aufeinander treffen.

»Und warum habe ich sie nicht schon früher kennen gelernt?«

»Sie kann im Sommer nicht so oft nach Mongar herunterkommen. Es gibt eine Menge Arbeit auf dem Bauernhof. Ich glaube, sie besucht Pema jeden Sonntag nach dem Wochenmarkt.«

»Und wie kommt es, dass du sie so gut kennst?«

»Weil ihr Mann Norbu ist, der Apothekergehilfe, der für mich gekocht hat. Er hat vor seiner Versetzung in den Personalunterkünften der Klasse C gewohnt. Norbu Ama hat ihn dort oft besucht. Sie haben mich immer zu den Festen nach Bargompa eingeladen. Amas Angehörige sind richtige *minakpas*!«, sagt Bikul mit einem Lächeln.

»*Minakpas?*«

»So nennen sich die Dorfbewohner untereinander. Wenn du mit einem von ihnen sprichst und ›*eh, minakpa, o dele?*‹ sagst, fühlen sie sich gleich wohler mit dir. Minakpa ist eine respektvolle Anrede unter den Dorfbewohnern wie Abi oder Meme.«

»Pemas ganze Familie kommt also aus demselben Dorf?«

»Ja, sie sind alle Bauern. Wie die meisten Dorfbewohner in Bhutan. Es ist hier im Osten Bhutans üblich, dass die Töchter das Haus und das Land erben. Also besitzt Norbu Ama den Hof, den sie auch selber führt. Eigentlich sollte Pema den Hof bald übernehmen. Ich bin gespannt, was sie tun werden. Pema geht bestimmt nicht auf den Hof zurück, und ihre kleine Schwester studiert in Thimphu. Ihr Bruder ist Mönch.«

»Und Norbu arbeitet im Krankenhaus, um etwas Geld zu verdienen?«, frage ich.

»Ja, genau. Die Leute in den Dörfern brauchen nicht viel. Sie bauen in der Regel Mais und etwas Gemüse an. Fleisch essen sie nur zu besonderen Anlässen. Auf dem Sonntagsmarkt verkaufen sie einen Teil ihrer Produkte, aber das meiste davon verbrauchen sie selbst. Norbus Gehalt im Krankenhaus sollte eine zusätzliche Einnahme sein, ein Beitrag zu den Arztkosten von Pemas Sohn.«

Bikuls Ausdruck wird ernst, als er auf Norbu zu sprechen kommt.

»Er ist bestimmt ein guter Mensch, weißt du, aber er hat ein Problem mit dem Trinken.«

Bikul seufzt. Der Alkohol und oft auch übermäßiges Trinken gehören zum Leben hier im östlichen Bhutan, meist beschränkt es sich auf selbst gebrannten Alkohol aus Mais oder Getreide. Norbu wird vom Krankenhaus bar bezahlt, aber er bringt es nicht zu Stande, für seine Familie Geld zur Seite zu legen, weil er sein ganzes Gehalt für Alkohol ausgibt. Pema hat noch keinen Pfennig vom Geld ihres Vaters gesehen, und seit die jüngere Schwester in Thimphu in der Schule ist, fehlt es der Familie an Bargeld.

Enttäuscht erzählt mir Bikul von seinen Versuchen, Norbu vom Trinken abzuhalten, und wie er seine Bemühungen nach etlichen Monaten aufgeben musste. Irgendwie passt Norbu nicht in dieses Leben, bei dem er mit einem Fuß in der alten Welt der Berge und mit dem anderen in der neuen Welt des Krankenhauses steht. Zwei Welten mit völlig unterschiedlichen Erwartungen und einem ganz anderen Zeitrhythmus. Norbu ist ein schwacher Mann, der sich dem Druck seiner Umgebung fügt, und so konnte er sich auch den Versuchungen des Alkohols nicht widersetzen. Also schleppt Ama ihr Gemüse weiterhin den steilen Bergpfad hinunter zum Markt, in der Hoffnung, wenigstens so viel zu verdienen, dass sie damit ihre kleine Tochter in Thimphu unterstützen kann.

»Das Leben eines Minakpa ist nicht einfach«, sagt Bikul und fügt dann noch hinzu: »Aber sie weinen nie. Für sie ist das Leben gut. Du lachst, ganz gleich, was geschieht.«

Ich denke an Amas Gesicht mit seinen vielen Fältchen und

den tiefen Furchen, die die schwere Arbeit in der freien Natur der Berge gegraben hat, vor allem aber an die Lachfalten, die ihr wie Krähenfüßchen in den Augenwinkeln sitzen. Wird Pema wohl eines Tages wie ihre Mutter aussehen? Ich zweifle daran. Wie ihr Vater Norbu lebt Pema fern von der Stabilität ihrer Familie und ihres Dorfes. Und im Gegensatz zu ihrer Mutter ist Pema dabei, das Weinen zu lernen.

Buttertee ist warm und salzig

Ein Herbstabend

Schemenhaft versinken die Gipfel der mächtigen Berge
In den verweilenden Schatten der untergehenden Sonne.
Am greisen Firmament schwebt die Sichel des Mondes.
Die Menschen aus dem Dorf sind ums Feuer versammelt
Und jahrhundertealte Legenden und Mythen
Verschmelzen zu einer trügerisch magischen Symphonie.

Die Sehnsucht nach alter Zeit
Hallt nach in ihren verwirrten Gemütern
Beim Klappern der Gebetsschnüre,
Beim Dröhnen der Radios.

Durch die Flammen ihrer Herzen
Dringen alte Bräuche, erfrischend und mit neuer
    Erkenntnis:
Der Erkenntnis des Miteinander,
Der Erkenntnis der Ausweglosigkeit.

Hier im Land des friedlichen Drachen,
So entlegen, so verboten und so voller Romantik,
Schüttelt Angst mein Herz,
Angst vor dem Verlust der vollkommenen Harmonie.
Ich wünschte, den nächsten Herbst zu genießen,
Ich wünschte, dieses Land in Frieden zu genießen.

Der Regen lässt etwas nach, und die Feuchtigkeit steigt in der Hitze des Nachmittags dampfend von den Bergen auf. Wir beschließen, den ausgewaschenen Pfad nach Bargompa hinaufzusteigen. Pema hatte mir gesagt, dass sie und die Kinder das Wochenende bei ihrer Familie verbringen würden, und mich geradezu bestürmt, sie dort zu besuchen. »Bring Dr. Bikul mit!«, ermunterte sie mich mit einem schelmischen Lächeln. »Er war schon oft bei uns. Er kennt den Weg – ich glaube, er würde gerne mitkommen.«

Der Weg führt uns durch ein kleines Flusstal und dann steil den östlichen Hang des Bergzugs hinauf. Wir hüpfen über einen Bach, überqueren eine grüne Wiese und balancieren auf den Felsblöcken, die wie riesige Muttermale aus dem Boden ragen. Eine Zeit lang beschirmen uns die ausladenden Zweige einer Eiche, dann führt der Pfad weiter den Hang hinauf, und meine Lunge protestiert bei dem schonungslos steilen Anstieg. Bikul scheint in dieser Höhe keine Probleme zu haben. Er läuft in seinen alten, abgetragenen Schuhen immer wieder voraus. Alle paar hundert Meter bleiben wir stehen, damit ich wieder Atem schöpfen kann.

Der Ausblick ist faszinierend. Auf dem gegenüberliegenden Hang sehen wir, umgeben von dichtem Dschungel, die Bauernhöfe von Phosrang. Die Häuser mit den umgebenden Feldern und wackligen Scheunen bilden zusammen mit den knospenden Hecken und blumenübersäten Wiesen ein buntes Mosaik. Die Farben der Blüten und des sprossenden Getreides heben sich vom dunklen Grün der Wälder ab, die gegen die Gipfel hin immer dichter werden, und die Anhöhen mit einem undurchdringlichen, grünen Blätterdach überziehen. Zwischen den menschlichen Behausungen sind kleine weiße Tschorten zu sehen, die im Licht der Nachmittagssonne zu uns herüberschimmern.

Wir kommen an einem alten Gebäude vorbei; ein roter Fries am oberen Teil der Mauern weist es als Tempel aus. Aus der Ferne gleicht es einem großen alten Bauernhof, erst bei näherem Hinsehen wird sein religiöser Zweck erkennbar. Um das ganze Gebäude herum zieht sich ein Band kleiner Gebetsmühlen, nur von einigen verwitterten Stellen unterbrochen, an denen eine Mühle im Lauf der Zeit zerbröckelt ist. Giebel und Gesims sind mit geschnitzten Tier- und anderen Motiven reich geschmückt. Weit und breit ist niemand zu sehen, und der Sakralbau sieht einsam und verlassen aus. Das rote Eingangstor, das ein Glück bringender Parasol in verblichenen Farben ziert, ist mit einem rostigen Vorhängeschloss verriegelt.

In einiger Entfernung treffen wir auf etliche *minakpas*, die uns mit einem freundlichen »O dele?« begrüßen, das wörtlich übersetzt so viel wie »Wo gehst du hin?« bedeutet. Unsere Antwort wird mit einem noch strahlenderen Lächeln und einem aufmunternden »*Lasso la, doctor!*« – etwa »Das ist prima, o.k., Doktor!« – quittiert.

Wir sind nun schon eine gute Wegstunde von Mongar entfernt, und das zielbewusste Kommen und Gehen der Leute, die wir unterwegs treffen, versetzt mich immer wieder in Erstaunen. Mit großen, kraftvollen Schritten erklimmen sie mühelos die Hügel und laufen die steilen Hänge behände wieder hinunter. Unterwegs jodeln oder singen sie, rufen einander zu, und das Echo trägt ihre Stimmen über die Berge hinweg. Ihre Bewegungen sind von einer entspannten Fröhlichkeit, dem frohen Bestreben, das zu tun, was nötig ist. Ihre Gemütsruhe wirkt ansteckend.

Bei einem kleinen Tschorten teilt sich der Weg, und unser Pfad wird noch steiler. Ich muss auf jeden meiner Schritte achten, und meine müden Beine kämpfen sich durch das schlammige Erdreich. Selbst Bikul geht nun etwas langsamer und bie-

Ein alter Mann im Basar von
Mongar dreht die Gebetsmühle
und betet mit seiner Gebetsschnur

Ein lachender alter Dorf-
bewohner – *minakpa*

Sonnenaufgang im Himalaja

Ein kleiner Yak-Hirte in
traditioneller Kleidung

Ein typisches altes Bauernhaus
mit Holzschindeln, die mit
schweren Steinen befestigt werden

Im Vordergrund der sonntägliche Gemüsemarkt, *subjee*-Basar, dahinter die Häuser von Mongars Basar

Rechte Seite: Ein betender Mönch mit heiligen Schriften und Gebetsmühle

Tschorten und Gebetsfahnen auf dem Dochu La

Meme Mönch vor
seinem Haus beim
Sortieren der Chilis

Terassenreisfelder
in Mongar

Phosrang *gomchen* schnitzt eine
Tshechu-Maske

Die Trommeln der Schwarzhutmagier verkünden den Sieg des
Guten über das Böse

Lhuntshi Dzong

tet mir, ganz Kavalier, an, meinen Rucksack zu tragen. Erneut ist es ihm gelungen, mich zu überraschen. Aus dem strengen Arzt ist wieder der lockere, junge Mann mit dem bübischen Lachen und den glänzenden Augen geworden. Mir kommt es vor, als ob wir uns seinem eigenen Zuhause nähern würden, denn er drängt nun ungeduldig vorwärts und erklärt mir jeden Strauch und jede ihm vertraute Stelle.

Als das Dach des Bauernhofs über einem Getreidefeld sichtbar wird, begrüßt uns ein lautes, unfreundliches Bellen. Zur Vorsicht bleiben wir stehen. »Wir haben viele Patienten im Krankenhaus, die von Hunden gebissen wurden«, warnt Bikul. Dann ruft er ein langgezogenes »Oieehhhh« über die Felder, und das Echo schallt vom Gebirgskamm zu uns zurück.

Minuten später kommt Norbu Ama den Pfad heruntergelaufen. »*Kuzuzang po la! Jonsho! Jonsho!*« Aufgeregt winkt sie uns zu sich. Ihr herzlicher Empfang und ihr Lachen schließen mich in die Unterhaltung ein, von der ich kein Wort verstehe. Nachdem der Hund in der Scheune sicher eingesperrt ist, führt sie uns durch ein Gatter zu einer hölzernen Treppe, die der einzige Eingang zu ihrem Hof ist.

Von einer kleinen Plattform auf halber Treppenhöhe führt eine Türe in eine große, von Rauch geschwärzte Küche. Durch ein kleines, von Spinnweben verhangenes Fenster fallen einige Sonnenstrahlen auf eine Feuerstelle aus Lehm. Aus mehreren Öffnungen züngeln unter drei großen, rußigen Töpfen Flammen empor. Fast unbemerkt sitzt eine alte Frau am Feuer und rührt mit einem Löffel systematisch in einem dünnen Holzrohr.

Ich würde gerne die Geheimnisse dieser faszinierenden Kochstelle erfahren, aber als höflicher Gast muss ich Norbu Ama nach oben in den großen Wohnraum folgen, wo rasch zwei Decken als beste Sitzplätze für den Besuch ausgebreitet werden. Ama fordert uns zum Sitzen auf. »*Jonsho, doctor!*« Der Raum ist groß und luftig. Die Fensterläden sind ganz zur Seite geschoben, und unser Blick fällt über das Tal auf einen winzigen Punkt in der Ferne, den ich als den Ort Mongar erkenne, die sich dort an einen Hang schmiegt. Direkt unter uns wogen die Spitzen der Maispflanzen eines Feldes im Wind.

Norbu Ama verschwindet und lässt mich mit Bikul alleine. Ich sehe mich um nach einem Zeichen von Pema und ihren Kindern.

»Hast du Pema gesehen?«, frage ich schließlich.

Bikul zuckt mit den Schultern. »Vielleicht ist sie bei ihrem Großvater. Er wohnt nicht weit von hier in einer Meditationshütte.«

Ich fühle mich ein wenig unbehaglich in dem großen, leeren Raum mit Bikul an meiner Seite und wünsche mir, dass Pema mit den Kindern möglichst bald zurückkommt. Schließlich wird meine Aufmerksamkeit aber von dem imposanten Familienaltar abgelenkt, der uns direkt gegenüber steht. Die Opferstelle in der Mitte ist groß und solide gebaut, mit Glasvitrinen zu beiden Seiten. Die Konstruktion besteht aus fünf Podesten, von denen ein jedes von einem Dreipassbogen wie die bhutanischen Kleeblattfenster oben abgeschlossen ist. In jedem Behälter steht eine bunte Statue, die in eine seidene Robe gewickelt ist. Die beiden großen Statuen, die die Mitte des Altars beherrschen, sind bronziert, die anderen sind etwas kleiner, und eine davon hat eine blaue Hautfarbe.

Als Opfergaben brennen drei Butterlampen (Kerzen aus gehärteter Butter oder Pflanzenöl in einem Gefäß) ruhig neben mehreren Räucherstäbchen und sieben Schüsseln mit Wasser.

»Die sieben Schüsseln sind ein Symbol für die sieben Opfer an die Götter«, erklärt Bikul. »Sie stehen stellvertretend für das, was wir miteinander teilen wollen – Dinge wie Nahrung, Getränke oder Wasser zum Waschen.«

Ich sehe mir die kleinen Gefäße mit neuem Interesse an. Wasser – eine gewöhnliche und schlichte Opfergabe. Die Menschen im Himalaja sind nicht reich, aber alle können sich Wasser leisten. Es ist eine allgemein gültige Gabe, etwas, das keinen Verzicht erfordert und keine Habgier schafft, eine Gabe, die im reinen Glauben dargebracht werden kann.

Auf Regalen zu beiden Seiten des Altars sind die heiligen Bücher der Familie untergebracht, jedes in ein glänzendes Seidentuch gehüllt. Die Bilder zweier, in gelbe und orangefarbene Roben gekleideter Lamas vervollständigen den bunten Altar. Um beide Fotos sind ehrfurchtsvoll weiße Zeremonialschals drapiert.

Die Ritualgegenstände des Altars faszinieren mich, und so kommen wir aus unserer zugigen Ecke hervor, um sie näher zu betrachten. Als Erstes bemerke ich unter den Bücherregalen eine Art Schrank, der sich als Speisekammer erweist. Die Türe ist mit einem einfachen Fliegengitter überzogen. Dahinter entdecke ich etliche Käsestücke und kleine, in Bananenblätter gewickelte Päckchen, die den Butterpackungen im subjee-Basar ähneln. Offensichtlich leben hier die erhabeneren Bewohner des Altars in harmonischer Gemeinschaft mit den Lebensmitteln.

Ich sehe mir die sieben Schüsseln genauer an. Es sind zierliche Silbergefäße mit komplizierten Mustern, deren Symbole mich an eine alte, chinesische Truhe erinnern, die mein Vater vor Jahren von einer seiner Reisen mitgebracht hat. Das Wasser schimmert in den polierten Behältern. Inmitten dieser Schätze steht wie ein Wächter eine Vase mit Weihwasser, in die eine große Pfauenfeder als Symbol für die Weisheit von Buddhas Liebe getaucht ist.

Bikul hebt eine Gebetsschnur hoch, die zwischen den Dekorationen liegt, und reicht sie mir.

»Siehst du diese Bänder hier?« Er zeigt auf einige kurze Lederriemen mit zehn Metallringen. »Jede Gebetsschnur hat einhundertachtPerlen. Wenn man alle Perlen durchgebetet hat, schiebt man den Ring ans andere Ende des Lederriemens. Dann betet man weiter. Nach zehn Runden kommt man zum zweiten Band und beginnt von neuem.«

»Wozu zählt man denn seine Gebete?«

»Ich nehme an, man bleibt damit auf dem rechten Weg«, sagt Bikul und zuckt mit den Achseln.

Ich bin nicht recht zufrieden mit dieser Antwort und wende mich wieder dem Altar zu. Ein winziger, weißer Gegenstand fällt mir auf, der aussieht wie ein Zahn. »Was ist denn das?«

An Stelle einer Antwort kommt Norbu Ama mit einer riesigen Kanne Tee herein. Schuldbewusst unterbrechen wir unsere neugierige Begutachtung der Familienschätze und gehen schnell auf die uns angewiesenen Plätze zurück. Norbu Ama ist bester Laune. Unter ständigem Geplapper gießt sie Tee in unsere Tassen. Die Flüssigkeit ist etwas trüb, und mir kommt es vor, als ob Fettaugen darauf schwimmen würden. Vorsichtig nippe ich an dem Gebräu. Es schmeckt nach Fett! Und salzig, sehr salzig! Was mag das nur für Tee sein? Erwartungsvoll blickt mich Norbu Ama an, und ich täusche ein Lächeln vor. Insgeheim stelle ich mir aber vor, wie sich meine Zunge und meine Mundhöhle bei diesem seltsamen Aufguss zusammenziehen und sich mein Magen davor empört verschließt.

»*Seudja*«, erklärt Bikul. »Das ist Buttertee. Hast du ihn schon mal probiert?«

Ich schüttle den Kopf.

»Schmeckt gut, nicht?«, sagt er, und ich stimme halbherzig zu.

Mehr Suppe als Tee, denke ich mir, und wage tapfer einen weiteren Schluck.

»Misch das dazu«, schlägt Bikul vor und streut eine Handvoll *zao* in meine Tasse. Skeptisch begutachte ich das Gemisch. Es sieht genauso unappetitlich aus wie zuvor, nur dass die Fettaugen jetzt von den schwimmenden Reiskörnern verdeckt sind, die sich auf der Oberfläche drängen. Höflich nehme ich einen weiteren Schluck. Zu meiner Überraschung schmeckt es jetzt viel besser. Ich zerkaue den *zao* und genieße den salzigen Geschmack dazu. Ich trinke wieder und wieder, und je öfter ich trinke, desto besser schmeckt es mir.

Letztlich weiß ich gar nicht mehr, wie oft Norbu Ama meine Tasse großzügig nachgefüllt hat. Gerade, als ich mir sicher

Norbu Ama in ihrer Küche

bin, dass wir nun erfolgreich die ganze Teekanne geleert haben, kommt Pema mit Nima und Chimmi herein, in der Hand eine Thermosflasche.

»Tante!«, ruft Chimmi und hüpft aufgeregt. Dann zieht sie Nima zu sich auf den Boden, und die beiden Kinder beobachten uns mit großem Interesse. Das heißt, Chimmi sieht uns aus großen Augen an, aber ich hege Zweifel, ob wir auch der Gegenstand von Nimas Betrachtungen sind, obwohl sein Blick fest auf uns gerichtet ist. Wie immer ist er damit beschäftigt, seine Unterlippe zwischen den Fingern zu kneten.

»Tante!« Diesmal sorgt Chimmi mit einem kleinen, selbst gebauten Auto, das sie vor meinen gekreuzten Beinen auf und ab fährt, für meine ungeteilte Aufmerksamkeit. Das Spielzeug besteht aus zwei kurzen Stöckchen als Achse und Räder und einem flachen Stück Rinde als Karosserie.

Mit einem schelmischen Lachen stellt Pema eine hölzerne Schüssel mitten in die »Rennbahn« ihrer geschäftigen Tochter. »Willkommen in meinem Elternhaus!« Mir wird bewusst, dass ihr warmes Lächeln dem ihrer Mutter sehr ähnlich ist. »Es ist ein weiter Weg, nicht wahr? Bitte nehmt vom *arra*.«

»*Arra?*« Vorsichtig rieche ich an dem Getränk, und ein Gefühl der Übelkeit steigt in mir hoch. Der scharfe Geruch brennt mir in der Nase und treibt mir die Tränen in die Augen. Das also ist *arra*, der berühmte, selbst gebrannte Schnaps.

»Ich möchte lieber nicht«, entschuldige ich mich, und Bikul gibt Norba Ama, die sich zu uns gesellt hat, rasch eine etwas blumigere Version meiner Absage. Pemas Mutter sieht mich bestürzt an und nickt mir zu. »*Zhe, zhe!*« Ich möchte ihre Gastfreundschaft nicht verletzen und zeige mit gequältem Gesicht auf meinen Bauch. »*Pholang ngamla!*« Ich erinnere mich vom Krankenhaus an den Ausdruck für Bauchschmerzen. Norbu Ama und Pema lachen aus vollem Herzen. Meine Ausrede ist

166

also akzeptiert worden, und obwohl man mich noch mehrmals zum Trinken auffordert, komme ich mit einem vorsichtigen Schnüffeln am arra davon.

Pholang ngamla – ich wiederhole die Zauberformel still für mich. Zu meinem größten Erstaunen scheint sie zu wirken, denn plötzlich fühlt mein Bauch sich ganz aufgebläht an. Anscheinend ist der Buttertee irgendwo oberhalb der Gürtellinie zu einem festen Klumpen erstarrt, der festsitzt und sich nicht von der Stelle rührt. Ich wage keine Bewegung, denn ich habe das Gefühl, meine Eingeweide würden sonst unten herausfallen. Entsetzt starre ich auf meine Tasse, die schon wieder gefüllt ist.

Die Dämmerung bricht herein, und wir müssen Abschied nehmen. Norbu Ama, Pema und die alte Frau (bei der es sich um Pemas Großmutter handelt) wollen uns mindestens zwei Beutel mit *thengma* (grob gestoßener Mais) und *kharang* (fein gemahlener Mais) mitgeben. *Kharang* ist das Hauptnahrungsmittel der Dorfbewohner. Die Körner werden getrocknet und gemahlen und dann wie Reis zum späteren Kochen aufbewahrt. Als wir höflich darauf bestehen, dass wir nur je einen Beutel mitnehmen können, schenkt uns Norbu Ama zusätzlich noch vier Eier, die wir für den Transport vorsichtig im Korn verstauen. Nur ungern lassen uns die drei Frauen gehen, und Pema sagt, sie hätte gehofft, wir würden die Nacht bei ihnen verbringen.

»Du hast ein wunderschönes Zuhause!«, sage ich, während Pema meine Hände umschlossen hält. »Möchtest du nicht immer hier oben wohnen?«

Ohne zu zögern schüttelt Pema den Kopf. »O nein!«

»Ich meine natürlich, wenn Karma bei dir wäre.«

Wieder schüttelt Pema den Kopf. »Es ist zu langweilig hier.

Ich will nicht auf einem Bauernhof leben. Am liebsten wäre ich in Thimphu.«

Was mir ja schon bekannt ist. Aber ich verstehe noch immer nicht weshalb.

»Was geschieht mit eurem Hof, wenn Ama und Norbu alt sind? Deine Schwester Rinzin Tshering studiert auch in Thimphu, nicht wahr? Und dein Bruder ist Mönch. Wer wird sich denn um deine Eltern kümmern?«

»Ama überlegt, ob sie nicht ein kleines Mädchen adoptieren soll«, antwortet Pema mit offensichtlicher Erleichterung in der Stimme. »Rinzin möchte Lehrerin werden. Und ich hoffe, dass Chimmi einmal Ärztin wird. Aber hier ist das Leben nicht gut.«

Ich denke an Pemas winzige Wohnung im Krankenhaus – und dann stelle ich mir vor, wie gut sich Ama und Abi in diesem geräumigen Haus um Nima kümmern könnten. Pema wäre entspannter und hätte mehr Zeit für sich. Karma müsste natürlich in der Stadt wohnen, wenn er nicht täglich die eineinhalb Stunden zu Fuß zum Dzong und zurück gehen wollte. Pema scheint keine solchen Bedenken zu haben wie ich, denn sie fährt fort: »Schon als ich in der Schule Englisch gelernt habe, wusste ich, dass ich woanders wohnen würde. Ich wollte einen Job und Geld verdienen. Es ist nicht gut, immer im Dorf zu bleiben.«

Ich sehe von Abi und Ama auf Pema und Chimmi. Vier Generationen von Frauen mit demselben reizenden Lächeln, denselben dunklen Augen, aber mit ganz unterschiedlichen Hoffnungen und Zielen.

Wir ziehen uns gerade die Schuhe an, als Norbu Ama zum Altar hinübergeht und triumphierend ihr bestes Stück an sich nimmt. Es ist das kleine, weiße Ding, das ich vorhin betrachtet hatte. Norbu Ama steckt den Finger in den Mund und deutet dabei auf ihre Wange, um uns zu zeigen, dass es sich dabei wirklich um ihren Zahn handelt.

Pema lacht. »Ama kann den Zahn herausnehmen und wieder einsetzen, aber sie nimmt ihn nur, wenn sie in die Stadt geht. Sie glaubt, sie sieht besser aus, wenn der Zahn drin ist.«

Bikul und ich sehen einander an und lachen. Selbst unsere Ama aus dem Dorf ist also ein wenig eitel.

Auch Abi scheint etwas auf dem Herzen zu haben, denn mit gebeugtem Rücken schlurft sie rasch auf ihr Zimmer zu und winkt uns, mitzukommen. Wir folgen ihr am Schrein vorbei durch eine schwere Doppeltüre in ihre kleine, dunkle Kammer, in der es stark nach Mottenkugeln riecht. Überall im Zimmer liegen Kleidungstücke. Auf einem Bett in der Ecke tummeln sich zwei Katzen, die sich auf mehreren *kiras* und *ghos* zusammengerollt haben. Abi schiebt einen Haufen orange karierten Stoffs zur Seite und zieht darunter eine große Holzkiste hervor, aus der sie einen *bangchung* nimmt. Der kleine Behälter aus Bambusgeflecht ist offensichtlich ebenso alt wie Abi, und seine farbenfrohen Muster erinnern an eine wunderschöne Jugend. Mit einem liebenswerten Lächeln überreicht ihn mir Abi zum Geschenk. Verlegen danke ich ihr, denn ich weiß nicht, wie hier eine so großzügige Geste erwidert werden kann.

Bikul ist wie immer neugierig und wenig zurückhaltend. »Das ist ja großartig!«, ruft er und sucht in der großen Holzkiste herum. Plötzlich zieht er ein sorgfältig verpacktes silbernes Halsband mit vielen eingelegten Perlen hervor. Abi tadelt den naseweisen Doktor, aber alle anderen lachen, was mich recht überrascht.

»Was ist denn los?«, frage ich und gehe ins Zimmer zurück.

Bikul hat die Kette ausgelassen um Abis geröteten Nacken gelegt.

»So hat Abi den Meme Mönch zum Mann bekommen.«
Norbu Ama und Pema kichern noch immer. Abi wirft ihnen einen rügenden Blick zu, während Bikul den Arm beschützend um die gebrechlichen Schultern der alten Frau legt. Ich sehe ihm an, dass er eine seiner Lieblingsgeschichten zum Besten geben will.

»Als Meme ein junger Mann war, gelobte er, nie zu heiraten. Eines Tages kündigte er dann an, dass er im Dzong bleiben und Mönch werden würde. An jenem Tag war Abi unendlich traurig. Ihre Familie wohnte ganz in der Nähe, und jeden Tag führten die beiden ihre Kühe gemeinsam auf dieselbe Weide. Abi war schon seit Jahren in Meme verliebt. Jeden Tag zog sie ihre schönsten Kleider an, aber Meme nahm keine Notiz von ihr.

Abi wollte aber nicht aufgeben. Eines Tages ging sie zu einem Priester im Dorf, der Mittel wusste, mit denen man in einem Mann den Wunsch wecken konnte, eine Frau zu heiraten. Einen Monat lang versuchte es Abi mit seinen Tricks, aber nichts schien zu helfen. Abi war so traurig, dass sie immer mehr abmagerte. Ihre Eltern machten sich große Sorgen, und so beschlossen sie eines Tages, Abi zu helfen und Meme zum Essen einzuladen. Abis Mutter gab ihrer Tochter diese schöne Halskette und ihre prächtigste *kira*.«

Die beiden jüngeren Frauen haben aufgehört zu kichern, und selbst Abi hat sich damit abgefunden, Bikuls Geschichte zuzuhören, die er so liebevoll in einer Sprache erzählt, die sie nicht versteht. Die magische Ausstrahlung der Kette hält uns alle gefangen.

»Noch bevor die Mahlzeit begonnen hatte, war Meme Abis Halsband aufgefallen. Er war vom Aussehen des schönen Mädchens ihm gegenüber so eingenommen, dass er vergaß, sein Getränk sorgfältig zu prüfen. Damit hatten Abis Eltern aber gerechnet. Denn siehst du«, hier unterbricht sich Bikul und kommt geheimnistuerisch näher an mich heran, »die Leute in Ostbhutan glauben, dass die Familie eines Mädchens schwarze Magie anwenden kann, um einen Mann für sie einzufangen. Sie geben ein Zauberkraut in das Getränk des jungen Mannes, damit er sich in das Mädchen verliebt.« Bikul wendet sich nun an die anderen Frauen und übersetzt das Gesagte. Norbu Ama nickt heftig dazu, während Abi lautstark protestiert. Sie behauptet, dass sie von schwarzer Magie überhaupt nichts wisse. Auch Bikul lacht und schüttelt den Kopf.

»Weißt du, Britta, Norbu Ama hat mir sogar aufgetragen, dass ich, immer wenn ich bei anderen Leuten im Dorf eingeladen bin, ein paar Tropfen meines Getränks dreimal mit dem Finger verspritzen soll. Das ist die einzige Art, wie man sich gegen den Zauber der Kräuter schützen kann. Norbu Ama wollte nicht, dass mich irgendein Mädchen auf diese Weise einfängt.«

»Glaubst du denn wirklich daran?«, frage ich skeptisch.

»Man weiß nie«, erwidert Bikul. »Jedenfalls haben Abis Eltern Meme den ganzen Abend lang abgelenkt, und Abis Mutter forderte Meme sogar auf, ruhig etwas näher an ihre Tochter heranzugehen, um die Perlen genauer zu betrachten. Da wurde Meme plötzlich schüchtern. Er wollte Abi um Erlaubnis bitten, aber sie lächelte ihn nur an. Und dann hat er ihr schließlich zum ersten Mal in ihre wunderschönen, dunklen Augen gesehen. Bis dahin hatte er noch nie den Reiz und die Wärme einer jungen Frau verspürt, doch jetzt wusste er, wie sehr er es sich wünschte, sie an sich zu drücken. Lange sahen sich die beiden an, und diese Nacht verbrachte Meme dann in Abis Haus. Am nächsten Tag heirateten die beiden. Du siehst also, dass der Zauber wirkt.«

Bikul gefällt seine Geschichte offensichtlich, und er legt die Kette sorgfältig wieder an ihren Platz zurück. Abi, Norbu Ama und Pema beginnen alle gleichzeitig auf mich einzureden, und ich nicke, als ob ich sie verstehen würde. Ich weiß nicht, was Pemas Mutter und Großmutter zu mir sagen, aber irgendwie begreife ich, dass jede eine etwas andere Version von Meme und Abis Romanze erzählt. Ich muss lächeln, denn vielleicht können diese drei Frauen wirklich ein wenig zaubern.

Meme Mönch

»Wo kommt denn das her?«, frage ich und zeige auf ein kleines, vergilbtes Christusbild, das sich den Altar mit bunten Statuen von Buddha und anderen ehrenwerten tantrischen Gottheiten teilt. Pemas Großvater überlegt eine Weile und antwortet dann: »Das ist der Buddha der Ausländer – ein Doktor von der Mission hat es mir gegeben.« Liebevoll bläst er einige imaginäre Staubkörnchen weg und entzündet eine Butterlampe. Dann scheint er sich, über den Schrein hinaus, auf etwas außerhalb dieser Welt zu konzentrieren. Voll frommer Ehrfurcht schweift sein Blick in die Ferne, wo das Nirwana auf die Menschheit wartet.

Jesus ist der Buddha des Westens. So einfach ist das. Für Meme gibt es keine Notwendigkeit, zwischen Christentum und Buddhismus zu unterscheiden. Er glaubt an ein höheres Wesen – wie es aussieht, ist dabei unwesentlich. Wenn wir doch alle einen so friedlichen Kompromiss finden könnten!

Meme Mönch hat sich ganz seinem inbrünstigen Glauben hingegeben und alle seine materiellen Wünsche aufgegeben. Zufrieden ist er bereit, den Rest seines Lebens in stiller Meditation zu verbringen. Er ist glücklich, dort zu sein, wo er ist, und das zu tun, was er tut, und das ist den ruhigen Zügen seines 93 Jahre alten Gesichts auch abzulesen.

Die Hütte ist nicht mehr als ein Unterstand, der aus einem Raum besteht, wenn auch im örtlichen Stil aus Steinen und Holz solide gebaut. Meme hat sich schon vor Jahren in dieses winzige Refugium zurückgezogen und seine Familie in ihrem großen Bauernhof einige hundert Meter hangabwärts zurückgelassen. Hier findet er die nötige Ruhe zur Meditation. Er weiß, dass Norbu Ama durchaus fähig ist, den Hof allein zu führen, und schließlich war er auch schon zu alt und gebrechlich, um die schwere Arbeit weiter zu machen. Obwohl er seine Frau und seine Familie über alles liebt, sucht er nun die Ruhe, mit dem einzigen Ziel über Leben und Religion nachzudenken.

Meme Mönch ist ein *gomchen*, ein Laienmönch, der eine religiöse Ausbildung genossen hat und Rituale für die Dorfbewohner zelebrieren darf. Die *gomchen* nehmen in der Gesellschaft Bhutans eine besondere Stellung ein. Sie sind auf Grund ihrer Religiosität mit besonderen Befugnissen ausgestattet, können aber auch heiraten. Nach einer Heirat ist es allerdings nicht mehr möglich, dass sie in den Dzong zurückkehren oder einen höheren Rang unter den religiösen Lehrern einnehmen. Nachdem nun die jüngere Generation den Hof führt und sich um seine Frau kümmert, kann Meme Mönch sein Leben wieder ganz der Religion widmen.

In seiner winzigen Hütte hat Meme alles um sich, was er braucht. Eine Matte auf dem Boden mit einem Ziegenfell darauf dient ihm als Bett und ein alter *gho* als Decke. Sein dunkelroter *gho* ähnelt einem Mönchsgewand, und seine weiße Jacke ist durch jahrelangen redlichen Gebrauch schmutzig und abgenutzt. Außer ein paar Aluminiumtöpfen, in denen er seinen *kharang* mit Chilis kocht, einer Thermosflasche für den Buttertee und etlichen verfärbten Plastikbehältern haben alle Gegenstände auf den Regalen und auf dem Boden religiöse Bedeutung. Viele davon sind mir unbekannt; ich kenne nur die Handgebetsmühle, die Gebetsschnur und einige der religiösen Schriften, die in bunte Tücher gewickelt sind.

Auch Memes Familienaltar ist tolerant gegenüber der Verbindung gegensätzlicher Dinge. Hinter den Opferschalen lugt ein leuchtend gelber Plastikbeutel mit der Aufschrift »Dalda« hervor, der das gebräuchliche gehärtete Pflanzenöl zum Füllen der Butterlampen enthält. Zur Dekoration sind zwei leere Coca-Cola-Flaschen mit frischen grünen Zweigen zu beiden Seiten des Altars aufgestellt. Und neben den Wassergaben liegen zwei kleine Kartons mit »Frooti«-Mangosaft.

Ich bin heute alleine heraufgekommen und habe niemanden, der für mich Fragen stellen könnte, aber in der friedlichen Stille der Hütte fällt es mir viel leichter, meine Gedanken auf alles Neue um mich herum zu konzentrieren.

Ich habe den Eindruck, dass der nischenartige Schrein über dem Familienaltar beim Bau der Mauern des Hauses eingelassen wurde. Die einfache Holznische ist von Bildern mit orangefarbenen und blauen Blumen umgeben. Auf einem Regal stehen hinter zwei Glasfenstern, vor Staub und Zugluft geschützt, die Statuen von Buddha und Guru Rimpoche, die heiter auf Meme Mönch herunterlächeln. Sie sind von kleineren Versionen anderer Manifestationen der beiden Buddhas umgeben, von denen mir die meisten unbekannt sind.

Obwohl ich viele Stunden damit verbracht habe, über die Religion in Bhutan nachzulesen, ist mir das bunte Pantheon der tantrischen Gottheiten noch immer ein Rätsel, und in den Tempeln und auf Bildern erkenne ich zumeist nur die drei bekanntesten Gestalten. Eine davon ist der historische Buddha, der mit gekreuzten Beinen auf einem Thron aus Lotosblüten sitzt. Er trägt eine Lichterkrone an Stelle einer kunstvollen Kopfbedeckung und ist fast schmucklos einfach gekleidet. Der zweite, Guru Rimpoche, ist für gewöhnlich mit einem gezwirbelten Schnurrbart und einem Spitzbart dargestellt, in der einen Hand einen Dreizack und in der anderen ein Kultinstrument, dorje genannt, das einer kleinen Hantel ähnelt. Und zuletzt Shabdrung Ngawang Ngamgyel, der mit seinem langen, grauen Bart und einem spitzen, roten Hut unter diesen Gottheiten am alltäglichsten aussieht.

Bevor ich nach Bhutan gekommen war, hatte ich lediglich von Buddha Shakyamuni, dem historischen Buddha gehört, der von den Bhutaner Sangay genannt wird. Buddha ist der Begründer des Buddhismus. Er wurde im fünften Jahrhundert v. Chr. als Siddhartha Gautama in ein nordindisches Adelsgeschlecht geboren. Da seinem Vater angekündigt worden war, dass Siddhartha eines Tages entweder ein großer Herrscher oder der Begründer einer weltumfassenden Lehre sein würde, versuchte er mit allen Mitteln, den Sohn zum Bleiben im Palast zu bewegen. Nach einer Kindheit voller Luxus, in der er gegen alle Härten des Lebens geschützt war, wagte sich Siddhartha als junger Mann erstmals vor die Tore des Palastes. Zum ersten Mal wurde er dort mit Alter, Krankheit und Tod konfrontiert. Als Folge der Erkenntnis, dass das menschliche Leben aus Leiden besteht, gab Siddhartha allen Luxus und Materialismus auf und zog als Asket durchs Land. Nach sechs Jahren der Meditation und Enthaltsamkeit erkannte er, dass ihn die strenge Askese der Erleuchtung nicht näher brachte, und er wählte einen »mittleren Weg« der Mäßigkeit. Unter einem Feigenbaum bei Bodh Gaya erlangte Gautama schließlich die Erleuchtung. Er wurde zum Buddha, dem Erwachten, und begann, seine Lehre, das Dharma, zu verbreiten und der Menschheit den buddhistischen Glauben zu bringen.

In Bhutan gilt Guru Rimpoche (»kostbarer Lehrer«), der in einer seiner Verkörperungen auch Padmasambhava (»Der aus dem Lotos Geborene«) genannt wird, als der »zweite Buddha«. Er war ein tantrischer Missionar aus dem Svat-Tal im heutigen

Pakistan. Im achten Jahrhundert n. Chr. brachte Padmasambhava den tantrischen Buddhismus nach Bhutan, indem er die Dämonen und die Feinde dieser Lehre bezwang und in schützende Gottheiten verwandelte. Guru Rimpoches Hauptwaffe gegen die Dämonen war sein *dorje*, ein diamantener Donnerkeil, das Symbol für die Unzerstörbarkeit und Reinheit der buddhistischen Lehre.

Shabdrung Ngawang Ngamgyel (wörtlich »zu dessen Füßen man sich fügt«) war ein buddhistischer Lehrer aus Tibet, der sich im 17. Jahrhundert zum religiösen Oberhaupt Bhutans ernannte. Unter dem Shabdrung wurden zahlreiche Angriffe der Tibeter zurückgeschlagen, und die vielen Täler und Bezirke Bhutans unter einer Regierung vereint. Zur Verteidigung und auch für klösterliche Zwecke ließ der Shabdrung die ersten Dzongs des Landes errichten, und er hinterließ Bhutan ein einzigartiges Verwaltungssystem und eine wirksame Rechtsprechung. Er selbst war der religiöse Führer, während die geistliche Herrschaftsgewalt ein Hauptabt, der Je Khenpo, ausübte. Die Verwaltung und Politik des Landes lag in Händen eines auf Zeit Regierenden, des Desi. 1656, kurz nach dem Tod des Shabdrung, wurde Bhutan in seiner gegenwärtigen Form vereint. Das duale Regierungssystem wurde beibehalten, wenn auch unter zahlreichen Machtkämpfen und Bürgerkriegen, bis Bhutan 1907 in eine erbliche Monarchie umgewandelt wurde.

In Memes Haus teilen sich die Statuen der verehrten buddhistischen Lehrer ihre Wandnische mit einer Kollage heiliger Männer aus der heutigen Zeit. Da ist das Bild des Dalai Lama, des Je Khenpo (der auch heute noch das Amt des Hauptabts innehat) und des dritten Königs, Jigme Dorje Wangchuk, daneben Bilder des Tempels von Bodh Gaya in Indien, wo Buddha seine Erleuchtung fand, und des großartigen Bodnath Stupa in Nepal. Den unteren Teil der Kollage füllen vergilbte Schnappschüsse von Meme als junger Lama und ein Bild seiner Frau und seiner Tochter.

Obwohl er am Leben seiner Familie nicht teilhat, ist Memes Tag doch mit zahlreichen Aktivitäten gefüllt. Jetzt sortiert er zum Beispiel seelenruhig getrocknete Chilis, die in einem dünnen, blauen Plastikbeutel stecken. Diese neuen Wegwerfartikel findet man in der Nähe der Städte überall in Bäumen und Sträuchern. Noch vor etlichen Jahren gab es in Ostbhutan überhaupt keine Plastiktüten, inzwischen haben sie vor allem bei den Leuten in der Stadt die bisher üblichen handgewebten Taschen völlig ersetzt.

Memes Gastfreundschaft bleibt keineswegs hinter der meiner übrigen bhutanischen Bekannten zurück. Nachdem er in seinen Chilivorrat Ordnung gebracht hat, beginnt er flink mit der Zubereitung des Buttertees. Auf seiner Kochstelle erhitzt er einen Topf mit Wasser, in das er große, schwarze Teeblätter wirft. Dann zaubert er von irgendwoher ein großes Stück Butter hervor. Zuletzt wird das Tee-Butter-Gemisch in einem langen, von Messingreifen zusammengehaltenen Holzrohr durchgeschüttelt und mit ein paar großzügigen Prisen Salz gewürzt. Bald ist die Hütte von dem eigenartigen Aroma erfüllt. Zufrieden beobachtet mich Meme, wie ich *thengma* und Buttertee mit Genuss verdrücke. Die Geräusche des Dschungels liefern die Begleitmusik zu unserem Tête-à-tête. Unsere Konversation bleibt freilich auf ein freundliches Lächeln beschränkt.

Bei einem Besuch in einem bhutanischen Haushalt ist es üblich, nach dem Tee sofort aufzubrechen. Mit einer theatralischen Geste zieht Meme nun eine handgeschnitzte Flöte aus den Falten seines *gho*. Seine narbigen Finger sind fast zu klobig für das zarte Instrument, denn sie verdecken zur Gänze die winzigen Löcher. Dann steigen aus seinem Inneren brummige Laute wie das Grollen herannahenden Donners hoch. Lautstark räuspert er sich, und eine Ladung Speichel fliegt durch die Luft und landet in einem Topf, der neben seinem Bett auf dem Boden steht.

Als ich mich von Meme verabschiede, blickt er mich mit einem schalkhaften Zwinkern in den Augen an. Scheinbar zufrieden hebt er die Flöte an seine Lippen, und aus dem zierlichen Instrument schweben ein paar Noten durch die Luft. Die Melodie ist heiter und fröhlich, ein bezauberndes Volkslied mit einem einfachen Rhythmus. Noch lange höre ich in Gedanken die Melodie und hüpfe fröhlich den weiten Weg zum Krankenhaus hinunter.

Unterschiedliche Erwartungen

Eines Morgens kommt Pema in unser Zimmer mit einem Stück Papier in der Hand.

»Ich habe eine Überweisung nach Vellore bekommen! Wir werden Nima zur Diagnose hinbringen.«

Ich höre in Pemas Stimme eine Mischung aus Erleichterung und Besorgnis.

»Das ist großartig, Pema! Wann zieht ihr denn los?« Meine erste Reaktion ist Freude für Pema. Endlich, nach Monaten des sorgenvollen Wartens, wird sie eine Diagnose von Nimas seltsamem Verhalten bekommen. Glücklich über die gute Nachricht schließe ich Pema in die Arme. Einen Augenblick später wird mir dann allerdings bewusst, was diese Nachricht für mich bedeutet. Der Gedanke an meine Arbeit ohne Pemas Freundschaft, ihre stete Ermutigung, ihr strahlendes Lächeln, ganz zu schweigen von ihren unschätzbaren Übersetzungsdiensten, bereitet mir Sorgen.

»Wie lange wirst du denn weg sein?«

»Ich weiß es nicht«, erwidert Pema mit einer hilflosen Geste. »Es ist weit zum Krankenhaus. Vellore liegt an der Südspitze von Indien. Die Reise allein dürfte zwei Wochen dauern. Karma kommt mit uns. Vielleicht sind wir in sechs Wochen wieder zurück?«

Ich stelle mir vor, wie ich allein in unserem Behandlungsraum sitze, umgeben von Patienten, die ich nicht verstehe. Panik steigt in mir hoch. Das schaffe ich nie! Im Lauf der letzten drei Monate, als alles um mich herum einzustürzen drohte, ist Pema für mich wie ein Fels in der Brandung gewesen. Gemeinsam haben wir so manchen heißen, finsteren, aussichtslosen Tag im Mongar Hospital überlebt. Was soll aus mir werden ohne sie?

»Mach dir keine Sorgen, o.k.?«, ermutigt mich Pema. »Wir werden dich anrufen – und du hast ja auch Dr. Bikul.« Ihre versonnene Bemerkung bringt ein Lächeln auf meine Lippen. Meine häufigen Besuche in Bikuls Ordination sind ihr nicht entgangen und natürlich auch nicht das offizielle Stadtgerücht, dass Bikul und ich verheiratet sind, da er anscheinend jede Mahlzeit bei mir einnimmt und man uns beim gemeinsamen Spazierengehen beobachtet hat.

Pema sieht unsere Behandlungstermine durch und studiert die Namen der Patienten, die für heute vorgemerkt sind. Trotz der guten Nachricht sieht sie müde aus. Wie immer ist ihr dichtes, schwarzes Haar sorgfältig frisiert, ihre *kira* fleckenlos sauber und gebügelt und ihr Gesichtsausdruck ruhig und gelassen, mit dem Anflug eines Lächelns um die Mundwinkel. Und doch ist nicht alles in Ordnung. Der Sommer ist alles andere als einfach für sie gewesen.

»Vielleicht können wir, wenn wir eine Diagnose bekommen, auch gleich zur Behandlung dort bleiben.« Pemas nachdenkliche Bemerkung lässt mich zusammenzucken.

»Ja, vielleicht.« Ich möchte ihr von Herzen zustimmen, aber ich habe meine Zweifel. Wenn es Hirnlähmung ist, gibt es keine Heilung. Die Chance, dass Nima an etwas leiden könnte, das heilbar ist, scheint mir äußerst gering. Aber ich möchte Pemas Hoffnung nicht unnötigerweise zerstören.

»Kann ich kurz weggehen? Ich muss unsere Zugfahrscheine bestellen.«

»Ja, natürlich.« Ich nicke und sehe Pema zu, wie sie schnell ihre Sachen zusammenrafft. Sie wirkt energisch, ihre Schritte sind selbstbewusst, aber ihre Hände zittern.

Für eine Weile vergesse ich Pemas drohende Abreise, denn schon bin ich wieder vollauf beschäftigt. Moderne Athleten aus Mongars Volleyball- und Fußballteams füllen meinen Behandlungsraum bis auf den letzten Platz. Am meisten Genugtuung verschaffen mir allerdings meine beiden Patientinnen, Choden und Lhamo, die täglich zu mir kommen.

Chodens Fortschritte sind phänomenal. Dank ihrer körperlichen Stärke und ihrer Willenskraft ist sie nach nur zwei Therapiewochen bereits in der Lage, praktisch ohne Hilfe zwei volle Längen am Barren entlangzugehen. Während der Ruhepausen steht sie dann stolz aufgerichtet da. Sie strahlt vor Freude über diese Freiheit vom Rollstuhl.

Neugierig werden ihre Fortschritte von unseren täglichen Zuschauern jeden Alters, von Betreuern und Besuchern verfolgt, die noch immer in Mengen zu uns strömen. In gewisser Hinsicht sind sie alle zu ihrem anfeuernden Fanclub geworden. Kleine Kinder, die Chodens Krankheit zwar noch nicht verstehen, die aber schon wissen, dass sie einem wichtigen Geschehen zusehen, verfolgen bewundernd ihre Bemühungen. Ihre Gehversuche werden zum gemeinsamen Ziel, jeder Schritt ist ein Wunder für alle.

Nur manchmal, wenn ein Muskel ihr Bein ausschlagen lässt, braucht Choden eine stützende Hand, damit sie die Kontrolle zurückgewinnt. Sie steht zwischen dem Barren, betrachtet sich im Spiegel, und ihre Anstrengungen treiben ihr in der überwältigenden Hitze des Sommermonsuns den Schweiß auf die Stirn. Sie klagt nicht und sie zuckt mit keiner Wimper, ihr ganzer Körper drückt unerschütterliche Entschlusskraft aus. Wenn ihre Handflächen vom Schweiß so nass sind, dass sie an den Metallstangen den Halt verlieren, bleibt sie nur so lange stehen, bis sie die Hände an ihrem Hemd abgewischt hat. Und wenn ich glaube, dass sie vor Erschöpfung zu keinem weiteren Schritt mehr fähig ist, bittet sie mich, noch eine Länge gehen zu dürfen.

Ich bewundere ihre Tapferkeit. Von Tag zu Tag macht sie größere Fortschritte, als ich es je für möglich gehalten hätte. Sie erzählt mir, dass sich ihre Beine besser entspannen, seitdem sie mit dem Gehen begonnen hat, und dass sie jetzt fast die ganze Nacht durchschlafen kann, ohne von schmerzhaften Krämpfen geweckt zu werden. Ich stelle mir vor, wie sie mit Yeshey und ihrer Mutter die langen Nächte zu dritt auf dem schmalen Krankenhausbett auf der Station verbringt.

Unsere täglichen Übungen, die harte Arbeit und ihre vielversprechende Besserung haben dazu beigetragen, dass sich zwischen mir und dieser entschlossenen jungen Frau eine ganz besondere Beziehung geknüpft hat. Ich verfolge aufgeregt ihre Fortschritte und bin stolz auf ihren Erfolg. Bald wird sie sich wieder unabhängig bewegen können. In ein paar Wochen müsste sie so weit sein, dass sie mit Krücken oder einem Gehgestell wieder nach Hause kann. Nach Jahren der Behinderung könnte sie dann ein fast normales Leben in ihrem Dorf führen.

Die Übungen sind für Choden so strapaziös, dass sie die Therapie manchmal nicht wahrnehmen kann, weil sie fiebrig oder zu müde ist. Diesmal bitte ich Pema, mit mir auf die Station zu gehen und beim Übersetzen zu helfen. Als wir ankommen, sitzt Choden auf dem Bett und spielt mit ihrer Tochter. Sie sieht glücklich und entspannt aus. Bestürzt frage ich sie, weshalb sie denn nicht zur Therapie gekommen sei. Mit einem scheuen Lächeln antwortet mir Choden, dass ihre Harnweginfektion nun ausgeheilt sei und dass sie nach Hause gehen würde. Ich traue meinen Ohren nicht. Sicher hat Pema sie missverstanden. Choden kann doch jetzt nicht aufgeben. Das ist doch nicht möglich, nicht jetzt, wo sie so erstaunliche Fortschritte gemacht hat und unser Ziel in Reichweite liegt!

Ich blicke um mich, aber die neugierigen Blicke aus den anderen Betten geben mir auch keinen Hinweis. Verwirrt bitte ich Pema um eine Bestätigung. Wieder bekomme ich dieselbe Antwort. Angeblich würden sie alle am nächsten Tag gehen. Pema zeigt auf die Tasche, in der Chodens Sachen bereits sauber gepackt sind. Ihr Mann sei schon unterwegs, um sie abzuholen. Ich kann es nicht fassen. Warum habe ich von Chodens bevorstehender Entlassung nichts erfahren? Die Ärzte bestätigen meine schlimmsten Befürchtungen: Ja, Choden sei schon entlassen worden.

Nervös schaukle ich auf dem Stuhl hinter meinem Schreibtisch im Behandlungszimmer und überlege, was ich tun könnte. Wie kann ich dem Gang der Ereignisse noch eine andere Wendung geben? Choden ist noch nicht so weit, dass sie gehen könnte, noch nicht ganz. Schließlich gehe ich zum Klinikleiter und bitte ihn inständig, Choden doch noch ein paar Wochen zu behalten, wenigstens so lange, bis sie das Gehen außerhalb des Barrens geübt hat. Der Klinikleiter ist einverstanden. Erleichtert laufe ich die gelben Korridore entlang, um Choden die gute Nachricht zu bringen. Aber meine frohe Botschaft stößt auf Ablehnung. Chodens Mutter besteht darauf, dass sie trotzdem gehen müssten.

Es ist mir unerklärlich. Weshalb die Eile? Wiederum bitte ich Pema, mehr herauszufinden. Choden würde nach ihren Anstrengungen und der vielen Arbeit doch nicht alles ganz einfach zum Fenster hinauswerfen, nur weil sie nicht länger hier bleiben will. Ungeduldig warte ich auf die Antwort. Ich werde wieder zuversichtlicher, als ich der ruhigen Unterhaltung auf Sharchop zuhöre. Sicher war alles nur ein Missverständnis, und in spätestens einer Minute werde ich den nächsten wöchentlichen Therapieplan für meine entschlossene junge Patientin aufstellen. Im Lauf des Gesprächs, das mir schließlich Stunden zu dauern scheint, offenbart sich allerdings ein anderer Grund. Es ist Erntezeit, und Chodens Mutter ist zu beschäftigt, um sich weiter um ihre Tochter kümmern zu können. Sie muss nach Hause, um die Ernte einzubringen, und Choden muss mit ihr zurück.

Ungläubig erwäge ich die Situation. Natürlich kann ich nicht den Lebensunterhalt einer Familie aufs Spiel setzen, und es stimmt natürlich auch, dass eine Patientin wie Choden im Mongar Hospital nicht ohne Betreuungsperson bleiben kann. Für viele persönliche Dinge, wie z. B. den Besuch der Toilette, braucht Choden Hilfe. Sie braucht jemanden, der ständig und vor allem in der Nacht bei ihr ist. Die Krankenschwestern sind für diese Art der Betreuung nicht zuständig.

Ich fühle mich im System gefangen, weigere mich aber aufzugeben. Dem Erfolg und der Unabhängigkeit so nahe, scheint es mir lächerlich, das Handtuch zu werfen. Ich bespreche mit Pema die Möglichkeit, in der Stadt eine Frau zu finden, die ein wenig Geld dazuverdienen und Choden ein paar Wochen lang betreuen möchte. Die Idee hat Hand und Fuß, und so gehe ich damit zur Verwaltung. Man ist im Prinzip einverstanden, wirft jedoch ein, dass für derartige Dienste kein Geld vorhanden sei. Ich bin fest entschlossen, auch diese Hürde noch zu überwinden. Wie viel würde das kosten? Das durchschnittliche Monatsgehalt eines Stationsgehilfen beträgt 700 NU, etwas über 20 US-Dollar. Ohne viel zu zögern, biete ich an, die Kosten zu übernehmen. Man nimmt mein Angebot an, aber hier und dort wird darüber die Stirn gerunzelt.

Ich ignoriere die scheelen Blicke all jener, die sich bemüßigt fühlen, die Ausländerin zu kritisieren, die so großzügig mit ihrem Geld umgeht, und bespreche meinen Plan mit Choden. Ich bin völlig begeistert von dieser Möglichkeit und erwarte eine ähnliche Reaktion von Choden. Weit gefehlt! Nach einer langen Diskussion mit ihrer Mutter teilt mir Choden mit, dass sie nach Hause geht. Den wahren Grund dafür werde ich wohl nie erfahren. Möglicherweise fühlt sie sich nicht wohl bei dem Gedanken, dass ihr eine Fremde bei ihren persönlichen Angelegenheiten unter die Arme greift. Vielleicht ist sie auch überzeugt, dass sich niemand finden wird. Ich jedenfalls will nicht daran glauben, dass das Gehen für sie so unwichtig ist, dass sie dafür nicht einmal bereit ist, ein paar geringfügige Hürden zu überwinden.

Doch dann sieht sie mich mit ihrem sanften, aber bestimmten Lächeln an, und ich weiß, dass ich sie verloren habe. Sie verspricht mir, in einem Monat nach der Ernte wiederzukommen, aber jetzt müsse sie gehen. Ich denke an ihren langen Weg und auch daran, wie erbärmlich die Station doch für sie aussehen muss, in der sie so viele langweilige Wochen in einem mit Kranken überfüllten Saal verbracht hat. Noch immer versuche ich, sie nach besten Kräften zu überzeugen. Ich bitte sie inständig, doch zu bleiben, aber schließlich muss ich mich geschlagen geben und ihre Entscheidung akzeptieren.

Schweren Herzens wünsche ich ihr eine gute Reise und winke ihr am nächsten Morgen zum Abschied zu. Der leere Barren im Therapieraum starrt mich vorwurfsvoll an. Jetzt ist niemand mehr da, der ihn wieder zum Leben erweckt. Er scheint mir wie eine leere Hülle, die keine Hoffnung und kein Versprechen mehr in sich birgt. In meinem tiefsten Inneren weiß ich, dass Choden in einem Monat nicht zurückkommt und wahrscheinlich auch später nicht. Ich kann jetzt nur beten, dass sie auch zu Hause noch Fortschritte macht.

Ohne die tägliche Therapie mit Choden konzentriere ich meine Aufmerksamkeit nun mit neuer Energie auf mein zweites Problemkind, Lhamo. Ihr rechtes Bein macht zwar langsame, aber beständige Fortschritte. Ihr unbewegliches linkes Knie bereitet mir allerdings weiterhin Kopfzerbrechen.

»Diese Dörfler sind zäh, machen Sie sich keine Sorgen«, war der Rat, den mir der Chirurg gab. »Da kann man nichts machen«, war die endgültige, wenig konstruktive Diagnose, die von den übrigen Ärzten kam. Derart passive Kommentare frustrieren mich. Lhamo ist erst dreizehn, es muss doch irgendetwas geben, das man tun kann!

Im Krankenhaus von Thimphu sind orthopädische Chirurgen aus Nordamerika auf freiwilliger Basis in einem monatlichen Turnus tätig. Ich beschließe, Lhamos Röntgenaufnahmen zur Beurteilung hinzuschicken. Endlich ein Hoffnungsschimmer.

»Wir können es versuchen«, sagt der Chirurg am anderen Ende der Telefonleitung, »aber wir müssten dazu das Knie völlig versteifen. Sie könnte es dann nicht mehr bewegen.«

Ich wäge die Folgen ab. Lhamo kann mit einem geraden Bein sitzen, aber mit einem gekrümmten Bein nicht gehen.

»Die Operation ist schwierig. Wir müssen in das Knie schneiden, und ich mache mir um die Arterien und Nerven Sorgen. Sie könnten dabei beschädigt werden. Sie müssen sich das Ganze gründlich überlegen.«

Ja, ich denke darüber nach, und die Verantwortung lastet schwer auf mir. Aber selbst, wenn das Schlimmste eintreten sollte, die Amputation, wäre Lhamo mit einem künstlichen Bein besser dran, als mit dem gekrümmten Knie, das sie jetzt hat. Ich bin ganz für den Versuch – aber Lhamo will nichts davon wissen.

Sie hat Angst. So große Angst, dass sie eines Tages heulend

in den Therapieraum kommt, und immer wieder brüllt, dass ihr niemand das Bein abschneiden darf. Ich setze mich neben sie und lege ihr beruhigend den Arm um die Schultern, versuche ihr zu erklären, dass die Ärzte ihr nicht einfach »das Bein abschneiden« würden, aber Lhamo will mir nicht zuhören. Selbst ihre Mutter schüttelt zum Zeichen ihrer stillen Weigerung den Kopf. Eine Operation kommt für Lhamo also nicht in Frage.

Jeden Tag komme ich wieder auf dieses Thema zu sprechen, und jedes Mal laufe ich wieder gegen eine Wand. Lhamo kommt immer seltener zur Therapie, und oft muss ich sie holen, damit sie ihre Übungen macht. Eines Morgens bei der Visite geht mir ein Licht auf.

Im Bett neben Lhamo liegt eine alte, verhutzelte Abi, die an Diabetes leidet. Da ihr gangränöses Bein nicht zu retten war, wurde es unter dem Knie amputiert. Es war die einzige Lösung, und es war ein Glück, dass sie die Operation überlebt hat. Lhamo kommt zur Therapie ihres steifen Knies zu mir, und ich unterweise dabei die Angehörigen der Abi, wie sie den Stumpf einwickeln müssen. Lhamo sieht Abi jeden Tag und glaubt, dass jede Operation am Bein bedeutet, dass es abgeschnitten wird. Dieser Gedanke würde sicher jeden in Angst und Schrecken versetzen.

Da ich nun den Grund ihrer Befürchtungen kenne, sollte es mir doch gelingen, das Missverständnis aufzuklären. Ich verbringe Stunden, Lhamo und ihrer Mutter das Prinzip einer Fusionsoperation zu erklären. Doch die Antwort ist noch immer ein entschiedenes Nein. In einem verzweifelten Versuch, Lhamo zu motivieren, mache ich sie mit dem Barren bekannt. Anfangs endet meine Mission in einer Katastrophe. Weinend und schmollend klagt Lhamo einfach über alles, von Krämpfen bis zu schmerzenden Handflächen. Sie scheint fest entschlossen zu sein, alle meine Versuche zu sabotieren.

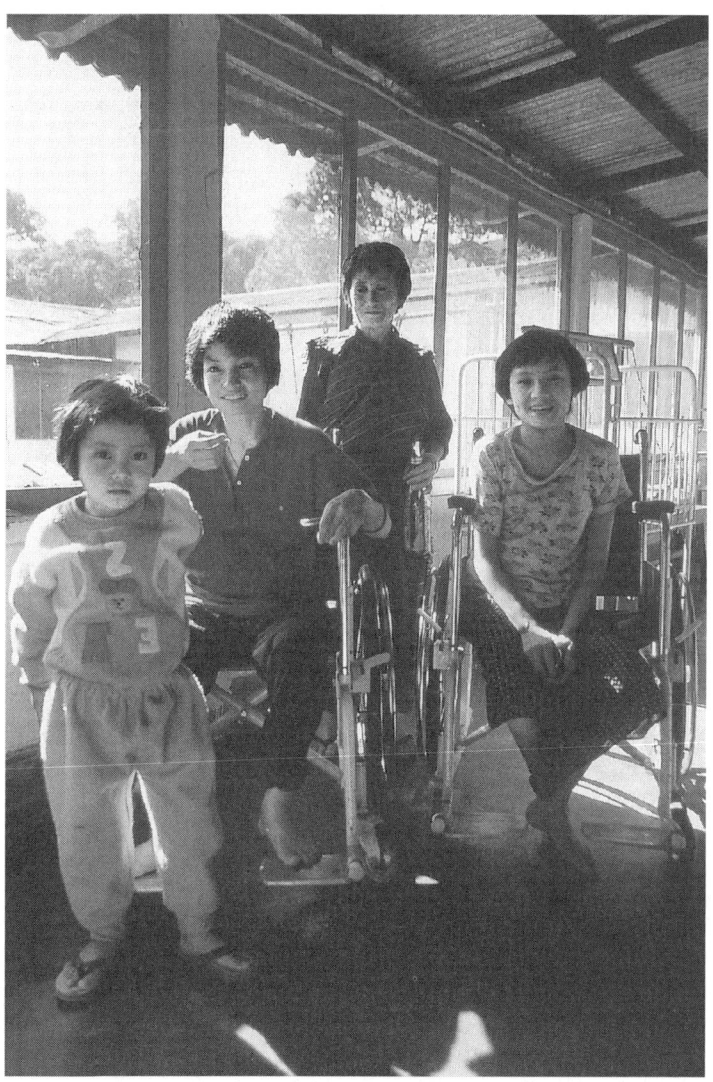

Lhamo mit ihrer Mutter und Choden mit Yeshey
vor dem Physiotherapiezimmer

Eines Morgens, als die Ärzte bei der Visite sind und ich an meinem Schreibtisch einige Fälle mit Pema bespreche, fährt Lhamo mit ihrem Rollstuhl ans offene Fenster zu unserer Ordination. Mit einem frechen Lächeln begrüßt sie mich. Nachdem sie sich vergewissert hat, dass keine unerwünschten Zuhörer im Raum sind, winkt sie ihre Mutter herüber, die verschwörerisch mit Pema flüstert. »Wenn man die Operation machen würde, wann wäre das denn?« Ich erkläre ihr, dass wir bis August warten müssten, denn erst dann wäre der nächste amerikanische Chirurg in Thimphu.

»Wie lange müsste Lhamo dort bleiben?«

»Vielleicht einen Monat, vielleicht zwei, je nachdem wie gut sie sich erholt.«

Lhamos Mutter beschließt, zu uns hereinzukommen, damit wir noch ungestörter sind. Ohne uns anzusehen, murmelt sie etwas, das für Pema bestimmt ist. Irgendwie habe ich das Gefühl, dass das Gesagte von größter Bedeutung für Lhamos Zukunft ist. Schließlich wendet sich Pema mir zu und übersetzt.

»Sie können nicht nach Thimphu gehen. Sie haben kein Geld für Unterkunft und Verpflegung.«

Ich stoße einen Seufzer der Erleichterung aus. Diese Hürde ist leicht zu überwinden. Pema und ich sind der Meinung, dass das kein Problem sein dürfte. Ich würde genug Geld für ihre Verpflegung aufbringen, bis sie wieder zurück nach Mongar kommen.

Mit diesem Versprechen ist der Weg nun frei. Lhamos Mutter zweifelt keine Sekunde lang an meiner Aufrichtigkeit und fragt auch gar nicht, wie viel ich denn für sie auslegen würde. Ich habe mich in ihren Augen als vertrauensvoll erwiesen, und sie legen ihr Schicksal nun in meine Hände. Sie werden nach Thimphu gehen.

Wie von magischer Hand berührt, ändert sich Lhamos Verhalten drastisch. Sie bemüht sich bei der Therapie nach besten Kräften, ohne je dazu aufgefordert werden zu müssen. Pema stellt für sie eine Liste mit Übungen zusammen, und jeden Tag kommen ein paar zusätzliche Wiederholungen dazu. Mit wahrer Todesverachtung stürzt sich das Mädchen auf den Barren, und nur die totale Erschöpfung lässt sie einhalten. Ihre Kräfte nehmen sprunghaft zu, und von Tag zu Tag sieht sie gesünder und fröhlicher aus. Nach ein paar Wochen ist sie bereit, die nächste Gelegenheit zu nutzen und nach Thimphu zu fahren.

Und viel zu früh nach Lhamos Abreise kommt auch der Tag, an dem ich mich von Pema verabschieden muss. Ich habe das Gefühl, als wäre damit auch das Datum für meine eigene Heimkehr gesetzt. Mein Lehrauftrag, der ja die Grundlage für meine Tätigkeit hier ist, hat im Prinzip ein Ende gefunden. Sowohl Lhamo als auch Choden sind nicht mehr da. Was wird aus meiner Arbeit in den kommenden Monaten werden?

Vor allem werde ich Pema vermissen. Ihre unerschütterliche, gelassene Präsenz war für mich ein Rettungsanker im Verkehr mit der Belegschaft des Krankenhauses geworden. Ihr Lächeln hat mir durch den Regen und die Flohplage der Monsunzeit geholfen, und ihre Findigkeit hat so manchen stromlosen Tag gerettet. Zweifelsohne werde ich mich nun meiner eigentlichen Herausforderung in Mongar gegenübersehen.

»Viel Glück!«, flüstere ich meiner Freundin zu, als sie mit Nima und Karma vor dem Postamt auf den Bus nach Samdruk Jongkhar wartet.

»Mach dir keine Sorgen!«, sagt Pema erneut und rückt dabei Nima auf ihrer Hüfte zurecht. Der Kleine ist guter Dinge. Vergnügt sabbert er auf Pemas *kira* und schmiert sich dann den Speichel mit mechanischen Bewegungen zuerst um den Mund und dann über Pemas *toego*.

»Tschüss, Nima!« Ich winke, und Nima sieht an mir vorbei auf die Berge. Plötzlich streckt er sein Händchen in meine Richtung aus, zieht es dann aber wieder zurück und schmiert erneut den Speichel über sich und seine Mutter.

»Es ist gut, dass ihr geht«, höre ich mich sagen. Pema nickt. Ihr Lächeln wird wieder fröhlicher, und sie wischt Nimas Finger liebevoll mit ihrem Taschentuch ab.

»Pass gut auf Dr. Bikul auf«, sagt sie lachend. Ich schneide ein Gesicht, denke mir aber insgeheim, dass ich genau das tun werde.

»Tschüüüss! Ich werde in Gedanken bei euch sein!« Mir steckt ein Klumpen im Hals, aber ich winke tapfer, als sich der überfüllte Bus einen Weg aus dem Basar bahnt.

Tschorten und Gebetsfahnen

Ein heißer Tag hat sich geneigt. Die warme Luft ist noch drückend, aber eine kühlende Brise lässt die Feuchtigkeit in schweren Tropfen zu Tau gerinnen. Vor mir im saftigen, grünen Gras wacht eine Gruppe von Bananenbäumen über eine knorrige, alte Kiefer, die von einem dichten Bart aus Flechten und Moos überzogen ist. Ein Schmetterling mit orangefarbenen Flügeln, die mit schwarzen Tupfen überzogen und an den Spitzen blau und weiß gefärbt sind, flattert graziös zwischen rosa Blüten hin und her und lässt sich dann in den dunstigen Himmel tragen. Durch eine Öffnung in den Wolken erhasche ich einen Blick auf die Berge in der Ferne. Von der Feuchtigkeit gebleicht und reingewaschen stehen sie ruhig und erhaben da, und wirken doch flüchtig und trügerisch.

Vom Garten her dringen die sanften Laute von Bikuls Gitarre durch die friedliche Stille. Nach einer Weile setzt die Melodie aus, und es ist nur noch das Rascheln des Windes in den Rhododendronzweigen zu hören. Langsam folge ich dem vertrauten Pfad zu Bikuls Haus hinauf.

Oft frage ich mich, weshalb Bikul unter allen Menschen hier der eine ist, bei dem ich mich zu Hause fühle. Unsere täglichen Spaziergänge, philosophischen Gespräche, gemeinsamen Mahlzeiten und unsere behagliche Freundschaft sind mir inzwischen zu einem Bedürfnis geworden. Und dann frage ich mich auch, ob wir uns so nahe gekommen wären, wenn uns das Leben nicht unter diesen Umständen zusammengebracht hätte. Zwei Fremde an einem fremden Ort – da ist doch klar, dass eine freundschaftliche Beziehung entsteht. Manchmal stelle ich dann die Vernunft einer solchen Beziehung in Frage. Aber vielleicht haben wir doch mehr gemeinsam, als ich mir zugestehe. Eines steht immerhin fest; ganz gleich was geschehen mag, wir müssen vor allem Freunde bleiben. In einer kleinen Stadt wie Mongar kann man nicht im Streit mit jemandem leben. Hier ist kein Platz für gescheiterte Liebesabenteuer. Aber kann ich ihm und mir selbst vertrauen? Es gibt so viel, was ich mit ihm teilen will – wird es ohne Verletzungen gehen?

Bikul sitzt in seinem Garten und blickt in die Wolken. Der Ausdruck auf seinem schönen Gesicht ist weich und verträumt. Er hört mich nicht kommen und wendet sich erschrocken um, als ich ihn anspreche. Auf meine Frage, was er gerade tue, gibt er eine einfache und zufriedene Antwort.

»Ich schaue in meinen Himmel.«

Meinen Himmel. Er sagt es so aufrichtig und scheint dabei in einer so harmonischen Beziehung zu seiner Umgebung zu stehen, dass ich das Gefühl habe, dass diese Welt wirklich ihm gehört. Und er zu ihr. Es ist etwas an dem Anblick seiner einsamen Gestalt inmitten der Berge und Wolken, das mich erzittern lässt. Tief in mir habe ich das dringende Bedürfnis, Teil dieses Augenblicks zu sein, ganz gleich, was es für mich bringt.

»Bikul«, beginne ich schüchtern. »Willst du deinen Himmel mit mir teilen?«

Bikul sieht mich erstaunt an. Ich merke, dass ihn meine Frage zunächst verwirrt, doch dann scheint er erfreut darüber. Er nickt gewinnend und ebnet damit alle Unterschiede von Kultur und Denken. Liebevoll, als ob er die Idee in seiner hohlen Hand wiegen würde, antwortet er: »Ja, natürlich!«

Gemeinsam gehen wir zum Kori La hinauf, durch eine Welt mystischer Schatten und faszinierender Schönheit. Ich frage mich, was Bhutan so besonders für mich macht. Sind es die Berge um mich herum, oder ist es die ungezähmte Pracht des Dschungels? Vielleicht ist es das strahlende Lächeln der Menschen aus den Dörfern, denen ich begegne, das mich bezaubert, vielleicht aber auch das friedliche Murmeln eines Gebets, das zu meinem Herzen spricht.

Unser Weg führt uns hinab in eine schmale Talschlucht und auf dem gegenüberliegenden Hang wieder aus dem Wald heraus. Bikul läuft voran. Sorglos springt er über ehemals kleine Rinnsale, die durch den vielen Monsunregen inzwischen zu ansehnlichen Bächen angeschwollen sind. Ich bleibe einen Augenblick lang stehen, um eine sichere Stelle zum Überqueren zu finden, und höre auf das Rauschen des Wassers.

Ein kleines, weißes Bauwerk am gegenüberliegenden Ufer erinnert mich daran, dass in Bhutan Tschorten als Wegweiser dienen. Der Buddhismus ist von alters her der Herzschlag des kleinen Königreichs gewesen. Während ich das ehrwürdige Monument und die Gebetsfahnen daneben betrachte, wird mir die allgegenwärtige Präsenz des Dharma, der Lehre Buddhas, bewusst. Sie bildet die Grundlage des täglichen Lebens im Himalaja. Die überwältigende Hingabe der Bhutaner an ihre Religion zeigt sich überall. Das Wasser vieler Flüsse und Bäche dreht die großen zylindrischen Gebetsmühlen, die ihre Mantras gen Himmel schicken und den Feldern Segen spenden, die von diesem Wasser benetzt werden. Tschorten werden an Wegrändern und auf Pässen errichtet, wo sie die bösen Geister vertreiben und an bedeutende Lamas erinnern. Die zumeist weißen, oft aber auch bunten Gebetsfahnen streuen ihre Gebete von Berggipfeln in den Wind, entsenden sie von den Flussufern mit dem Wasser in die Welt. Die Tempel in den Dörfern und die Bauernhöfe zieren künstlerische Abbildungen von Lotosblüten und der acht Glückssymbole. Selbst die *kiras* und *ghos* haben kunstvolle religiöse Muster eingewebt. Bhutan ohne Buddhismus ist undenkbar.

Ich beobachte Bikul, wie er im Uhrzeigersinn dreimal um den Tschorten geht und dabei darauf achtet, dass der heilige Bau zu seiner Rechten ist. Sein Glauben ist echt und rein, und seine profunden Kenntnisse des Buddhismus und Hinduismus sind enorm. Er hat mir eine Welt der Meditation und der Rituale, des Hinayana und tantrischen Buddhismus und philosophischer Lehren erschlossen, von denen viele noch vage Begriffe für mich sind. Was ich inzwischen erfassen konnte, ist im Verhältnis zu den heiligen Lehren und dem Glaubensgut der Menschen in den Dörfern ein geringer Bruchteil. Einige der örtlichen Praktiken wurzeln in vorbuddhistischen, animistischen und schamanischen Glaubensvorstellungen, aber auch im Glauben an Dämonen und Gottheiten.

Mein Blick wandert zurück zu dem einfachen, weißen Tschorten – es bedeutet mir immer sehr viel, wenn ich einen sehe. Oft sind die Tschorten nicht viel größer als ich, aber ihre bescheidene und anspruchslose Präsenz auf den Hügeln, in den Wäldern und Feldern wirkt irgendwie beruhigend. Wenn man vom Pfad abgekommen ist und durch den Dschungel irrt, weiß man, dass vor einem schon jemand hier war. Irgendjemand hat an diesem Flecken schon gebetet und aus echter Frömmigkeit diesen Bau errichtet. Seine Form symbolisiert das Bewusstsein Buddhas, er ist eine Opferstätte, ein heiliger Ort.

Ich befühle das weiche Moos auf dem kleinen Sakralbau. Der Tschorten ist Teil der Landschaft und doch eigenständig. Sowohl in struktureller wie in philosophischer Hinsicht harmoniert er mit seiner Umgebung. Der eckige Unterbau, der den kleinen Turm trägt und einem Podest ähnelt, symbolisiert die Erde. Die Kuppel darüber das Wasser. Die konische Spitze stellt das Feuer und die auf der Mondsichel ruhende Sonnenscheibe die Luft dar. In die Spitze sind dreizehn Schirme eingelassen, die die dreizehn Schritte zum Buddhatum bzw. zur Erleuchtung symbolisieren, der Dorn bzw. die Flamme auf der Zinne den Äther, das heilige Licht Buddhas.

Langsam wandere ich um den Tschorten herum und denke dabei an die Hände, die diese Steine einst auf so sinnbildhafte Weise zusammengefügt haben. Was mag wohl im Inneren verborgen sein? Ich weiß, dass alle einen »Lebensbaum«, einen mit Gebeten beschrifteten Holzstab, enthalten. Der Behälter kann auch Reliquien, Bücher, Statuen, Waffen und manchmal sogar den Leichnam eines bedeutenden Lama bergen.

Tschorten werden aus verschiedenen Gründen gebaut, und ich frage mich, wofür dieser hier errichtet wurde. Manchmal erinnern die Bauten an den Besuch eines Heiligen, oder sie sollen Dämonen und böse Geister von Orten fernhalten, die gemeinhin als gefährlich gelten: Kreuzungen, Bergpässe oder Brücken. Doch ganz gleich, was die Gründe sein mögen, für mich sind sie ein Symbol für die edle Frömmigkeit der Bhutaner, ein Zeichen der Spiritualität auf den Bergen und in den Tälern des Landes.

Bikul will rasch weitergehen, denn wir wollen noch vor Sonnenuntergang eine bestimmte Stelle erreichen. Unser Weg führt nach einer Weile in ein Tal hinunter, das von sanft ansteigenden Hängen umgeben ist. Der Wind kräuselt die sattgrünen Halme der Reisfelder, über denen Libellenschwärme tanzen. Die untergehende Sonne dringt durch die Wolken, und ihre Strahlen brechen sich an den winzigen, durchsichtigen Flügeln, deren schillerndes Gold wie feurige Funken die Luft erhellt und ein blendendes Lichterfest veranstaltet.

Nach einem Anstieg durch einen dichten Wald gelangen wir auf ein von Bäumen umgebenes Feld. Hier verbindet eine alte Mani-Mauer, in die gravierte oder bemalte Gebetssteine ein-

Eine alte Mani-Mauer mit eingelassenen Gebetssteinen

gelassen sind, zwei Tschorten. Im Lauf der Zeit ist diese heilige Stätte eins mit den Bergen geworden. Lange Gräser und Moos haben das flache Dach mit ihrem Grün überzogen, und die ehemals weiß getünchten Steine sind zu ihrem ursprünglichen Gelb und Braun verwittert. Hier und dort sind einige Steinblöcke aus der Mauer gebrochen, und die Farbe der Holzschindeln ist verblichen. Die Umrisse eines Mantra sind noch immer deutlich erkennbar. Als ich die Mauer zu meiner Rechten entlanggehe, schreckt mich ein leises Murmeln auf. Zögernd formulieren meine Lippen die sechs kostbaren Silben: *Om mani padme hum.*

Auf der anderen Seite der Mauer, wo der Dschungel wieder vom Pfad Besitz ergriffen hat, treffen wir auf einen alten Mann, der uns auf seinen O-Beinen barfüßig entgegenkommt. Er lächelt uns an und unterbricht zur Begrüßung sein Gebet, dreht dabei aber weiterhin die Gebetsmühle in seiner Hand. Bikul tauscht mit dem Alten ein paar freundliche Worte, die der

Mann mit einem zustimmenden Nicken quittiert. Er hat gesehen, wie wir um den Tschorten herumgegangen sind und freut sich, dass wir seine Religion respektieren. Mit einem bedauernden Zucken seiner Schultern sagt er, dass die jungen Leute heute nur allzu oft die alten Traditionen vergessen. Dabei deutet er auf seine Gebetsmühle.

»Es ist viel Weisheit in einem Mantra.«

Bikul fragt ihn, ob ich die Mühle nicht ein paar Mal drehen dürfte. Mit einem erfreuten Lächeln reicht sie mir der Mann. Erstaunt stelle ich fest, dass sie viel schwerer ist als erwartet. Aber sie lässt sich mühelos drehen, und das schwache Summen bei jeder Umdrehung wirkt angenehm und beruhigend. Der alte Mann bestärkt mich mit einem aufmunternden Lächeln.

»*Om mani padme hum*«, murmelt er für mich.

Ich versuche, mich an die Bedeutung dieser Worte zu erinnern. Vielleicht wäre ich weniger gehemmt, die Worte selbst zu formulieren, wenn ich wüsste, was sie bedeuten. Mit leiser Stimme bitte ich Bikul, sie mir erneut zu erklären.

»*Padma* ist der goldene Lotos und *mani* das Juwel«, sagt er. »*Mani* kann sich auch auf das Juwel *cintamani* beziehen, das jeden Wunsch erfüllt. Es kann aber auch für Guru Rimpoche oder Buddha stehen, die als das kostbare Juwel bezeichnet werden, das im Lotosherzen der Frommen ruht.« In Bhutan scheint es für religiöse Deutungen immer mehrere Erklärungen zu geben.

»Lass dich nicht davon beirren«, sagt Bikul, »spüre es ganz einfach.«

Ich versuche es. Mit Bikul und dem alten Mann an meiner Seite fühle ich mich etwas gehemmt. Doch als ich mich auf das summende Drehen der Gebetsmühle einlasse, bedarf es plötzlich keiner Erklärung mehr. Je länger ich drehe, desto gleichmäßiger werden die Bewegungen. Und der alte Mann murmelt dazu wieder sein Mantra für mich.

Nach einer Weile gebe ich die Gebetsmühle dankbar ihrem Eigentümer zurück, der sich erneut mit einem bezaubernden Lächeln verbeugt.

»*Lasso La*«, erwidert er meinen Dank und winkt uns zum Abschied zu. Noch immer gefangen in der Ruhe des Augenblicks, hebe ich zögernd die Hand zum Gruß. Dann wende ich mich Bikul zu, der mich mit einem zärtlichen Lächeln betrachtet. Während der alte Mann unseren Weg zum Tschorten zurückgeht, wandern Bikul und ich weiter den Kori La hinauf.

Bald macht uns die drückende Luft das Fortkommen schwer und verleiht unserem Atem eine gewisse Schwerfälligkeit. Eine sachte Mahnung, langsamer zu gehen und nicht zu eilen. Kurze Zeit später verschwindet die Sonne. Die Dämmerung hüllt die Geheimnisse der Berge in eine neblige Decke. Nur ein paar wenige Lichtstrahlen durchdringen noch die Dunkelheit. Die einzigen Laute, die die friedliche Stille begleiten, sind der Liebesgesang eines Frosches und das Zirpen der Grillen. Um uns hängen die Wolken nun so tief, dass sie uns beim Aufstieg bald ganz mit ihrer sanften Hülle umschließen. Noch ein Stück höher fühlen wir, wie sich die Luft plötzlich teilt. Eine willkommene Brise umfängt uns, es wird kühler, und wir blicken zurück auf ein flockiges Wolkenmeer unter uns.

Wortlos beobachten wir, wie sich die Nebelschwaden im Tal in einem endlosen Auf und Ab heben und senken. Ich wende meinen Blick nach oben und fühle mich in der stillen Harmonie des Abends dem Himmel nahe. Die Grenzen zwischen dem Hier und Dort scheinen unsichtbar geworden zu sein. In meinen Gedanken wird die Realität zum Traum und die Illusion zur Gegenwart.

Fühlen wir hier Gott? Ist es seine Gegenwart, die ich hier spüre? Ich weiß es nicht, aber wenn Gott Friede und Güte ist, dann kann diese besänftigende und tröstliche Stille nichts anderes sein als Gottes Wort, das zu uns spricht. Die Zeit bleibt stehen und wird unwesentlich. Es bedarf keiner Worte mehr, keiner Gedanken und keiner festen Ideen, alles was zählt, ist dieses Gefühl absoluter Stille.

Allmählich löst das Dunkel alle Schatten und Formen auf, und die Berge versinken hinterm Horizont. Mit dem letzten Schimmer des verlöschenden Lichts verstummt auch der Gesang der Vögel, und alle Arbeit im Freien findet ein Ende. Seite an Seite wandern Bikul und ich den Pfad in das weite Reich der Fantasie.

Ein Tulku-Stern

Am schimmernden nächtlichen Firmament erhellte ein einziger Stern den westlichen Himmel. Sein reines, glänzendes Licht durchbrach wie der Strahl einer Laterne das Dunkel der Nacht und schuf in funkelnder Pracht eine Brücke zwischen Himmel und Erde. Ein kleiner Junge in einer roten Robe sah in die Nacht hinaus. Ehrfurchtsvoll blickte er auf den leuchtenden Himmelskörper, und aus seinem Mund drangen stille Worte der Bewunderung. Unbewusst hob er die Hände, faltete sie zum Gebet und verneigte sich tief.

Auch aus dem Dorf kamen Menschen und staunten über die blendende Erscheinung. Mit ruhiger Stimme flüsterten sie einander zu, und über das ganze Land verbreitete sich die feierliche Schwere einer verheißungsvollen Nacht. Die Berge standen in tiefem Schlaf, und der Wind raschelte in den Zweigen einer Zypresse. Alles war ruhig, doch in einem Dorf des gebirgigen Landes schlugen die Herzen der Menschen höher ob des Wunders.

Drei Nächte lang hing der Stern am Firmament und schien auf die Erde hernieder. Drei Nächte lang erstrahlte sein Licht und erhellte jeden Winkel des Himalaja. Jeden Abend beobachtete ihn der kleine Mönch mit gefalteten Händen. In der dritten Nacht wandte er sich mit glänzenden Augen und bebender Stimme an seine Freunde. »Es ist ein Tulku-Stern!«, flüsterte er. »Irgendwo ist ein großer Lama wiedergeboren.«

Ein junger Mann in einer roten Robe sitzt auf einem Stuhl am Fenster. Geistesabwesend blättert er in einem Buch, in Gedanken scheinbar weit weg. Als ich eintrete, blickt er mir mit einem freundlichen, unschuldigen Lächeln entgegen, und prüft mich dann ruhig mit einer Mischung aus Neugier und Willkommensfreude.

»Hallo«, stammle ich und bleibe wie angewurzelt stehen. »Ich bin nur gekommen, um … um Bikul um etwas Zucker zu bitten.« Der Anblick dieser unbekannten Gestalt hat mich ganz aus dem Konzept gebracht.

»Bikul ist da«, sagt der junge Mann und zeigt zur Küche. Seine Stimme ist sanft und ein wenig rau, als ob er soeben aus einem tiefen Schlaf erwacht wäre.

Ich fühle, wie mir das Blut in die Wangen steigt. Mit hochrotem Kopf rühre ich mich noch immer nicht von der Stelle, bis mich Bikul durch sein Eintreten schließlich aus meiner Verlegenheit rettet.

»Phuntshok, *chai piyange?*«, fragt er den Mönch, als ob es die natürlichste Sache von der Welt wäre.

»Phuntshok ist mein Freund«, fügt er hinzu. »Er ist ein großer *tulku*, die Reinkarnation eines bedeutenden, tibetischen Lama.« Phuntshok (was wie Phuntscho ausgesprochen wird) lächelt mich erneut scheu an. Er sagt etwas auf Hindi, rafft die Enden seiner Robe zusammen und erhebt sich langsam vom Stuhl.

»Möchtest du mit uns spazieren gehen?«, fragt Bikul.

Zögernd nehme ich an. Vergessen sind der Zucker und meine ursprüngliche Einladung an Bikul, zu mir zum Abendessen zu kommen.

Wir sind sicher ein seltsames Trio, wie wir – ein junger Mönch mit kurz geschorenem, schwarzen Haar, ein lebhaft schwatzender, indischer Arzt und eine blonde, blauäugige junge Frau – die Straße entlanggehen. Überall sind Kinder in ihren Schuluniformen zu sehen, die etwas aus ihren Büchern deklamieren. Eine Zeit lang unterhalten sich Bikul und Phuntshok auf Hindi. Doch dann drängt mich Bikul zu meiner größten Verlegenheit, ein Gespräch mit dem jungen Mönch zu beginnen.

»Phuntshok spricht ein wenig Englisch. Warum unterhaltet ihr euch nicht? Sag doch einfach was«, rät er mir und hüllt sich dann in Schweigen.

Mein Kopf ist plötzlich leer, und ich finde keine Worte. Der große *tulku* scheint in einer ähnlichen Klemme zu stecken, und so gehen wir weiter und starren auf unsere Füße, bis Bikul endlich wieder das Wort ergreift.

»Warum fragst du ihn nicht über sein Leben aus?«, fragt er und nickt uns beiden aufmunternd zu.

Von der Seite sehe ich mir Phuntshok etwas näher an. Er scheint ein ganz normaler junger Mann zu sein. Dann nehme ich allen Mut zusammen und sage: »Bist du ein *gelong*?« Sobald die Frage heraus ist, wünschte ich, dass ich sie wieder zurücknehmen könnte. Sie kommt mir dumm und unpassend vor.

Phuntshok lächelt. »Ja.«

Ich überlege, was ich denn als Nächstes sagen könnte, aber bevor ich mir eine intelligente Frage zurechtgelegt habe, läuft meine Zunge schon wieder mit mir davon.

»Was ist ein *gelong* eigentlich?« Unsicher räuspere ich mich und schaue auf den Boden.

»Wir leben im Dzong oder Kloster. Wir studieren, was Buddha sagt.«

»Oh.« Nach einer erneuten Pause frage ich ihn, ob er heiraten darf. Er verneint.

»Wie alt warst du, als du Mönch wurdest?« Ich denke an die kleinen Jungen in ihren roten Gewändern, die ich auf dem Markt sehe, winzige Mönchlein oder »kleine Buddhas«, wie sie

Dr. Kalita nennt. Wie können sie in einem so jungen Alter denn entscheiden, dass sie ihr Leben der Religion widmen wollen?

»Meine Mutter brachte mich mit sechs in den Dzong in Lhuntshi. Ich weiß schon immer, dass ich *gelong* werden will. Du weißt schon wegen *tulku*.«

Wenn er das Wort *tulku* ausspricht, hört es sich an wie »tikku«. Ich frage erneut nach der Bedeutung von *tulku*. Die Antwort ist allerdings für Phuntshoks Englisch zu kompliziert, und so übersetzt Bikul für mich aus dem Hindi.

Die Buddhisten glauben an die Wiedergeburt aller Wesen, erklärt Phuntshok. Niemand kommt zum ersten Mal auf die Welt, sondern jeder hat schon viele Leben hinter sich und ist seit dem Beginn aller Zeiten schon unendliche Male gestorben und wieder geboren worden. *Tulkus* sind Reinkarnationen großer Meister, die in anderen Menschen erneut zur Welt kommen. Dabei geht das Bewusstsein des Lama auf das Neugeborene über, und das Kind und schließlich der erwachsene Mann tragen sein späteres Gesamtbewusstsein in sich. Viele Dinge muss ein *tulku* lernen oder erneut erlernen, aber er kann das recht schnell und er hat eine angeborene Veranlagung zur Güte und zum Dharma, dem »rechten Weg«. Somit stellt ein *tulku* die Kontinuität zwischen den aufeinander folgenden Existenzen bedeutender Lamas dar.

Ich frage, ob *tulkus* Mönche sind. Phuntshok schüttelt den Kopf. *Tulkus* müssen kein Mönchsgelübde ablegen, aber die meisten haben den Wunsch, in einer klösterlichen Gemeinschaft wie die ordinierten Mönche, die *gelongs*, zu leben. Sie dürfen keinen Alkohol trinken, dürfen nicht rauchen und auch nicht heiraten. Wenn ein *tulku* allerdings keiner klösterlichen Gemeinschaft beitritt, kann er eine Familie gründen und im Dorf leben. Ganz gleich, was er für einen Beruf ausübt, er wird immer ein *tulku* bleiben.

Phuntshok kam 1970 in Lhuntshi, einem Bezirk nördlich von Mongar, zur Welt. Zu jener Zeit kam eine Gruppe von Mönchen aus dem unteren Tsangpo-Tal in Tibet auf der Suche nach dem wieder geborenen Lama des Samye-Klosters in die Gegend. Um Samye ranken sich viele historische Legenden und Erzählungen. Guru Rimpoche soll das Kloster im achten Jahrhundert erbaut haben, als Zeichen dafür, dass der tantrische Buddhismus nun im Himalaja Einzug gehalten hat. Seitdem ist Samye eine Hochburg der ältesten Schule des tantrischen Buddhismus.

Die Mönche des berühmten Klosters wussten lediglich, dass ihr Lama irgendwo in Lhuntshi wieder geboren worden war. Mehrere Wochen lang suchten sie nach ihm. Von altüberlieferten Ritualen und Traditionen geleitet, besuchten sie Familien mit neugeborenen Kindern. Doch keines dieser Kinder wies Anzeichen der Reinkarnation auf. Die Mönche wandten verschiedene Methoden zur Identifizierung des kostbaren Kindes an. Neben besonderen Anhaltspunkten, die sie über das Heim des Neugeborenen und über seine Familie hatten, prüften sie auch die Muttermale des Kindes und zeigten ihm Andenken an den verstorbenen Lama. Auf keines der Kinder aber passten die Vorgaben, und keines von ihnen konnte zwischen den Gegenständen aus dem persönlichen Besitz des Lama (wie Teetassen, Gebetsschnur und Handgebetsmühle) und den Andenken anderer Personen unterscheiden. Schließlich kehrten die Mönche erfolglos nach Tibet zurück.

Im abgelegenen Dorf Kupinesa allerdings hatte eine Mutter kurz nach der Geburt ihres Kindes festgestellt, dass ihr Sohn anders war als andere Kinder. Seine ersten Worte hatte er in einer Sprache geäußert, die niemand im Dorf verstand; der Ausdruck seines Gesichts war ruhig und gelassen, und der Blick aus seinen dunklen Augen war in die Ferne gerichtet. Als er gehen konnte, wanderte Phuntshok in den Dzong und betete dort mit den übrigen Lamas. Er konnte beten, ohne es gelernt zu haben, aber die Sprache, die er kurz nach seiner Geburt gesprochen hatte, entschwand ihm wieder. Als er sechs Jahre alt war, brachte ihn seine Mutter in den Dzong, und Phuntshok wurde Mönch. Er fühlte sich in dieser Rolle wohl. Er machte rasche Fortschritte bei seiner Ausbildung, und bald übertraf sein Wissen das der älteren Lamas.

Ein Jahr später kamen die tibetischen Mönche zurück und erkannten in ihm die 20. Reinkarnation des bedeutenden Lamas Kinley. Seine formale Ausbildung begann auf der Schule in Thimphu, wo er unter anderem auch Hindi und Englisch lernte. Während seiner Schulzeit fand er bei einem bedeutenden Minister Aufnahme. Seitdem studiert er in der Klosterschule von Ngatshang, fünfundzwanzig Kilometer östlich von Mongar.

Phuntshok erzählt seine Geschichte sachlich und ohne den geringsten Anflug von Stolz oder Prahlerei. Er spricht mit leiser Stimme, manchmal fast im Flüsterton, und er lächelt fortwährend mit einnehmender Bescheidenheit. Während des Gesprächs haben sich unsere Schritte verlangsamt, und wir stehen nun oberhalb des Dzong von Mongar und sehen auf seine leuchtenden Zinnen hinunter.

»Kannst du dich an deine frühere Geburt erinnern?«

»O nein!«, sagt Phuntshok lächelnd.

Ich will wissen, wie er denn von der Klosterschule in Ngatshang heute hergekommen sei.

»Gehen«, erwidert er.

»Was, du bist die ganze Strecke gelaufen?« Mit erneutem Respekt sehe ich auf seine Plastiksandalen.

»Wir nehmen Abkürzung über den Berg«, sagt er und zeigt dabei auf einen Bergkamm neben dem Kori La.

Die Sonne geht gerade hinter den westlichen Gipfeln unter und wirft lange, goldene Strahlen auf den hohen Pass. In meiner Phantasie klettert eine Gestalt in einer roten Robe über die Felsen und läuft dann durch das dichte Gehölz. Und dann stelle ich mir vor, wie diese Reinkarnation eines bedeutenden Lama Blasen an den Füßen vom Wandern auf der heißen Straße bekommt. Ich beobachte, wie Phuntshok und Bikul voll freundschaftlicher Zuneigung zum Eingang des Dzong hinuntergehen. Von hinten gesehen unterscheidet nur das rote Gewand den *tulku* von der vertrauten Gestalt des jungen Arztes.

Fast eine ganze Woche lang kommt Phuntshok täglich zu Bikul. Oft sind die beiden dann in ein Gespräch über eine mögliche Reise nach Aza vertieft, einem entlegenen Kloster, drei Tagesmärsche nördlich von Ngatshang. Bikul weiß aber, dass er im Augenblick nicht abkömmlich ist. Wir sind noch immer mitten in der Monsunzeit, die mit dem verseuchten Wasser und den giftigen Insekten auch die verschiedensten Krankheiten und Gebrechen mit sich bringt. Das Krankenhaus ist noch immer überfüllt, und es sind zu wenig Ärzte da, die im Notfall einspringen können.

Phuntshok fragt nicht nach dem Zeitpunkt ihres Ausflugs. Zufrieden verbringt er seine Tage im Dzong und den späten Nachmittag mit Bikul und mir auf dem Krankenhausgelände oder mit gemeinsamen Spaziergängen in der Stadt. Ich habe ihn inzwischen als sanften, zuvorkommenden jungen Mann kennen gelernt, der dankbar für die Freundschaft ist. Er stammt aus armen Verhältnissen. Seine Mutter lebt allein in einem Dorf in Lhuntshi und gibt ihrem bemerkenswerten Sohn alles, was sie entbehren kann. Mit einem gewissen Bedauern vergleiche ich Phuntshok mit Kindern aus königlichen Familien,

Phuntshok vor der Eingangstür des Tempels in Tango

die in einen bestimmten Rang und Status hineingeboren werden und dadurch ihr Anrecht auf ein normales Leben verlieren. Mein Bedauern ist jedoch unbegründet, denn Phuntshok scheint mit seinem Los zufrieden zu sein, und er erweist sich trotz seiner Stellung als *tulku* als ein bescheidener, fürsorglicher junger Mann.

Nach ein paar Tagen schon fühle ich mich in seiner Gesellschaft durchaus wohl. Er ist mit seiner besänftigenden Präsenz in der oft recht gespannten Atmosphäre des Krankenhauses eine Stütze. Es macht Freude, die enge Beziehung zwischen Bikul und Phuntshok, ihre Bewunderung füreinander, zu beobachten. Jeder hat auf seinem Gebiet Erfahrung, der Arzt in den harten Lektionen, die das Leben erteilt, und der Mönch in den Lehren des Dharma.

Als Bikul und ich am Sonntag vom *subjee*-Basar zurückkommen, hat Phuntshok ein Frühstück zubereitet. Ein riesiger Topf Reis liefert die Grundlage zu den bunten Currygerichten (und in meinem Fall zum Neutralisieren der scharf gewürzten Speisen). Phuntshok hat uns ein Fest bereitet – *alu dam* (Kartoffeln in Currysauce), *saag* (Spinat) und Zwiebeln, *ema datsi* (das bhutanische Nationalgericht, bei dem Chilischoten in einer Käsesauce gekocht werden) und als Zuspeise *chapatis* (indisches geröstetes Fladenbrot). Wie es in Bhutan üblich ist, bleibt der Chefkoch im Hintergrund, bis alle fertig gegessen haben. Erst dann nimmt er seine Schüssel und isst seine eigene Mahlzeit, die er mit einer großen Portion frischer Chilischoten ergänzt. Als wir fertig gegessen haben, lässt mich Phuntshok nicht einmal abspülen. Fest entschlossen verteidigt er sein Küchenreich und beginnt mit dem Aufräumen.

Ganz selbstverständlich wird Phuntshok bald Teil unserer täglichen Ausflüge, und sein Besuch ist allzu schnell wieder vorbei. Ich bewundere sein ruhiges Verständnis, seine Anspruchslosigkeit und seinen stillen Respekt für die Menschen um ihn herum. Im Gegensatz zu einigen Mitarbeitern im Krankenhaus, die mich missbilligend betrachten, wenn sie mich mit Bikul sehen, ist Phuntshok nie überrascht, wenn ich auftauche.

Eines Tages wird mir von der Verwaltung des Krankenhauses mitgeteilt, dass es nicht schicklich sei, wenn ich mit Bikul im Basar herumgehe. »Sie sollten etwas diskreter sein … Sie sollten Ihre Zeit nicht in unpassender Gesellschaft verbringen … Es wäre besser, wenn Sie mit einer unverheirateten Schwester spazieren gingen …« Diese Bemerkungen verletzen mich tief, und ich ziehe mich immer mehr vom Krankenhaus zurück.

Zum Glück hat Phuntshok keine derartigen Vorurteile oder Bedenken. Es ist ganz offensichtlich, dass er die enge Beziehung zwischen seinem Freund und der Ausländerin respektiert. Seine stillschweigende Billigung gibt mir Rückenstärkung. Voller Dankbarkeit sage ich mir, dass in Herzensangelegenheiten die Meinung eines Mönchs doch viel mehr zählen sollte. Ich wünschte mir nur, Phuntshok würde länger bleiben.

An einem klaren Herbstabend begleiten wir Phuntshok zum Dzong zurück. Schon früh am nächsten Morgen wird er mit dem Bus nach Ngatshang zurückfahren. Ich frage mich, wann wir ihn wiedersehen werden.

»Auf Wiedersehen!« Phuntshok winkt uns auf seine sorglose, unbeirrbare Weise zu.

Bikul und ich erwidern seinen Abschiedsgruß. Als mein Blick der roten Robe des *tulku* folgt, die durch den Eingang des Dzong verschwindet, überlege ich, weshalb Phuntshok wohl nach Mongar kam und was er als Nächstes tun wird.

»Glaubst du, dass ich einen Tulku-Stern sehen würde, wenn einer am Himmel erscheint?« Fragend blicke ich zum unergründlichen Firmament hinauf.

»Gewiss, weshalb denn nicht?«

»Vielleicht müsste ich dazu religiöser sein, du weißt schon, vielleicht glaube ich nicht fest genug an die Reinkarnation und dergleichen. Ich bin ja keine Buddhistin.«

Bikul sieht mich ernst an. »Ich bin auch kein Buddhist.«

»Ja, aber du bist gläubig«, erwidere ich.

»Hmm«, sagt Bikul nachdenklich. »Ich glaube an viele Dinge.« Auf unserem Weg zurück zum Krankenhaus hat er plötzlich eine Idee. »Komm, wir halten nach einem Tulku-Stern Ausschau.«

Kurze Zeit später breiten wir eine Decke unter einem alten Rhododendronbaum in Bikuls Garten aus. Gegen den gekrümmten Stamm gelehnt, blicken wir in den nächtlichen Himmel. Eine tiefe Ruhe umgibt uns, selbst die Frösche im feuchten Laub am Boden schweigen. Die Stille ist vollkommen und von beruhigender Erbaulichkeit. Es ist keine Stille ohne Geräusche, keine Lautlosigkeit. Diese Art von Stille ist wie eine Basis, ein Anfang, von dem alles andere ausgeht. Es scheint, als würden die Berge mit dem Einfallen der Nacht das geschäftige Treiben des Alltags besänftigen. Die friedliche Atmosphäre ist fast greifbar, sie umfängt uns mit ihrer sanften Berührung wie ein Streicheln.

Im Osten steigt ein leuchtender Halbmond durch die schattenhaften Umrisse der Zweige und Bäume. Bikul zeigt auf ein paar Sterne.

»Kennst du diese Konstellation?«

»Nein«, flüstere ich, um die Ruhe nicht zu stören.

»Dort drüben ist das Sternbild des Schützen.«

Ich nicke still und lehne meinen Kopf gegen seine Schulter. Ein kühler Windhauch lässt mich frösteln, und ich kuschle mich näher an den vertrauten Freund. Der Mond über uns scheint zu lächeln und unser Glück mit uns zu teilen. Schläfrig schließe ich die Augen.

Ein Hand streicht mir sanft über den Kopf. Ich fühle die zärtliche Berührung von Bikuls Fingerspitzen, die behutsam und ein wenig fragend über mein Haar gleiten. Einen Augenblick lang halte ich verzückt die Augen zu, doch dann blicke ich verstohlen durch die halb geschlossenen Lider wieder in den Himmel. Vielleicht werden wir heute wirklich einen Tulku-Stern sehen. Vielleicht wird die Zeit unter den knorrigen Ästen des Rhododendronbaums für eine kurze Weile still stehen.

Auf Krücken zur Schule

Der folgende Morgen erstrahlt in klarem Licht, nachdem es spät in der Nacht noch geregnet hat. Die Luft ist so rein, dass es scheint, als wären alle Umrisse von einem spitzen Bleistift gezogen worden, und die Häuser, Bäume und sogar die Wolken heben sich von den Bergen wie von Künstlerhand gezeichnet ab.

Es ist seltsam, aus dem magischen Land der Romantik in der ernüchternden Realität des Krankenhauses aufzuwachen. Als ich die Physio-Abteilung um neun Uhr öffne, würde ich mich am liebsten schnell wieder in die Sicherheit meiner süßen Erinnerungen zurückziehen und versuche hartnäckig, an der Zärtlichkeit der Nacht festzuhalten. Ich weiß, dass ich mich auf meine Patienten konzentrieren muss, aber ich bin einfach noch nicht bereit, das prickelnde Gefühl in meiner Magengegend zu ignorieren. Am liebsten würde ich die Abteilung schließen und in Bikuls Ordination laufen, nur um mir zu bestätigen, dass er da ist, dass es ihn wirklich gibt, dass er demselben Zauber erlegen ist wie ich. Meine Arbeit hat an Bedeutung verloren. An diesem vollkommenen Morgen scheint sie Zeitvergeudung zu sein – bis ich die Bekanntschaft von Ugyen mache, einem kleinen Mädchen, das an einem Wirbelspalt leidet.

Auf zwei kleine, hölzerne Krücken gestützt, kommt sie in ihrer zerschlissenen *kira* auf mich zu. Ihr Anblick weckt sofort meine mütterlichen Instinkte. Auf schwieligen, verkrüppelten Füßen folgt sie barfuß ihrem Vater, einem höheren Polizeibeamten in Mongar, durch das Krankenhaus. Sie sagt nicht viel, sie lächelt kaum, und so sehr ich mich auch bemühe, gelingt es mir nicht, sie ein wenig aufzuheitern. Trotz der dringenden Aufforderung ihres Vaters weigert sie sich, zu mir in den Behandlungsraum zu kommen. Als ich sie aber in Bikuls Ordination führe, um mich über ihre Krankengeschichte zu erkundigen, wirkt sie plötzlich viel entspannter. Bikul lacht.

»Ugyen und ich sind gute Freunde. Sie kommt mich oft besuchen.«

Während Bikul und ich den Ernst ihres Zustands besprechen, will das Mädchen unbedingt wieder hinaus. Es ist offensichtlich, dass sie das Krankenhaus nicht ausstehen kann.

»Was kann ich für sie tun?« Ugyens Ungeduld gibt mir ein Gefühl der Hilflosigkeit, und ich blicke fragend zu Bikul.

Er bespricht sich mit Ugyens Vater auf Sharchhop und kommt mir schließlich zu Hilfe.

»Sie haben uns zum Tee eingeladen. Vielleicht könnten wir beide hingehen.« Bikul zwinkert mir zu. »Vielleicht wird sich Ugyen wohler fühlen, wenn sie dich erst einmal etwas besser kennt.«

Ich schaue zu Ugyen, die ungeduldig auf unsere Antwort wartet. Ich nicke und füge zur Sicherheit noch »*Dikpe!*« – o.k. hinzu. Zu meiner großen Überraschung schenkt mir Ugyen nun ein Lächeln.

Obwohl wir den Weg, oder zumindest einen Teil davon, schon mehrere Dutzend Male gegangen sind, kommt mir die Stadt heute neu und unbekannt vor. Es scheint mir, als ob ich alles mit anderen Augen sehen würde. Nachdem wir den Basar hinter uns gelassen haben, nehmen wir die Straße, die sich zum Dzong hinaufschlängelt. Dann folgen wir einem Kiespfad, der in den Hof der Polizeiwohnungen führt. Überall herrscht geschäftiges Treiben. Wir stehen vor einem lang gezogenen Gebäude. An die zwanzig Türen führen in kleine Wohnungen mit zwei Zimmern pro Familie. Mir sticht sofort die Abwasserrinne ins Auge, die inmitten der engen Gasse mehrere armselige Küchenräume miteinander verbindet. Überall sehe ich schmutzig gekleidete Kinder, die spielend und schreiend herumtollen. Ältere Geschwister sind mit Wäschewaschen und Bodenschrubben beschäftigt. Frauen stehen in den Türen zu den verrußten Küchen und starren uns aus vom Rauch entzündeten Augen fragend an.

Wir werden respektvoll gegrüßt, und die Kinder bahnen uns den Weg zu Ugyens Haus. Bikul muss mehrmals fragen, bevor man uns eine Türe am Ende der Gasse zeigt. Eine Frau mittleren Alters mit kurz geschnittenem, schwarzen Haar steckt den Kopf um die Ecke und bekommt einen roten Kopf. Entschuldigend wischt sie sich die Hände an ihrer *kira* ab und führt uns in ihr bescheidenes Heim. In dem größeren der beiden Räume weist sie uns das einzige Bett zum Sitzen an und zieht dann einen kleinen hölzernen Tisch zu uns heran. Vorsichtig öffnet sie einen Schrank, der gleichzeitig als Hausaltar dient, und holt zwei Plastikbecher und eine Packung Kekse hervor. Dann verschwindet sie.

Bikul und ich sitzen nun allein auf der bunten *kira*, die als Bettüberwurf dient. Befangen schauen wir in verschiedene Richtungen. Doch dann überlege ich, dass hier sicher niemand Englisch versteht, und wage mit Bikul im Flüsterton darüber zu sprechen, was mich im Moment am meisten bewegt.

»Warst du schon einmal hier?«

»Nur einmal«, erwidert Bikul. »Es deprimiert mich, hierher zu kommen. Alles ist so gedrängt. Ich habe aber einen guten Freund, der in einem Haus da drüben wohnt.« Er zeigt hinter uns in die entgegengesetzte Richtung zur Polizeisiedlung.

Meine Gedanken gehen nun zu meiner kleinen Patientin. »Wie kann Ugyen denn hier ihre wunden Stellen sauber halten?« Ich hatte nirgends Toiletten gesehen, und ein Blick in die überfüllten Räume hat mir gezeigt, dass nirgendwo Platz für eine private Sphäre ist.

»Ich glaube, es gibt irgendwo Außenaborte«, antwortet Bikul.

Ich denke über das Problem nach. Auch wenn Ugyen auf Krücken herumgehen kann und sich anscheinend ihrem Gebrechen gut angepasst hat, ist sie in dieser Umgebung doch wirklich behindert. Die Hygiene spielt bei den meisten Familien in Mongar keine große Rolle, aber hier scheint sie ein Ding der Unmöglichkeit zu sein. Bikul hatte mir schon erzählt, dass der Grund für Ugyens häufige Krankenhausaufenthalte in den letzten Jahren immer Infektionen irgendwelcher Art waren.

Ugyens Mutter kommt mit zwei Tassen Tee zurück, gefolgt von einer scheuen, stillen Ugyen. Ich versuche das Mädchen zu überreden, sich zu uns zu setzen, aber sie bleibt auf ihre Krücken gelehnt in der Tür stehen und beobachtet uns. Ihr Ausdruck ist nicht ängstlich und auch nicht unfreundlich, eher verdrossen und ohne jede kindliche Unschuld oder Fröhlichkeit. Alle Versuche, ein Gespräch anzufangen, werden mit einem kurzen Ja oder Nein abgetan. Enttäuscht sehe ich ein, dass ein Besuch allein nicht genügen wird, Ugyens Vertrauen zu gewinnen.

Ugyens Mutter bittet uns, zum Abendessen zu bleiben, aber wir entschuldigen uns, denn Bikul muss zurück ins Krankenhaus, weil er Notdienst hat. Da ich die Familie nicht kränken und auch nicht das geringe Maß an Wohlwollen verlieren will, das mir Ugyen vielleicht schon entgegenbringt, hoffe ich, dass die beiden annehmen, dass auch ich im Notdienst gebraucht werde. Ugyen sagt kein Wort, aber ihre Mutter scheint zu verstehen, und so entfliehen wir dankbar dem lärmenden Treiben in der Siedlung.

Kaum haben wir die Enge der Polizeiwohnungen hinter uns gelassen, umfängt uns die Ruhe unter den großen Bäumen und die heitere Gelassenheit des wunderschönen Ausblicks auf den Dzong. Obwohl ich nun wieder die frische Bergluft einatme, ist mir noch immer der Geruch von Urin und verfaultem Gemüse in der Nase. Irgendwie fühle ich den Blick kleiner Augen in meinem Rücken und drehe mich um. Ugyen steht auf ihre Krücken gelehnt am Rand der Siedlung. Ohne ein Lächeln winkt sie mir zu.

Ich muss schlucken. Das Leben in der Stadt, ganz gleich wo, ist räumlich immer beschränkter und schwieriger, aber hier in Mongar ist mir das ganz besonders zum Bewusstsein gekommen. Die intakte Schönheit der Berge, die friedlichen Tschorten und Tempel und die riesigen Waldungen stehen in krassem Gegensatz zur Hässlichkeit der Betonbunker in der Polizeisiedlung. Wahrscheinlich wollen wir alle daran glauben, dass es irgendwo ein Shangri-La, ein unberührtes Land des Friedens, gibt – aber die Müllhaufen in der Stadt und die schmutzigen stinkenden Abwasserrinnen machen mir klar, wie schmal die Grenze zwischen Paradies und Elend sein kann.

Ugyen ist Teil dieser anderen Realität in Bhutan, die ich hartnäckig zu ignorieren versuche. Trotzdem wächst mir im Lauf der folgenden Wochen meine kleine Patientin immer mehr ans Herz. Ugyen hat noch nie die Schule besucht. Unbeholfen bewegt sie sich mit ihren Krücken vorwärts, und da sie keine Kontrolle über ihre Blase hat, muss sie oft ganz unerwartet zur Toilette schlurfen. Mit der Halsstarrigkeit eines Teenagers beschloss Ugyen, dass sie keinen Katheter tragen würde. Er ist ihr nicht nur lästig, sondern er brandmarkt sie auch.

Anfangs verursache ich ziemlichen Aufruhr im Krankenhaus, als ich darauf bestehe, dass man die vernachlässigten, eitrigen Druckgeschwüre auf Ugyens Hinterteil behandeln soll. Gemeinsam mit Bikul und einigen Schwestern gelingt es mir, Ugyen zu überreden, eine Woche lang täglich ins Krankenhaus zu kommen. Mit einem ernsthaften Nicken versprechen mir die Eltern, die Wunden ordentlich zu pflegen, und wir erklären ihnen mehrmals, wie sie die Geschwüre sauber halten können. Am Ende der Woche schicken wir Ugyen mit einer großen Packung Wattebausche und Verbandstreifen nach Hause. Es war uns sogar gelungen, sie zu überreden, einen Katheter zu probieren, aber leider war er zu groß – dem Krankenhaus waren die kleineren Modelle ausgegangen.

In der darauffolgenden Woche wird Ugyen wieder mit Fieber und einer Harnweginfektion eingeliefert. Ich kann ihr nachfühlen, wie ungern sie im Krankenhaus ist. Die meiste Zeit liegt sie verlassen in ihrem Bett. Hin und wieder besucht sie ihr Vater, ihre Mutter bringt ihr das Essen, und ihre Schwestern spielen mit ihr am Nachmittag. Die übrige Zeit ist sie ohne Betreuung. Einsam liegt Ugyen auf ihrem besudelten Laken und sieht wie ein Häufchen Elend aus.

Einmal am Tag humpelt sie den Korridor entlang zu mir und ein andermal in den kleinen OP, wo man ihre Druckgeschwüre säubert. Sie macht kein Aufhebens, und kaum einmal findet sie zu einem Lächeln. Krankenschwestern und Ärzte begutachten sie von oben bis unten, und viele der Patienten starren sie erbarmungslos an. Ich kann ihren Schmerz fast selbst spüren – ich weiß jetzt, wie es ist, angestarrt zu werden, nach dem Äußeren und einer gewissen Fremdartigkeit beurteilt und als anders abgestempelt zu werden. Ugyens Leben ist alles andere als erfreulich.

Wann immer ich sie sehe, versuche ich, sie in meinem unzulänglichen Sharchhop zum Lachen zu bringen, was mir aber kaum einmal gelingt. Die hübschen Züge ihres jungen Gesichts verstecken sich hinter einer undurchdringlichen Maske. Entschlossen verteidigt sie ihre Unabhängigkeit und erlaubt niemandem, ihr zu helfen oder ihr näher zu kommen.

An einem besonders trüben Nachmittag lade ich Ugyen zu mir in die Wohnung ein. Ich mache ihr Tee und heiße Schokolade. Höflich nippt sie daran, lässt ihre Tasse dann aber auf dem Tisch stehen und kalt werden. Sie sieht sich nicht um und starrt nur teilnahmslos auf Spud. Das Einzige, wofür sie ein wenig Interesse zeigt, ist das kleine Fotoalbum mit den Bildern meiner Familie. Ich sage mir, dass sie Zeit braucht, dass sie sich erst einmal entspannen soll, aber der Nachmittag vergeht, und Ugyen sitzt noch immer höflich auf meinem Sofa, ohne ein Wort zu sagen. Unter Spuds misstrauischem Blick verwandelt sich Ugyen in eine stumme Statue.

Enttäuscht und der Verzweiflung nahe gehe ich schließlich zu meiner großen Hockeytasche und hole Buntstifte und ein Malbuch daraus hervor – meine stille Reserve für Notfälle wie diesen.

Da wird Ugyen plötzlich munter. Ihre Augen glänzen vor Überraschung, und ein liebenswertes Lächeln erhellt ihre Züge. Ungeschickt beginnt sie, das Kleid eines Mädchens anzumalen. Zeichnen scheint für sie etwas ganz Neues zu sein, und eine Weile lang fummelt sie unbeholfen mit den Stiften herum.

»Möchtest du in die Schule gehen?«, frage ich Ugyen.

Ihre Antwort – ein scheues »Ja« – ist ein wenig unsicher. Ja, sie würde gerne zur Schule gehen. Als ich sie frage, ob sie ihren Namen schreiben kann, verneint sie. Sie erklärt mir, dass sie aber gleich in die erste Klasse der Grundschule (an Stelle der

Vorschule) gehen möchte, da ihre jüngere Schwester Karma Dema in dieser Klasse ist.

Ich bin erleichtert, endlich etwas gefunden zu haben, mit dem ich dem Mädchen helfen kann. Vielleicht könnten wir es wirklich schaffen, sie in die Schule zu schicken. Ich hatte schon viel darüber nachgedacht. Ugyen ist ein Mädchen aus der Stadt, das in die neu entstandene Arbeiterschicht hineingeboren wurde und nicht in einer eng verbundenen, stützenden Gemeinschaft aufgewachsen ist. Auf dem Dorf wäre Ugyen von Freunden umgeben. Dort würde man ihr wahrscheinlich helfen und sie vielleicht sogar verhätscheln. Aber in der städtischen Polizeisiedlung ist sie auf sich allein gestellt.

Wird sie von ihren arbeitsamen Eltern als unnütz oder vielleicht sogar als eine Bürde gesehen?

Ich mag Ugyens Eltern. Es sind einfache, ehrsame Leute, die sich nach besten Kräften bemühen, ihren Lebensunterhalt zu verdienen. Aber verstehen sie Ugyens Krankheit? Vielleicht ist Ugyens starrer Gesichtsausdruck das Ergebnis ihres stillen Leidens?

Am nächsten Tag bespreche ich die Frage der Schulbildung mit ihrer Mutter. Zu Hause hilft Ugyen beim Wäschewaschen und Saubermachen, und als Zeichen ihrer Unabhängigkeit besteht sie darauf, ihr eigenes Essen zu kochen. Da sie ein Interesse am Weben gezeigt hat, gibt ihr ihre Mutter darin ein wenig Unterricht.

Ich frage, wie denn die Zukunft für Ugyen aussehen wird. Wäre es für ihre Selbstständigkeit nicht besser, wenn sie Lesen und Schreiben lernen und dann später vielleicht einmal in einem Büro arbeiten würde?

Ugyens Mutter scheint über meinen Vorschlag, ihre Tochter zur Schule zu schicken, erfreut, sagt aber auch, dass sie keine Zeit hätte, ihr zu helfen, denn sie gehe selbst am Nachmittag zur Schule. Sie gehört zu einer Gruppe von Frauen, die keine Schulbildung erhalten haben und die nun Dzongkha, Bhutans Amtssprache, lernen. Sie sollte also von allen am besten wissen, wie wichtig der Schulbesuch für ihre Tochter wäre, aber ich bin mir nicht sicher, ob sie das wirklich begreift.

Als Ugyen aus dem Krankenhaus entlassen wird, beschließe ich, sie selbst in die Schule zu bringen. Die Schule befindet sich am Rand des Ortes. Vom Krankenhaus aus kann man sie in etwa fünfzehn Gehminuten erreichen, und von den Polizeiwohnungen dauert es ungefähr ebenso lange, außer man geht den Abkürzungsweg durch das Gebüsch neben dem Dzong. Das Hauptgebäude der Schule ist ein vierstöckiger Fachwerkbau, in dem die meisten Klassen der Grundschule untergebracht sind. Die Räume für die Vorschule und Klasse 1 befinden sich in einem kleinen Betonbungalow etwas weiter hangabwärts.

Der stellvertretende Schulleiter ist sehr freundlich und führt mich durch die Anlage. Er ist der Idee, Ugyen als neue Schülerin aufzunehmen, selbst am Ende des Schuljahres, keineswegs abgeneigt. Dann besprechen wir das Problem mit dem Direktor. Auch er scheint einverstanden zu sein, aber sein Enthusiasmus macht mich etwas skeptisch.

»Kinder wie Ugyen sollten unsere Hilfe bekommen, nicht wahr, Frau Doktor?«, eifert er sich.

Ich nicke zustimmend.

»Im Grunde genommen sind wir es ihnen schuldig, unser Bestes zu versuchen.«

»Ja, da haben Sie recht.« Wieder stimme ich zu, frage mich dabei aber insgeheim, weshalb es bisher dann noch niemandem eingefallen ist, Ugyen zum Schulbesuch aufzufordern.

Ich schlage vor, Ugyen so bald wie möglich einzuschreiben. Ich einige mich mit dem Direktor auf eine anfängliche Probezeit in Klasse 1. Dabei fällt der Termin von Ugyens Eintritt äußerst ungünstig. Das Schuljahr beginnt im März und dauert bis Dezember. Über den Winter haben die Kinder dann eine lange Pause, denn während des kalten Wetters können sie in den unbeheizten Räumen nicht unterrichtet werden. Jetzt haben wir schon Oktober. Die Klassenlehrerin, eine schlanke, elegant gekleidete Inderin versichert mir, dass sie Ugyen nach besten Kräften helfen wird, dass das Mädchen aber fast zwei volle Jahre aufholen müsse. Wäre sie dazu fähig?

Auch ich habe meine Zweifel, aber mir ist auch klar, dass Ugyen die Hilfe ihrer Schwester braucht. Und da ist Klasse 1 besser, als gar nichts. Jetzt fehlt Ugyen noch eine Schuluniform. Nachdem ich die Initiative ergriffen und sie angemeldet habe, will ich auch dafür sorgen, dass mein Plan nicht an den Kosten einer Uniform scheitert. Ich bitte die Frau des ADM um Hilfe. Sie erklärt mir, wo ich den Stoff für die *kira* kaufen kann und wo ich *toego, onju* und Schuhe finde. Und dann flüstert sie mit hochgezogenen Brauen: »Werden Sie das alles selbst zahlen, Schwester?« Ich versuche, den geringschätzigen Ton in ihrer Stimme zu ignorieren, und weiche einer Antwort aus.

Ugyen geht mit mir zum Einkaufen und probiert gehorsam die noch verfügbaren Größen an. Der Ladenbesitzer mustert mich. Als neugeborene Pflegemutter fühle ich mich ziemlich unqualifiziert.

»Passt es?«

Ich habe keine Ahnung, wie ich die Kleidergrößen auswählen soll und verlasse mich schließlich auf Ugyens Wahl. Die Jacke sieht viel zu groß aus, selbst wenn man ein mögliches (aber unwahrscheinliches) Wachstum berücksichtigen würde. Ugyens begeistertes Lächeln entscheidet schließlich die Angelegenheit. Wir nehmen von jedem ein Stück und bleiben bei den roten Gummistiefeln für ihre schwachen, deformierten

Füße. Beim Hinausgehen merke ich, dass Ugyen in ihrer Uniform fast versinkt, dass ihre Schritte aber fester sind und sie ihren Kopf ein wenig höher trägt.

Am Mittwoch früh hole ich Ugyen von der Polizeisiedlung ab, und dann gehen wir gemeinsam mit ihrer kleinen Schwester Karma Dema die gewundene Straße am Dzong vorbei zur Schule hinunter. Vor Stolz strahlend, marschiert Karma Dema neben ihrer älteren Schwester her und trägt vorsichtig ihre eigenen und Ugyens Schulbücher. Beide Mädchen gehen schweigend dahin, aber die schon erfahrene Schülerin aus Klasse 1 ist bester Dinge. Hin und wieder läuft sie voraus, um ein paar Worte mit ihren Schulfreunden zu wechseln, aber die meiste Zeit bleibt sie fröhlich lächelnd bei uns und ermutigt Ugyen bei ihrem unsicheren Vorwärtskommen.

In der Schule erwarten uns durchdringende Blicke und die freundliche Begrüßung durch den stellvertretenden Schulleiter. »Also das ist Ugyen. Kommst du jetzt zu uns in die Schule?« Ich sehe, dass sich der Mann nach besten Kräften bemüht, Ugyen ihre Befangenheit zu nehmen. Ugyen aber bleibt scheu und beantwortet alle Fragen so knapp wie möglich. Besorgt blicke ich auf meinen kleinen Schützling. Das heimlichtuerische Flüstern und die gaffenden Blicke der Schüler scheinen sie ziemlich aus der Fassung zu bringen. Doch trotz des Tratsches und Klatsches um sie herum drückt die Haltung ihres Kopfs hartnäckige Indifferenz aus.

Ich bespreche mit dem stellvertretenden Schulleiter verschiedene Möglichkeiten, wie Ugyen den Lehrstoff aufholen könnte, und nachdem wir uns auf eine vorläufige Vorgehensweise geeinigt haben, beginnt der Unterricht. Karma Dema geht stolz mit ihrer Schwester in die Klasse. Ugyens Lehrerin gesellt sich zu uns, und etwas verwirrt frage ich sie, ob sie denn heute nicht unterrichten würde. Die zierliche Inderin versi-

Ugyen mit ihrer kleinen Schwester und zwei Freundinnen in Schuluniform

chert mir mit einem bezaubernden Lächeln: »Ja, Madam. Ich werde Ugyen unterrichten, keine Angst. Aber jetzt haben sie Dzongkha-Unterricht und den erteilt der Dzongkha *lopon*. Nach dieser Stunde bin ich wieder in der Klasse.«

Wir unterhalten uns noch eine Weile, und schließlich gehe auch ich auf den Betonbau zu, der die erste und zweite Klasse beherbergt. Es dauert nicht lange, bis ich Ugyen entdeckt habe. Die Türe zum Klassenzimmer 1B ist weit offen und ich sehe

Ugyen, die in der vordersten rechten Bankreihe neben Karma Dema sitzt. Das kleine Pult und die Bank sind für Ugyen viel zu eng, und das Kissen, das ich ihr zum Schutz ihrer Druckgeschwüre gemacht habe, hilft dabei auch nicht. Trotzdem sitzt das Mädchen stolz aufgerichtet da. Sie hat mich nicht bemerkt, und so kann ich sie ein paar Minuten lang ungestört beobachten.

Der Dzongkha *lopon*, ein ernsthafter junger Mann, hat ein paar Bilder auf die Tafel gezeichnet und mit einigen Buchstaben versehen, die ich nicht kenne, von denen ich aber annehme, dass es sich dabei um das Dzongkha-Alphabet handelt. Er zeigt auf die Tafel und liest die einzelnen Buchstaben vor, und ein Junge in der letzten Reihe wiederholt sie.

Ich bin äußerst erstaunt, als der *lopon* Ugyen auffordert, das Vorgesagte zu wiederholen. Ugyen hat vor lauter Konzentration einen roten Kopf, und sie versucht tapfer, jeden Laut nachzuahmen. Mit einem ermutigenden Kopfnicken korrigiert der *lopon* ihre Aussprache und fordert sie zu weiteren Wiederholungen auf. Nach etlichen scheuen Versuchen scheint er mit ihr zufrieden zu sein. Lächelnd ruft er »*Lekso!*«, worauf die ganze Klasse in Beifall ausbricht. Vierzig Paar Hände ermutigen Ugyen an ihrem ersten Schultag. Jetzt mache ich mir keine Sorgen mehr, wie die 1B die neue Schülerin aufnehmen wird. Ich sehe die erwartungsvollen Gesichter von Ugyens Schulkameraden und weiß, dass es ihr gut gehen wird.

Stadtplanung

Nach fünf Monaten in Mongar ist mir die gewundene Steintreppe zum Basar hinauf nicht nur vertraut, sondern auch lieb geworden; denn die enge Passage, die vom Fußballplatz hinauf zu den Läden führt, bedeutet Freiheit vom Krankenhaus und den Übergang in die Welt der Dorfbewohner und Lamas. Wie gerne gehe ich die wackligen Stufen hinauf, bis ich bei den farbenprächtigen Häusern und den großen Gebetsmühlen angekommen bin! Doch heute ist etwas anders als sonst. Ich stehe neben dem Tschorten auf dem Dorfplatz und starre ungläubig auf die Straße.

Ich hatte immer geglaubt, in Mongar würden sich Veränderungen nur langsam vollziehen, und das war in den vergangenen Monaten ja auch wirklich der Fall. Sie erfolgten ganz allmählich und so schleichend, dass man sie kaum bemerkte. Zuerst fiel eine Veränderung der Stadtbevölkerung auf: Früher waren in den Abendstunden immer nur ein paar Dorfbewohner und Ladeninhaber auf den Straßen, die plaudernd beisammen standen, inzwischen sieht man vor allem dunkle, indische Gesichter. Das Baugelände um das Krankenhaus wird immer größer, und mehr und mehr Menschen und Material werden dazu in die Stadt gebracht. Den einsamen Männern, die auf der Suche nach Arbeit aus ihrer Heimat hierher gekommen sind, stehen zu ihrer Unterhaltung lediglich ein paar Läden mit Bar zur Verfügung. Sie sind nicht laut, und sie stören nicht, sie sind nur anders und fallen in diesem entlegenen Gebiet, wo die

Menschen bisher über Jahrhunderte hinweg in völliger Abgeschiedenheit gelebt haben, auf.

Nach den Männern kam die Straße. Das nennt man hier Stadtplanung. Mongar soll eine Umgehungsstraße bekommen, wobei mir nie ganz klar war, wo und wie sie verlaufen soll. Auch das Warum war ungewiss. Der einzige Grund schien mir zu sein, dass Mongar das zweifelhafte Glück hatte, dass sich jemand für den Bau entschieden hatte. Und dann kam die schmerzliche Erkenntnis, dass die neue Straße den Tod der Bäume mit sich bringen würde. Sie fielen bis auf den Letzten der Axt zum Opfer, und nachdem wie besessen gefällt und verbrannt worden war, lag Mongar kahl und staubig da, dem Wind und der Witterung schutzlos ausgeliefert. Die grünen Riesen, die ehemals die Stadt mit ihren schützenden Armen beschirmten, sind zerhackt und gebündelt, und warten darauf, in irgendeinem Ofen verbrannt zu werden.

Ich habe diese Veränderungen mit Enttäuschung beobachtet und mich gefragt, was man den Göttern der Modernisierung wohl noch alles opfern wird. Ich weiß aber auch, dass man meine Zweifel hier nicht schätzt. Mongar heißt den Fortschritt mit offenen Armen willkommen. Ich bin zwar über die Änderungen noch immer bestürzt und erschüttert, aber sie überraschen mich nicht mehr – außer dieser einen. Ich schließe meine Augen, überzeugt, dass die Halluzination verschwunden sein wird, sobald sich mein Atem nach dem anstrengenden Aufstieg wieder beruhigt hat. Doch als ich durch die halb geschlossenen Lider blinzle, ist das Trugbild noch immer da. Auf der rechten Straßenseite, wo noch gestern eine ganze Ladenreihe den Basar gesäumt hatte, gähnt nun ein riesiges Loch. Die Holzhütten sind über Nacht verschwunden, und alles was noch übrig ist, sind Abfallreste und verwaiste Plastiktüten, die in den Büschen hängen.

Innerhalb weniger Tage war der Hügel, auf dem die Läden gestanden haben, abgetragen, und die Straße ist verbreitert worden. Somit gibt es nun an Stelle einer einspurigen Schotterstraße eine zweispurige. Leute aus den Dörfern und Inder klettern Seite an Seite über das Baugelände, und man hört das laute Schlagen der Hämmer, mit denen der Berg zu Kies zerstoßen wird. Die Läden tauchen jedoch nicht im oberen Teil der Stadt wieder auf, wie ich es erwartet hatte, sondern in der Mulde, die zum Krankenhaus führt. Hier, auf dem schlammigen Gelände, sind die hölzernen Hütten wieder aufgebaut worden, und der Markt ähnelt nun eher einem Flüchtlingslager. Angeblich werden sie nach beendigter Stadtsanierung wieder an ihren alten Platz zurückverlegt. »Aber wo ist denn der alte Platz?«, frage ich, erhalte jedoch keine Antwort.

Auf der Suche nach einem unbehelligten Straßenstück wandere ich aus Mongar hinaus und marschiere in Richtung Redaza. Hier herrscht auf der Straße noch geschäftiges Treiben, ganz besonders im Camp der indischen Straßenarbeiter, zehn Minuten außerhalb von Mongar. An einer Kurve ist aus flach gepressten Senföldosen, Wellblech, Bambusmatten und öligen Stofffetzen eine Elendssiedlung entstanden. Die Hütten stehen auf zwei Terrassen ober- und unterhalb der Straße, die durch ein Netz schmutziger Pfade miteinander verbunden sind. Von Wäscheleinen, die zwischen den Behausungen gespannt sind, hängen zerrissene und abgetragene Kleidungsstücke, die trotz des Waschens noch immer voller Teer- und Ölflecken sind. Kinder jeden Alters spielen dazwischen mit Steinen, Holzstücken und weggeworfenen Plastikartikeln. Überall in den Häusern sind Frauen am Kehren, Abstauben und Kochen, während die Männer irgendwo unterwegs sind.

Als ich näher komme, hüpfen mir ein paar abgemagerte, rotznasige Kinder entgegen und winken mir begeistert zu.

»*Ta Ta! … Ta Ta! Ta Ta!*« Es hört sich mehr wie ein hysterisches Gekreische an als ein freundlicher Gruß.

»*Ta Ta!*«, rufe ich zurück. Die Kinder sind es gewohnt, ignoriert zu werden, und kichern nun voller Begeisterung.

Meine unbekannte Stimme zieht aus den umliegenden Hütten ein paar argwöhnische Blicke an, aber aus einer Tür zu meiner Linken lächelt mir eine dünne Frau freundlich zu. Ich blinzele suchend in die untergehende Sonne. Die Gestalt kommt mir bekannt vor. Ich winke, und dann erkenne ich die schmächtige Frau. Sie war eine meiner ganz frühen Patientinnen in der Klinik. Es ist Dhan Maya, die indische Arbeiterfrau, deren Rückenschmerzen mir meine erste Lektion über die Arbeit im Straßenbau erteilt hatten. Wir lächeln einander eine Weile lang zu. Ich zeige auf meinen Rücken und mache dann mit der Hand eine fragende Geste, die auch die Frau versteht. Leider schüttelt sie den Kopf. Ihre Schmerzen sind nicht besser geworden.

Dann winkt sie mich zögernd zu sich. Dabei streckt sie mit einer höflichen Geste den Arm mit der Handfläche nach unten zu mir aus und macht mit den Fingern zupfende Bewegungen in ihre Richtung. Ich blicke auf ihr »Haus«, eine jämmerliche Hütte inmitten des umgebenden Elends.

Ich habe das Bedürfnis, ihr zu zeigen, dass sie meine Freundin ist und dass ich mir nicht »zu gut« bin für ihr Heim. Also lasse ich die sorgsam zurechtgelegten Anstands- und Klassenregeln links liegen und breche damit alle ungeschriebenen Gesetze der Stadt Mongar. Ich weiß, dass ich mit meiner weißen Bluse und meinem langen blumigen Kleid in dieser Elendssiedlung auffalle wie ein Kuhfladen auf der Autobahn. Man starrt mich neugierig an, aber niemand sagt etwas. Die Frauen mustern mich kurz abschätzend und gehen wieder an ihre Arbeit.

Dhan Maya strahlt über das ganze Gesicht. Schnell fordert

sie mich zum Eintreten auf. In der Blechhütte ist es dunkel, aber alles ist sauber und ordentlich. Auf dem Boden direkt neben der Tür befindet sich eine Feuerstelle und links davon eine Küchenecke mit ein paar Kochtöpfen, einem Plastikbehälter und einer verbeulten Aluminiumschüssel. Die Hütte hat keine Fenster, und das Licht, das durch den Eingang fällt, erhellt kaum das Bett an der rückwärtigen Wand. Ich kann nicht genau ausmachen, woraus die Liege besteht, aber sie ist mit einer sauberen, großen Decke bedeckt, und dient mir nun als Ehrensitz. Eine ältere, untersetzte Frau, die mir ebenfalls aus dem Krankenhaus bekannt ist, kommt herein und macht sich am Feuer zu schaffen. Dann erscheint ein Junge mit einem Kübel Wasser, das Dhan Maya in einen Topf gießt.

Unsere Konversation ist recht lückenhaft und würde auf einen Außenstehenden sicher komisch wirken. Dhan Maya spricht Bengali, und ich antworte in meinem gebrochenen Sharchhop. Sie hat bei unserem Gespräch zweifelsohne die Oberhand, denn sie versteht wenigstens ein bisschen von dem, was ich sage, während ich mir auf ihr Worte überhaupt keinen Reim machen kann. Trotzdem plaudern wir freundschaftlich miteinander.

Dhan Maya kommt zu mir herüber, setzt sich aber nicht zu mir, sondern zieht unter ihrem Sari einen Schlüssel hervor. Rasch öffnet sie eine große Eisenkiste neben dem Bett. Mit diesem »Schrank« fühle ich mich gleich wie zu Hause, denn ich habe auch so eine Truhe in meiner Wohnung. Sie steht in meinem Schlafzimmer, und ich verschließe darin meine Kamera und meine Tagebücher – Bikul nennt sie meine »Vietnam-Kiste«. Für Dhan Maya scheint sie allerdings eine wahre Schatztruhe zu sein. Sie holt eine Tasse, einen Löffel, Tee, Zucker und Milchpulver daraus hervor, und verschließt sie dann wieder sorgfältig.

Zum Teekochen kauert Dhan Maya vor dem Feuer. Ich betrachte ihren Rücken und denke dabei an ihre tägliche Arbeit im Straßenbau. Unter der dünnen Baumwollbluse ihres Sari zeichnet sich ihr Rückgrat wie eine Reihe erhobener Höcker ab, und ihr zerbrechlicher, gebeugter Körper wirkt wie ein Kleiderbündel, von dem die beiden dünnen Arme wie zwei unabhängige Fortsätze abstehen. Nur ihr Kopf ist stolz erhoben.

Der süße Tee schmeckt köstlich. Als ich schon daran nippe, ist meine großzügige Gastgeberin noch immer am Feuer beschäftigt. Sie zeigt auf ihre Töpfe und dann auf mich, was bedeutet, dass sie mich zum Abendessen einladen will. Mit großer Mühe entschuldige ich mich. Ich sage, dass es draußen schon dunkel würde und dass ich wirklich heimgehen müsse. Aber Dhan Maya will nichts davon hören. Mit einem freundlichen Lächeln bereitet sie Kartoffeln zu. Schuldbewusst schüttle ich den Kopf. Wie kann ich von ihr Essen annehmen, wenn ich weiß, dass sie selbst nicht genug für ihre Familie hat? Entschlossen stehe ich auf und tippe ihr sanft auf die Schulter. Meine alte Ausrede soll mir auch diesmal zu Hilfe kommen.

»Pholang ngamla.« Sie versteht mich nicht, aber ihr Sohn übersetzt. An dem mitleidigen Blick, den sie auf meinen Bauch wirft, sehe ich, dass Bauchschmerzen auch ihr nicht unbekannt sind.

Mit einem Nicken stellt sie die Kartoffeln zur Seite, überlegt dann aber, denn es scheint ihr etwas eingefallen zu sein. Geschickt entfacht sie das Feuer von neuem. Dann öffnet sie wieder ihre Schatztruhe und holt diesmal zwei Eier hervor. Nichts kann sie mehr aufhalten. Mit einer bescheidenen Dankesgeste nehme ich die hartgekochten Eier an. Unter Dhan Mayas zufriedenem Blick esse ich meine Gabe. Etwas unsicher, wie die Eier den Anstandsregeln gemäß gegessen werden, schäle ich sie ab und tauche sie dann in das grobe Salz auf einem Seitenteller.

Als ich schließlich doch aufstehe, versteht Dhan Maya, dass ich nun wirklich gehen muss. Die Dunkelheit vor der Hütte hat die Umrisse der Elendsbehausungen fast ganz verwischt. Kerzenlicht dringt durch die vielen Risse und Löcher in den Wänden und wirft gespenstische Schatten auf den Boden. Ein paar Frauen haben sich vor Dhan Mayas Hütte versammelt und flüstern aufgeregt miteinander. Ich warte. Dhan Mayas Sohn kommt aus der Nachbarhütte und bahnt sich einen Weg durch die murmelnden Frauen. In der Hand trägt er eine Taschenlampe, ein solides Hochleistungsmodell, das man in Indien überall findet. Von der Liebenswürdigkeit meiner indischen Freunde tief gerührt, verabschiede ich mich nun. Mit ihrer sanften Stimme dankt mir Dhan Maya für meinen Besuch. In ihren rissigen Händen glänzen zwei Eier im Licht des Mondes. Scheu bietet sie mir das Geschenk an. Scham und Demut steigen in mir bei dem Gedanken hoch, dass ich nichts bei mir habe, das ich ihr geben könnte, und ich hoffe dabei inständig, dass sie versteht, wie dankbar ich ihr bin. »*Kadinche la, Ama, Kadinche la.*«

Ihr junger Sohn leuchtet mir den Weg zurück zur Straße, zurück zum Straßenbau, zurück zur unbarmherzigen Schwerarbeit. Ich aber nehme den Pfad hinunter zum Krankenhaus.

Dharma oder Dollars

Ein Loch im Himmel

Der weiße Fleck einer Wolke erscheint
Und verschwindet hinter den Bergen.
Ein Lama wendet die letzte Seite
In einer alten Schrift.

Zehn Jahre, zehn Monate, zehn Stunden
Und zehn Minuten im lhakhang.
Jetzt ist er bereit,
Die letzte Seite zu lesen.

Eine Kugel wird abgefeuert
Unten im Tal,
Und das Echo hallt in den Bergen.
Die weiße Wolke steht still.

Die Augen eingesunken,
Faltig und trocken die Haut.
Die alte Schrift fällt zu Boden,
Zu zittern beginnt da der alte Lama.

»Om …?«

Es ist Ende November. Der Klinikleiter übersiedelt in das große Haus seines Vorgängers. Mitten im Krankenhauscampus wird damit ein kleineres Haus frei. Nach einigem Hin und Her beschließt die Verwaltung, mir diese Unterkunft der Klasse A anzubieten. Ich bin begeistert, denn ich kann endlich meine feuchte Bleibe im Erdgeschoss verlassen. Sofort mache ich mich an die Arbeit und packe meine paar Habseligkeiten.

»Das ist prima!«, auch Bikul ist Feuer und Flamme. »Dann wohnst du neben mir. Das Haus ist nicht schlecht – aber es ist natürlich aus Beton wie die übrigen Personalwohnungen. Wir müssen die Wände neu streichen.«

Kaum hat er davon gesprochen, kommt er auch schon mit mehreren Kübeln hellgelber Farbe und verschiedenen Malerpinseln an. Als ich die ausländischen Etiketten sehe, bekomme ich Schuldgefühle. Das hat ihn sicherlich eine Menge Geld gekostet.

Bikul runzelt erstaunt die Stirn. »Ich will das für dich tun. Du brauchst ein schönes Zuhause. Komm!«

Ungeachtet der neugierigen Blicke der Nachbarn nimmt er meine Hand und zieht mich in mein neues Heim. Ich lache und denke an Mongars Gerüchteküche – mit diesem unerhörten Anblick haben wir wahrscheinlich etliche Magenverstimmungen verursacht. Ich gebe Bikul schnell einen Kuss auf die Wange. »Na, dann fangen wir doch gleich mal mit dem Streichen an.«

Gemeinsam nehmen wir die stark verschmutzten, rosa Wände in Angriff. Nach jedem Meter, den wir gestrichen haben, treten wir zurück und begutachten unser Meisterwerk.

»Ich wusste gar nicht, dass ich so gerne streiche«, sagt Bikul, als die Küche in einem fröhlichen Gelb strahlt. Zärtlich schmiert er mir ein wenig Farbe auf die Wange. »Den Rest machen wir morgen. Komm, jetzt gehen wir feiern. Ich führ dich hinauf zum Pancholing, dort holen wir uns noch mehr künstlerische Inspiration.«

Glücklich nehme ich Bikuls Hand, die ich nur widerwillig wieder loslasse, als wir in den hellen Sonnenschein des Nachmittags hinaustreten. In diesem Augenblick scheint mir die Welt vollkommen.

Unser Spaziergang durch Mongar wird zu einer Wanderung durch ein Bilderbuch. Hinter jedem Bergkamm warten Täler, die zum Träumen verlocken, und die Zivilisation ist verschwunden, wo der Dschungel sich in ganzer Pracht wieder seines rechtmäßigen Besitzes bemächtigt hat. Der Tag ist ruhig und friedlich, und außer dem Glucksen der Bäche ist nichts zu hören. Unser Blick schweift über die mächtigen Gipfel im Rund, über Berge, deren grüne Hänge zu schmalen Flusstälern sanft abfallen. Bikul zeigt auf Dörfer, in denen er schon Patienten besucht hat. Im Westen sehen wir Jeposing und Lingmethang, dann die fernen Hügel von Kheng, und im Süden Depong und Jungling. Im Südosten liegen Phosrang und dahinter Chaskhar, im Osten die Stadt Mongar, auf dem gegenüberliegenden Berg Takchhu, und den Horizont beherrscht der große Kori La.

Ganz oben auf dem Hügel erreichen wir schließlich den Pancholing *lhakhang*. Dieser bescheidene und schon recht altersgraue Tempel ist für die Leute der Gegend von großer Bedeutung, erklärt Bikul. Ein *lopon* des Shabdrung Ngawang Ngamgyel kam vor fast fünfhundert Jahren hierher. Wie immer ist dieser Ort der Weisheit mit einem schweren Vorhängeschloss fest versperrt.

»Kommt denn eigentlich überhaupt jemand hierher?« Ich bin neugierig, was dieser alte Tempel an Schätzen bergen könnte.

»Ja, natürlich, aber nur ein *gomchen* hat den Schlüssel. Er wohnt auf halber Strecke zu Norbus Haus. Sollen wir zu ihm gehen?«

Ich überlege kurz. Um den Lama zu besuchen, müssten wir zuerst den einen Hügel hinunter und dann den nächsten Hügel wieder hinauf. Ich schaue auf meine Füße und finde es ratsamer, mich gegen den Besuch zu entschließen. Doch dann siegt die Neugier.

»O.k., schauen wir, ob er da ist.«

Bikul nickt und fügt flüsternd hinzu: »Im *lhakhang* und auch in den Tschorten hier oben sind etliche bedeutende Statuen untergebracht. Vor einigen Jahren sind viele der Schätze gestohlen worden, und jetzt ist der *gomchen* der Einzige, der einen Schlüssel hat.«

»Wer hat denn die Statuen gestohlen?«, frage ich ziemlich naiv.

»Das weiß natürlich niemand. Damals hat ein Mann von dort drüben«, Bikul zeigt auf einen Hügel etliche Kilometer zu unserer Linken, »den *lhakhang* und ein paar andere Tempel dieser Gegend betreut. Als er eines Nachts in dem kleinen Haus neben dem Pancholing schlief, hat jemand die Tschorten aufgebrochen. Viele wertvolle Dinge wie Gold und *zee* – du weißt schon, das Katzenauge – sind verschwunden.

Die Polizei hat sofort den Wärter verdächtigt, weil er ganz in der Nähe geschlafen hat, und hat ihn dann mit seinem Bruder festgenommen. Der Wärter hat der Polizei erzählt, dass er nichts weiß, dass er die Nacht immer in dem kleinen Haus verbringt, wenn er im *lhakhang* sein *puja* beendet hat. Aber sie haben ihm nicht geglaubt. Der Streit hat sich über mehrere Jahre hingezogen. Irgendwie ist er dann aber doch entschieden worden. Ein paar Jahre später ist noch eine bedeutende Statue gestohlen worden. Da bekam der Wärter Angst und wollte sich

Phosrang Gomchen und seine Familie bereiten den Mais für den Winter vor

nicht mehr um alle Tempel kümmern. Er gab seine Schlüssel dem *gomchen* von Phosrang.«

Wir finden den *gomchen* mit seiner Frau und seiner Enkelin vor seiner Hütte. Alle drei sind damit beschäftigt, getrocknete Maiskörner von den Kolben zu lösen und auf eine große Plane zu werfen. Später werden die gelben Körner zu *kharang* vermahlen.

»*Kuzuzang po la, Meme! Kuzuzang po la, Ama!*« Bikul und der *gomchen* sprechen ein paar Minuten lang miteinander, während Ama und das kleine Mädchen weiterhin die Körner verlesen. Der alte Mann scheint schlechter Laune zu sein, die sich aber schnell bessert, als ich frage, ob ich ihn mit seiner Familie fotografieren dürfe. Begeistert setzen sich alle für mein Bild in Pose. Der Phosrang *gomchen* ist von unseren lauteren Absichten nun voll überzeugt und holt den Schlüssel zum *lhakhang* aus dem Haus.

»Was ist eigentlich dieser *zee*, Bikul, von dem du vorhin gesprochen hast?«, frage ich ihn, während wir wieder zum Tempel hinaufsteigen.

»Weiß du denn nicht, was ein Katzenauge ist?«, erwidert er meine Frage.

Ich schüttle verneinend den Kopf.

»Das Katzenauge ist ein Stein, der – glaube ich – aus dem Chinesischen Meer kommt. Es ist eine Art Perle. Der Name auf Dzongkha ist *zee*. Hier in Bhutan tragen die Frauen den Stein als Glücksbringer. Er wird von einer Generation auf die nächste vererbt, von der Mutter auf die Tochter – so geht das. Glück und Wohlstand hängen davon ab, wie viele *zee* man hat. Sie sind aber auch gut für die Gesundheit und ein langes Leben. Der Stein ist in Taiwan besonders beliebt. Der Preis hängt von der Zahl der Augen ab. Ein *zee* mit einem Auge kostet bis zu 100 000 Rupien, aber es gibt auch Steine mit vielen Augen. Du kannst dir vorstellen, wie viel die dann kosten. Deshalb ist in die Tschorten auch eingebrochen worden.«

Als sich das hölzerne Tor zum Tempel knarrend öffnet, sehen wir, welche Pracht dieser alte *lhakhang* beherbergt. Selbst an diesem scheinbar vergessenen Ort schmücken frische Blumen den Altar, und die antiken Kultgegenstände sind von liebevoller Hand erst jüngst abgestaubt worden. Die drei Hauptstatuen des Tempels stellen den sitzenden Buddha dar. Die gelbe und orangefarbene Robe der größten Statue harmoniert wunderbar mit den feuerroten Samtblumen in den Vasen. Von seinem Sitz in den Lotosblüten lächelt uns das goldene Gesicht des Buddha ruhig und vergebungsvoll entgegen. Bikul weist auf die besonderen Handstellungen der drei Statuen. Die große, zentrale Figur symbolisiert den Augenblick von Buddhas Erwachen, die etwas kleinere zu unserer Rechten spricht vom ersten Grundsatz seiner Lehren. Das dritte Bildnis symbolisiert die Überwindung des Dämonen Mara und aller irdischen Versuchungen.

Bikul und ich werfen uns dreimal zu Boden und legen dann ein paar Ngultrum als Spende auf den Altar. Der Phosrang *gomchen* gießt etwas Weihwasser in unsere hohlen Hände. Ich nippe daran und wische dann den Rest über meinen Kopf. An der rechten Wand des Tempels bemerke ich ein von Motten zerfressenes Tuch. Erstaunt frage ich den *gomchen*, was sich dahinter befinde. Er nickt nur und zieht den Vorhang zur Seite. Im schwachen Licht, das durch die halb verdeckten Fenster dringt, sehe ich vorerst nur eine schwarze Wand mit goldenen Tupfen und Streifen, die wahllos auf der Hintergrundfarbe verteilt sind. Doch plötzlich heben sich grimmige Figuren von schwarzem Schiefer ab. Die dunkle Wand erwacht zum Leben. Wilde Blicke starren mir aus entsetzlichen Fratzen entgegen. Wie hypnotisiert blicke ich auf die aggressiven Stellungen und die gezogenen Waffen. Plötzlich überfällt mich eine gewisse Scheu, das Gefühl, an diesem Ort ein Eindringling zu sein. Vielleicht spürt der Phosrang *gomchen* meine geheimen Empfindungen, denn er lässt den Vorhang fallen, und das Bild verschwindet wieder im Dunkel.

Wieder im Freien, blendet uns das Licht der Sonne. Phosrang *gomchen* hat es plötzlich eilig, zu seiner Familie zurückzukehren, und nachdem wir uns bei ihm bedankt haben, winken wir ihm zum Abschied nach. Hand in Hand bleiben wir vor dem Tempel stehen und hängen unseren Gedanken nach.

»Sollen wir noch ein wenig weitergehen?«

Ich nicke zustimmend. Wir folgen einem geheimnisvollen

Pfad, der uns zu einer Reihe von Tschorten führt, die über die Kuppe eines Hügels verstreut sind. Wir gehen von einem zum anderen, bis sich der Weg wieder den Berg hinunterschlängelt. Ich will mir diesen wunderbaren Augenblick in mein Gedächtnis einprägen und wende mich noch einmal um – wie angewurzelt bleibe ich stehen. Ich sehe vor uns ein verwittertes Bauwerk. Unter seiner bauchigen Kuppel verläuft ein Fries kleiner Figurinen, die aus Ton und Totenasche gefertigt wurden. Dichter Dschungel drängt sich schon an den rückwärtigen Teil des Tschorten, aber man kann noch immer sehen, dass Teile davon weggebrochen wurden – die vom Moos überzogenen, verstreut herumliegenden Steinbrocken zeugen davon. Wie bei einer tränenden Wunde hängen Flechten und Efeu von den schartigen Kanten des Monuments, und ihre Wurzeln klammern sich in die Überreste zerbrochener Skulpturen.

Tschortenraub. Das war es also, wovon Bikul sprach, als er mir vom Tempelwärter und dem mysteriösen *zee* erzählte. Während ich das beschädigte Monument betrachte, fällt mir plötzlich wieder ein Artikel über Tschortenräuber ein, den ich in der Zeitung »Kuensel« gelesen hatte. Traurig blicke ich auf diesen Ort der Leere, wo der Hunger nach dem Mammon zu einem Angriff auf Glauben und Religion geführt hat. Wer mag dieses Symbol von Buddhas Bewusstsein wohl zerstört haben? Wer hat der Angst um sein Karma aus Geldgier getrotzt? Ein Teil von mir würde am liebsten umkehren, zurück zu dem Hügel, wo die Welt soeben noch in Ordnung war.

»Ist es das hier, worüber du vorhin gesprochen hast?«

»Ja, das ist einer der Tschorten.«

»Aber wie ist es denn möglich, dass die Steine schon wieder mit Moos überzogen sind?«

»Dazu sind nur zwei Regenzeiten notwendig«, antwortet Bikul und zeigt auf den dichten Dschungel, der den Großteil des Abhangs unter uns bedeckt.

Ja, und wahrscheinlich hat es weniger als eine Stunde gedauert, das kleine Monument zu zerstören, das wahrscheinlich schon seit Jahrhunderten hier stand. Ich bin wütend, als wir den Weg zurück nach Mongar einschlagen. Wütend darüber, dass dieser vollkommene Ort geschändet wurde und dass Pancholing in meiner Erinnerung ein Schandmal tragen wird. Mit der künstlerischen Inspiration zum dekorativen Bemalen meines neuen Heims ist es jetzt jedenfalls vorbei.

»Gehen wir, ja?«, frage ich und ziehe Bikul den Pfad hinunter.

»O.k.«, sagt Bikul besänftigend und legt seine Arme um mich. »Gehen wir und malen wir unser Heim aus. Dann gibt es auch eine positive Veränderung in Mongar.«

Kadam Goemba

Ein paar Tage später ist der Monsun wieder da, und der Winter nähert sich mit raschen Schritten. Die Tage sind nass und dunkel – und ich fühle mich krank. In meinem kleinen Behandlungsraum sind die Fenster geschlossen, es gibt kein Licht, und das ohrenbetäubende Brummen des OP-Generators vibriert durch meinen ganzen Körper. Meine Ohren tun mir weh, mein Hals schmerzt, und immer wieder lässt mich ein Frösteln erschauern. Irgendjemand klopft gegen die Wand im Raum neben mir, und in meinem Kopf hört es sich an wie das Dröhnen einen Presslufthammers.

Ich gehe in den Aufenthaltsraum der Schwestern und wärme mich eine Weile an ihrem einladenden Holzofen. Bruder Kumar kommt mit einem langen Gesicht herein. Höflich frage ich ihn, was ihm denn über die Leber gelaufen sei. Seine Antwort ist ein mürrisches: »Kein Wasser. Das Rohr ist gebrochen.« Wie um seine Behauptung zu bestätigen, geht Schwester Gita zum Waschbecken und wäscht sich die Hände mit den letzten Tropfen, die aus dem Hahn träufeln. Wie lange wird das nun wieder dauern? Dann kommt Dr. Kalita tobend herein – und heute hat er guten Grund für seine Schimpfkanonade. Denn kein Wasser bedeutet, dass nicht operiert werden kann, und nicht einmal Gipsverbände angelegt werden können.

In der Physiotherapie ist eine alte Abi mit chronischem Gelenkrheumatismus meine einzige Patientin. Ich kämpfe mit meinem Sharchhop, und die Saidon Abi murmelt mir aus ihrem zahnlosen Mund ihre Antworten zu. Ich frage sie, wie alt sie ist, und gehe dann in den Monden und bhutanischen Jahren völlig verloren. Wahrscheinlich weiß es Saidon Abi selbst nicht. Die meisten *minakpas* haben keine Ahnung, an welchem Tag sie zur Welt gekommen sind, und man kann ihr Alter nur erraten. Die Zeit hat für diese Menschen wenig Bedeutung.

Saidon Abi murmelt, dass sie aus Kadam kommt, wo auf einem Hügel über Mongar ein alter Tempel steht. Ich nicke, um ihr zu zeigen, dass ich den Ort kenne. Ich habe eine Freundin, eine Lehrerin, die dort oben wohnt.

»*Kesang Choeki – Kadam?*«, frage ich, und Saidon Abi nickt begeistert. Ich nehme an, dass sie die Lehrerin gut kennt.

Abi zeigt mir ihre Hände. Ihre Finger sind gekrümmt und im fortgeschrittenen Stadium ihrer Krankheit völlig verkrüppelt. »*Ngamla*«, wiederholt sie mehrmals. Ich nicke. Dann zeigt sie auf ihre Ellbogen, ihre Schultern, ihre Knie und ihre Füße und will mir damit klar machen, dass es ihr überall wehtut. Ich nicke erneut. Das kalte Wachsbad neben mir und die erloschene Infrarotlampe starren vorwurfsvoll in das stromlose Dunkel. Teile des Krankenhauses haben heute Strom, nicht aber die Physiotherapie.

Plötzlich kommt mir eine Idee. Die Ambulanz hat Strom, das bedeutet, dass Bikul Licht hat! Wenn ich meine Patienten nicht hier behandeln kann, dann gehen wir eben woanders hin. Abi folgt mir in Bikuls Ambulanzraum, wo ich meine Bestrahlungslampe neben seinem Schreibtisch aufstelle. Bikul sieht mich fragend an.

»Was tust du da?«

»Du hast Strom und ich nicht. Ich dachte mir, dass Saidon Abi vielleicht hier unter der Bestrahlungslampe sitzen könnte.«

Bikul ist einverstanden. Wir stellen einen zweiten Stuhl mit einem Fußschemel seitlich an den Schreibtisch. Zuerst will mir Saidon Abi ihren Platz anbieten, aber als sie dann endlich mit ausgestreckten Beinen dasitzt, schnurrt sie fast vor Zufriedenheit. Selbst Bikuls Patient, der ihr von der Untersuchungsliege aus zusieht, muss lächeln.

Im roten Licht der Bestrahlungslampe verstreichen die Stunden. Zuerst wärmen wir Abis Füße, dann ihre Knie (während sie gehorsam mit den Fußgelenken kleine Kreise zieht), dann nacheinander die Schultern, Ellbogen und zuletzt die Hände. Bikuls Patienten kommen und gehen, aber niemanden scheint die alte Abi in der Ambulanz zu stören. Während meine nette alte Patientin ihre Beine wohlig in der Wärme der Lampe rekelt, scherzt sie mit Bikul in einem schnellen und für mich viel zu komplizierten Sharchhop. Ich stoße Bikul in die Seite, denn er soll mir sagen, worüber die beiden sprechen.

»Über dich«, lautet Bikuls lachende Antwort.

»Ja, das weiß ich, aber was sagt ihr denn über mich?« Es war mir immer schon unangenehm, meinen Namen zu hören, ohne den Rest des Gesprächs zu verstehen.

»Ich habe Abi gefragt, ob sie dich schön findet.«

»Was?«

Bikul wendet sich wieder Saidon Abi zu. Beide lachen.

»Und was noch?«

»Abi hat mich gefragt, ob du meine Frau bist.«

Jetzt ist es an mir, das Gesicht zu verziehen. Aber hier in Bhutan ist Abis Frage ganz natürlich. Anstatt in seinem eigenen Haus zu schlafen, verbringt Bikul immer mehr Abende und Nächte bei mir. Daher sind wir in den Augen dieser *minakpa* verheiratet. Und im Grunde genommen macht mich diese unschuldige Vermutung recht glücklich.

Als unser Arbeitstag schon fast beendet ist, kommt der Verwalter ins Zimmer, der vorher stundenlang verdrossen vor dem Krankenhaus auf und ab marschiert war. Ich versuche ein höfliches Lächeln, aber die arrogante Art, mit der er mich prüft, schüchtert mich ein. Sein Missfallen über meine Anwesenheit in der Ambulanz versteckt er hinter einer ausdruckslosen Miene. Um ihm zu zeigen, dass ich mit einer Patientin hier bin, wende ich mich an Saidon Abi und frage sie: »*Dakpa mo*, Abi?« Geht es dir besser? Saidon Abi lächelt mich strahlend an. Sie genießt jeden Augenblick der schmerzlindernden Wärme. Ohne ein Wort zu sagen, dreht sich der Verwalter um und nimmt seinen Gang vor dem Krankenhaus mit auf dem Rücken verschränkten Armen wieder auf.

Saidon Abi reibt sich das letzte ihrer erwärmten Gelenke und zeigt grinsend auf ihre Füße. »Noch einmal?«, fragt sie. Ich sehe auf die Uhr. Es ist schon fast drei Uhr Nachmittag, Zeit für mich, nach Hause zu gehen. Selbst in der mäßigen Wärme von Bikuls elektrischem Strahler hat sich mein Husten verschlimmert. Mein Hals verengt sich immer mehr, und meine Lunge brennt bei jedem Versuch, das schlimme Übel, das mir im Rachen sitzt, herauszuhusten. Hilflos schüttle ich den Kopf. Mit einem bezaubernden Lächeln beugt Saidon Abi leicht den Kopf. Dann zieht sie eine Gebetsschnur aus den Falten ihrer *kira* und geht, eine Mantra vor sich hin murmelnd, zu ihrem Bett auf der Station zurück.

Am Abend fällt die Temperatur weiter. In meinem Wohnzimmer wird mein *bukhari*, ein eiserner Holzofen, bald zum Zentrum unseres Universums. Dankbar strecke ich meine Hände der Wärme zu. Auf der heißen Herdfläche kocht ein Topf mit Wasser. Das Leben konzentriert sich nun auf den kleinen Bereich, der von meinem *bukhari* erwärmt wird. Außerhalb die-

246

ser kostbaren zwei Meter Wärme ist das Haus kälter als die Luft im Freien. Die Zeit misst sich an den Holzladungen, die wir in den Ofen füllen, und die Betreuung des Feuers unterbricht die dunklen Abende.

In meinem Schlafzimmer ist es so kalt, dass ich mir die Mütze tief über die Ohren ziehe, und selbst zwei Lagen Thermowäsche und mein Daunenschlafsack reichen nicht aus, dass ich mich wenigstens halbwegs wohl fühlen könnte. Um ein wenig warme Luft vom *bhukari* hereinzulassen, bleibt die Wohnzimmertür so lang wie möglich offen. Mitten in der Nacht geht schließlich das Feuer aus. Bikul wird zum Notdienst gerufen, und ich bekomme Schüttelfrost.

Am nächsten Morgen sehe ich, wie unser Atem in der Luft erstarrt. Das Aufstehen wird zu einem Willenskampf. Als ich wenig später jedoch, in eine warme Wolljacke und mehrere Decken gehüllt, in meinem geflochtenen Bambusstuhl auf der Terrasse sitze, spenden mir die ersten goldenen Strahlen der Sonne den nötigen Trost. Schluckweise trinke ich meinen dampfenden Kaffee und halte die Tasse mit beiden Händen wie einen Rettungsanker fest. Allmählich taut das heiße Porzellan meine klammen Finger auf.

Als die sporadische Stromversorgung zur Physiotherapie wieder hergestellt ist, bitte ich um einen Strahler. »Ich werde versuchen, Madam. Vielleicht morgen«, versichert mir unser Elektriker. Trotz seiner guten Absicht sinkt mir der Mut. Instinktiv weiß ich, dass das versprochene »morgen«, wenn überhaupt, zu einem »Tag danach« oder zu einer »nächsten Woche« wird. Teils aus Resignation und teils aus Trotz behandle ich nun die meisten meiner Patienten in der kläglichen Wärme von Bikuls Ambulanz. Dafür heimse ich umso mehr kritische Blicke von der Verwaltung ein, aber niemand sagt ein Wort.

Eines Tages kommt Schwester Rupali mit einer für ihren

korpulenten Körper erstaunlichen Geschwindigkeit aufgeregt zu mir gelaufen. »Schwester! Schwester Pema hat telefoniert!« Das Krankenhaus erhält nicht viele Ferngespräche, und wenn eines kommt, dann wissen in Minutenschnelle alle Bescheid.

»Hat sie aus Vellore angerufen? Wie geht es ihnen denn?«

»Ja, Schwester«, bestätigt Rupali. »Sie sind noch immer in Vellore. Ich glaube, es geht ihnen gut, aber sie machen sich die ganze Zeit Sorgen wegen Kosten von Unterkunft und Essen.«

»Hat sie etwas über Nima gesagt?«

»Nein, Schwester. Aber sie kommen dieses Jahr nicht mehr zurück.«

Bestürzt starre ich Schwester Rupali an. Wir haben jetzt Ende November, und Pema ist seit fast zwei Monaten weg. Wenn sie bis Januar nicht zurück ist, hat sie mehr als drei Monate ihrer Ausbildung versäumt. Und ich werde meine Tage in der kalten Physiotherapie weiterhin einsam verbringen müssen. Enttäuscht und auch ein wenig verärgert lasse ich Schwester Rupali im Gang stehen, damit sie ihre Neuigkeit so schnell wie möglich weiterverbreiten kann.

An einem besonders trübseligen Nachmittag, als Bikul mit stationären Patienten beschäftigt ist und meine Stimmung einen absoluten Tiefpunkt erreicht hat, beschließe ich, dem Krankenhauscampus zu entfliehen und bei meiner Saidon Abi in Kadam einen »Hausbesuch« zu machen. Auf der Kuppe des Hügels ist Kadam *goemba* von mehreren Dutzend kleiner Hütten und Gebäude umgeben, von denen viele von Mönchen, aber auch von alten Männern und Frauen bewohnt werden, die ihren Lebensabend mit Meditation und Gebet verbringen wollen.

Der Aufstieg ist lang und der Pfad schlüpfrig. Nach ein paar Schritten muss ich immer wieder stehen bleiben und warten, bis sich meine Atemwege nach den krampfartigen Hustenanfällen wieder beruhigt haben. Auf einem besonders steilen und rutschigen Wegstück bin ich nahe daran, wieder umzukehren, aber aus irgendeinem Grund beschließe ich dann doch, weiterzugehen.

Eine Frau mittleren Alters in einer roten Robe kommt mir auf dem Pfad entgegen. Ich frage sie nach Saidon Abis Wohnung. »Eh?«, gibt sie mir zur Antwort. Anscheinend ist mein Sharchhop für sie völlig unverständlich. Wild gestikulierend versuche ich ihr zu erklären, dass ich nach einer Abi mit einem schmerzenden Arm suche. Endlich nickt sie und führt mich dann auf ihren bloßen Füßen, begleitet vom Klappern ihrer Gebetsschnur, zu einer Holzhütte, die nicht größer als mein Schlafzimmer ist.

Blinzelnd blicke ich in den dämmrigen Raum. Eine alte Frau sitzt auf einer Matte aus Tierfell und hält dabei ihr rechtes Handgelenk im Schoß umklammert.

»*Kuzuzang po la, doctor!*«, grüßt sie mich respektvoll und hält mir dankbar ihre dünne Hand entgegen.

»*Kuzuzang po la, Abi! Hang eh?*« Die alte Frau ist mir völlig unbekannt, aber ich will sie nicht enttäuschen, und so untersuche ich sorgfältig ihr Handgelenk, das ganz offensichtlich gebrochen ist. Es ist eine recht schlimme Fraktur und verursacht ihr sicher große Schmerzen. Die Hand hängt ihr in einem Winkel von 90 Grad schlaff vom Arm, sie fühlt sich aber warm und ansonsten unversehrt an. Ich versuche herauszufinden, wie alt die Verletzung ist.

»*Hapta nigzing*«, antwortet ihr Mann.

Zwei Wochen? Das ist doch nicht möglich. Aber doch, ja, es ist durchaus möglich. Ein Blick auf ihre abgemagerten Schenkel bestätigt mir, dass sie wahrscheinlich nicht mehr fähig ist, den langen Weg nach Mongar hinunterzugehen. Außerdem würde sie wahrscheinlich einen Besuch im Krankenhaus mit allen Mitteln vermeiden. Trotzdem versuche ich die beiden zu überzeugen, dass die Frau unbedingt einen Arzt braucht. Durch Gebärden demonstriere ich eine Röntgenaufnahme und bin völlig erstaunt, als der Mann verständnisvoll nickt und fragend »X-ray?«, sagt.

»Ja! X-ray!«, wiederhole ich begeistert. Doch dann überlege ich insgeheim, dass man in diesem späten Stadium auch mit einer Röntgenaufnahme nicht mehr viel für die Frau wird tun können.

Die beiden wollen mich nun zum Tee einladen, aber ich entschuldige mich, denn ich möchte noch immer zu Saidon Abi. Da kommt eine alte Frau herein und nimmt mich an die Hand. Anscheinend kennt sie den Weg zur Saidon Abi.

Nachdem wir am neuen Gebäude des *goemba* vorbeigegangen sind, führt mich die Frau einmal um den Tempel herum und setzt dabei die lange Reihe der Gebetsmühlen in Bewegung. Wir kommen zu einer kleinen, freistehenden Hütte, die sich unter die ausladenden Zweige eines riesigen Nadelbaums duckt.

Das Licht einer einzigen Glühbirne dringt durch den Rauch von der Feuerstelle und erhellt nur schwach die geschwärzten Pfeiler und Wände. Auf den Regalen stehen ein paar Whiskyflaschen, die mit *arra*, dem selbst gebrannten Schnaps, gefüllt sind, und ein paar *bangchungs* aus Bambus mit getrockneten Chilischoten. Ein altmodischer, tickender Wecker zeigt eine völlig falsche Zeit an. Alte Töpfe und Pfannen hängen an der Wand und wenden der Welt ihre verrußten Unterseiten zu. Die verschiedensten Löffel und Schöpfer sind ordentlich aufgereiht. Mehrere leere Flaschen warten darauf, gefüllt zu werden. Auf dem Bambusrost über dem Feuer, der ehemals wahrscheinlich zum Trocknen von Fleisch gedient hat, liegen jetzt alle möglichen Gegenstände antiken Ursprungs. Jedes Ding hat hier seinen Platz, der ihm wahrscheinlich schon vor Jahren zugewiesen wurde, und wohin es auch jetzt noch nach jedem Gebrauch liebevoll zurückkommt. Um die Ecke steht ein Bett, auf dem sich mehrere Decken und *kiras* türmen. Sie alle sehen so alt und abgetragen aus wie Saidon Abi selbst. An der Türe begrüßt mich ein vertrauter Geruch. Es ist der mir inzwischen wohl bekannte Geruch von ungewaschener Haut, der einem schon lange entgegenschlägt, bevor einen ein freundliches Lächeln erreicht. Er hinterlässt seine Spuren auf Kleidung, Bettlaken und Matten. Es ist der Geruch von Schweiß und *datsi*, von Chilis und *arra*, von Rauch und leicht ranziger Butter, der Geruch von Generationen von Menschen, die ihr Leben in Holzhütten und Häusern mit offenen Feuerstellen und bei geschlossenen Fenstern verbracht haben.

Saidon Abi freut sich über meinen Besuch und erhebt sich mit großer Mühe von ihrem Platz am Feuer. Ihr Mann, ein Mönch, der den alten Tempel von Kadam *goemba* betreut, widmet sich sofort seinem kleinen Enkelsohn, der sich an die Abi gekuschelt hat. Meme setzt sich den kleinen Jungen auf den Schoß, hält dabei aber weiterhin seine Gebetsmühle und murmelt seine Mantras vor sich hin. Der Kleine kräht begeistert und greift mit beiden Händchen nach dem interessanten Spielzeug. As er merkt, dass er es nicht erhaschen kann, bricht er in zorniges Heulen aus. Meme lacht und legt die Finger des Kindes um den Griff der Gebetsmühle. Zufrieden dreht der Kleine nun die *mani* gemeinsam mit seinem Großvater und kuschelt sich dabei immer tiefer in dessen Arme.

Saidon Abi bläst mit einem Bambusstab in die Glut auf der Feuerstelle, und in Minutenschnelle züngeln die Flammen unter einem kleinen, schwarzen Topf mit Wasser empor. Der auf-

Gebetsmühlen von Kadam *goemba*

steigende Rauch wird vom Wind wieder in den Raum zurückgedrängt, während Abi im Feuer herumstochert und damit für noch mehr Rauch sorgt.

Ich habe Saidon Abi ein Geschenk mitgebracht. Es ist ein wollener Schal, der sie während des kommenden Winters warm halten soll. Erfreut stelle ich fest, dass das rotgrüne Karomuster genau zu Saidon Abis rotem Kleid passt. Sie hat das Recht, dieses rote Gewand zu tragen, das dem eines Mönchs ähnelt (obwohl sie natürlich keine Nonne ist). Sie hat es durch jahrelanges Meditieren erworben.

Mit einem Lächeln in ihrem faltigen Gesicht serviert mir Saidon Abi den Buttertee in einem angeschlagenen Porzellanbecher und dazu einen Teller mit ganz besonderen Keksen. Verzweifelt versuche ich, sie zu überzeugen, dass ich viel lieber den *thengma* und Puffmais mit ihr teilen möchte. Sie lacht über meinen absurden Wunsch und reicht mir stattdessen einen *bangchung* mit süßem *zao*. Schließlich bin ich hier ein Ehrengast und darf als solcher nur mit dem Besten bedient werden, das es im Haus gibt. Während ich zufrieden an meinem *thengma* knabbere und genüsslich meinen Buttertee schlürfe, murmelt sie unentwegt Worte des Bedauerns darüber, dass sie mir nichts zu bieten hat.

Nach dem Tee führt mich Meme in den altehrwürdigen Tempel von Kadam. Erstaunt entdecke ich in einer Ecke des Tempels einen jungen Mönch, der dort über die heiligen Bücher gebeugt sitzt. Es ist Tashi, den ich vor einigen Tagen in Bikuls Ambulanz kennen gelernt habe und von dem ich erfahren habe, dass er von seinen Studien im Ausland nach Mongar heimgekommen ist. Da Meme zu tun hat, führt mich nun Tashi voller Stolz durch den Tempel.

Trotz seiner geringen Größe ist in diesem *lhakhang* nichts alltäglich oder wertlos. Die Wände sind mit eindrucksvollen Malereien bedeckt und die Pfeiler reich ornamentiert. Überall hängen *thangkha*. Diese auf Baumwollstoff gemalten Bilder sind von einem bunten Brokatrahmen umgeben und haben zwei Holzstangen an der oberen und unteren Kante zum Aufhängen. Sie können zum Schutz auch aufgerollt aufbewahrt werden. Die meisten *thangkha* stellen einen Buddha oder eine Gottheit dar, auch ein Mandala, ein Lebensrad, oder zeigen andere religiöse Motive.

Im Lauf der Zeit sind im Tempel viele der prächtigen Farben verblichen, und alles ist von dem geheimnisvollen Dunstschleier vergangener Jahrhunderte überzogen. Es gibt viel zu sehen, aber noch mehr, was man der Fantasie überlassen kann. Ich habe sofort das Bedürfnis, mich ganz der religiösen Welt der Darstellungen an den Wänden zu überlassen.

Vom Hauptschrein blickt das goldene Bildnis von Guru Rimpoche zu mir herunter. Der Ausdruck seines Gesichts ist nicht sanft, wie ich es erwartet hatte, sondern von fragender Strenge. Das dämmrige Licht im Tempel lässt das Weiß seiner Augen aufleuchten und zieht meinen Blick auf die goldenen Gesichtszüge. Das Bildnis eines anderen Buddha rechts von der Hauptstatue ist mir nicht vertraut. »Das ist der Gott des Erbarmens«, erklärt Tashi und zeigt dabei auf seine elf Köpfe und zahlreichen Arme. »Und dies hier ist der Beschützer der buddhistischen Lehren.« Die rote Statue stellt eine grimmige, rachsüchtige Gottheit dar.

Still sitze ich neben Tashi, während er konzentriert etwas in das Buch auf seinem Schoß einträgt. Was ich für ein Gebetbuch gehalten habe, stellt sich schließlich als ein Zeichenblock heraus, in dem er das Skizzieren von Buddhas Gesicht übt.

»Wir müssen dabei genau die alten Anweisungen befolgen«, erklärt er mir. »Wir dürfen sein Aussehen auf keine Weise ändern und auch nicht die Farben. Wir müssen immer alles auf die überlieferte Weise zeichnen.«

»Ich bin nicht besonders gut«, fügt er hinzu und versucht dabei, den Zeichenblock zuzuklappen. Ich bitte ihn, noch einmal hineinschauen zu dürfen. Auf einem leeren Blatt hat Tashi geometrische Formen und Linien gezeichnet und in diese die Umrisse eines Kopfs skizziert. Als Vorlage dazu dient ihm ein Buch, das vor ihm auf einem kleinen Holztisch liegt.

»Hast du einen Lehrer, der dir beim Zeichnen hilft?«, frage ich ihn.

»Ja, Madam. Wir studieren am College. Es braucht viele Jahre, bis wir gut zeichnen können. Eigentlich sollten wir diese Figuren unter einem Baum und nicht in einem *lhakhang* zeichnen«, sagt Tashi. »Wenn du bei Tageslicht zeichnest, ist es einfacher, die Farben genau abzustimmen. In Indien, wo ich gelernt habe, haben wir immer im Freien gezeichnet. Aber hier in Bhutan ist es kalt und voller Wolken.« Seine Geste drückt Erleichterung aus, dass ihn hier kein Lehrer sehen kann, während er den kostbaren Buddha im Innern eines *lhakhang* zeichnet.

Fasziniert beobachte ich den angehenden Künstler bei seiner Arbeit. Da ich selbst keine künstlerische Begabung habe, kann ich mir gar nicht vorstellen, dass er eines Tages in der Lage sein wird, die farbenprächtigen Gemälde der Götter und Gottheiten und die wunderbaren Dekorationen, die alle Tempel in Bhutan zieren, so getreu wiederzugeben.

Tashi begleitet mich zurück zu Saidon Abis Haus. Vom Tempel kommend, entdecke ich etliche Ziergegenstände an Abis Haus, die mir vorhin entgangen waren. Zwei rostige Fahrradrahmen sind gegen die Wand gelehnt, und eine Menge leerer Flaschen, einige alte Ölkanister, mehrere Wellblechplatten und ein abgetragener Schuh verschönern die Rückseite der Hütte.

In einiger Entfernung sind etliche Kinder um einen großen Holztrog geschart, in dem sie mit langen Stangen Körner zerstampfen, die wie Weizen aussehen. Mit unglaublicher Geschwindigkeit stoßen sie abwechselnd in perfektem Rhythmus auf die Körner ein.

»Sie machen *arra*«, erklärt Tashi lächelnd, und ich weiß nicht so recht, ob er mich damit nicht zum Narren hält.

Auch in Abis Haus herrscht geschäftiges Treiben. Eine alte Frau mit von Sonne und Arbeit gegerbten Händen mahlt Mais in einem riesigen Holztrog. Die Körner sehen aus wie Popcorn, bevor es aufgeplatzt ist. Fasziniert beobachte ich, wie sie unter einem tellergroßen Mahlstein verschwinden, wenn die Frau langsam an einem hölzernen Griff dreht, und das feine Maismehl dann in eine Schüssel unter dem Trog rieselt.

Hinter der Hütte spielt Saidon Abis Enkel mit seiner älteren Schwester Fangen. Alle brechen in herzhaftes Gelächter aus, als der Kleine schließlich in Abis Pantoffeln unsicher durch den Raum schlurft und sich dabei überall, wo es nur geht, festklammert. Als er schließlich nur ein paar Zentimeter von der heißen Glutasche auf der Feuerstelle hinstürzt, denke ich mit Schrecken an die vielen schlimmen Brandwunden, die im Krankenhaus immer wieder behandelt werden müssen. Anscheinend hat Saidon Abi denselben Gedanken wie ich, denn sie zieht den Kleinen entschlossen zurück in ihren Schoß.

Als mich die Dämmerung zur Heimkehr mahnt, drückt mir Saidon Abi einen großen Plastikbeutel mit *thengma* und ein paar Walnüsse in die Hand. Dabei entschuldigt sie sich wieder, dass sie mir nichts bieten könne. Zum Abschied bittet sie mich, sie wieder zu besuchen. Ich umschließe ihre winzige Hand mit beiden Händen und verspreche ihr, bald wiederzukommen.

Ich verweile noch ein wenig beim Tschorten vor Saidon Abis

Kinder stoßen Getreide in einem Holztrog

Haus. Unter mir liegt die Stadt Mongar. Sie ist so nahe, dass ich die einzelnen Hausdächer unterscheiden kann, und doch trennen mich Welten von ihr. Einige Dorfbewohner bringen ihre Kühe für die Nacht heim. Am Dorfbrunnen sind etliche Frauen beim Wäschewaschen, und in den umgebenden Hütten werden Feuer für die Abendmahlzeit entzündet. Vereinzelt zwitschern noch ein paar Vögel ihr Abendlied, begleitet vom Echo einer *puja*. Von den Bergen hinter mir ertönt der monotone Gesang der Gebete.

Die Lichtertänze

In einer dunklen Ecke des Dzong von Mongar sitzt ein blinder Mann. Tagein, tagaus, vom Morgen bis zum Abend, dreht er eine große Gebetsmühle, die mit der unentwegten Rotation ihrer großen Trommel ein Gebet nach dem anderen in die Welt entsendet. Der Mann ist still und unscheinbar, und ich würde ihn überhaupt nicht bemerken, wenn mich nicht das Glöckchen, das bei einer jeden Umdrehung der Mühle erklingt, auf ihn aufmerksam machen würde.

Seine Welt besteht aus Gebeten. Seine Gefährten sind die Gebetsmühle und die Gebetsschnur. Ihn berührt nicht das Kommen und Gehen der Männer in ihren gestärkten ghos und ihren langen, weißen Schals, die sie um die Schultern geschlungen haben. Die Verwaltungsbeamten betreffen sein Leben nur um neun Uhr früh, wenn sie in den Dzong eilen, und um fünf Uhr, wenn sie wieder nach Hause hasten. Für den blinden Mann dauert der Arbeitstag bis zur Schlafenszeit und beginnt, sobald das erste Tageslicht eine Welt erhellt, die für ihn ins Dunkel getaucht ist.

Tobgay Dhendrup sieht mit seinen erblindeten Augen nach oben, und ein Lächeln spielt um seine Lippen. Ohne Unterbrechung murmelt er einen alten buddhistischen Text, ein Gebet von solcher Reinheit, dass es sein Herz tanzen lässt. In seinen Zügen spiegeln sich weder Enttäuschung noch Bitterkeit. Mit seinen zweiundvierzig Jahren hat er einen Stand der Weisheit erreicht, der für viele unerreichbar ist, die das Leben mit allen Sinnen genießen.

Vor acht Jahren raubte Tobgay eine Virusinfektion das Sehver-

mögen. Über einen Monat markierte er einen jeden der verbleibenden Tage, an dem er seine schöne Frau und seine drei Kinder noch sehen würde. Seitdem leben sie nur noch in seiner Erinnerung. Sein Leben als tüchtiger Bauer fand ein Ende, als er den Rand seines Feldes nicht mehr ausmachen konnte. Und so wandte er sich langsam nach innen, wo er die Welt von Buddhas Worten entdeckte. Auf der Suche nach einer sinnvollen Aufgabe für seine dunkle Welt, fand er sie in der Gebetsmühle des Dzong, die er nun tagein, tagaus dreht.

Tobgay ist dankbar, dass die Krankheit nur seine Augen angegriffen hat. In den Jahren, die er im Dzong verbracht hat, ist sein Gehör zu einem getreuen Verbündeten geworden, zu einem Fenster, das sein Bewusstsein dem Laut des Betens geöffnet hat. Von seinem Platz im Hof aus lauscht er dem Singen der Mönche. Er folgt ihrem Vortrag und ihren Ritualen und fängt jedes Wort in seinem Gedächtnis ein.

Jetzt nickt der blinde Mann ruhig im Rhythmus der Trommeln, der durch den Hof hallt. Zwar kann er die Mönche nicht sehen, wie sie die komplizierten Schritte der alten Tänze üben, aber er kennt jede Bewegung auswendig und sieht vor seinem inneren Auge, wie ihre bloßen Füße hoch durch die Luft wirbeln. Aufgeregt dreht er die Gebetsmühle etwas schneller und passt ihre Rotationen dem Tempo des Tanzes an.

Während zu Hause in Kanada das Weihnachtsfest näher rückt, bereiten sich die Menschen im Bezirk von Mongar auf die jährlichen *tshechu*-Feierlichkeiten vor, die über vier Tage zu Ehren von Guru Rimpoche abgehalten werden. Die *tshechu* werden im Dzong mit Tänzen, Aufführungen und Gebeten festlich begangen, aber auch für die Bevölkerung ist das Fest ein beliebter Anlass für geselliges Beisammensein mit Plaudern und Essen und eine Gelegenheit, seine besten Kleider auszuführen.

Jetzt, nur zwei Tage vor Beginn der Festlichkeiten, sind die Vorbereitungen in vollem Gang. In den Häusern der Dörfer werden bunte Gerichte auf den Lehmöfen gewürzt und abgeschmeckt, in den Töpfen kochen Reis und Kartoffeln, und Säcke werden mit *zao* und *thengma* gefüllt. Von der Straße aus hört man das emsige Klappern der Webstühle, an denen junge Frauen noch schnell ihre Festtagskleider fertigstellen. Selbst im Krankenhaus wird fieberhaft an den Vorbereitungen zum bevorstehenden Fest gearbeitet. Die stationären Patienten wollen entlassen werden, und die Ambulanz ist leer. Niemand will die Gedenkfeier des großen Meisters Guru Rimpoche versäumen.

Aus dem Innern des Dzong dringt der Laut der Trommeln, die die Tänze begleiten. Es ist der letzte Tag der Proben vor den religiösen Feiern der *tshechu*. Morgen dürfen sich die Tänzer einen Tag lang ausruhen, bevor dann das viertägige Fest beginnt. Im *lhakhang* herrscht reges Treiben. Opfer werden dargebracht, und die Butterlampen werden für viele nächtliche Gebetsstunden gefüllt. Obst und Gebäck türmen sich auf dem Altar, und neben den zahlreichen Frischprodukten sind auch Dalda-Packungen und Rohrzucker zu sehen. Die Dorfbewohner opfern ihre wertvollsten Besitztümer, denn sie wollen während dieses heiligen Tanz- und Gebetsfests möglichst viele »Verdienste« erringen.

Obwohl die religiösen Riten der *tshechu*-Feierlichkeiten auf die Anfänge des tantrischen Buddhismus zurückgehen, wird nun außerhalb der Festungsmauern eine neue Art von Volksfest vorbereitet. Buden entstehen, indem blaue Planen über Holzpfosten gespannt werden. Mit Tischen und Stühlen beladene Lieferwagen kommen die stillen Straßen heraufgefahren. Männer schleppen Kartons und Kisten voll Bier und Spirituosen herbei, die sie hinter die provisorischen Barbuden stellen.

Würfel werden ausgepackt und Karten auf den Tischen verteilt. Vor den Toren des Dzong ist vorübergehend ein Spielkasino entstanden.

Tobgays Sohn Wangdi führt Bikul und mich in den *dochey*, den Innenhof des Dzong.

»Apa«, Wangdi legt sanft die Hand auf die Schulter des blinden Mannes, »ich bin wieder da.«

Tobgay lächelt und streckt eine Hand nach seinem jüngsten Sohn aus.

»Komm, setz dich«, sagt er und rückt ein wenig zur Seite, um ihm Platz zu machen.

»Dr. Bikul ist da, mit Madam«, erklärt Wangdi.

Ein breites Lächeln erhellt nun Tobgays Gesicht, und er streckt uns zögernd die Hände entgegen. Bikul ergreift eine mit beiden Händen und hält sie lange fest.

»Wie geht es dir, Tobgay?«

Der Blinde nickt und lächelt. Bikul stellt mich Tobgay vor. Wieder strahlt sein Gesicht vor echter Freude.

»Kommen Sie zu den *tshechu*, Frau Doktor?« Er zeigt dabei in den Hof, wo noch immer einige Männer einen Tanz vorführen, bei dem sie einige stolzierende Schritte gehen, sich tief verbeugen und ihre Körper dann in einer wiegenden Bewegung herumdrehen.

»Ja, natürlich«, antworte ich.

Tobgay nickt und wendet sich seinem Sohn zu.

»Welchen Tanz üben sie jetzt, Wangdi?«

»Es sind alles Leute aus dem Dorf, Apa, ich glaube, sie beenden gerade den *Dametsi Ngacham*.«

Tobgay scheint mit der prompten Antwort seines Sohnes zufrieden zu sein. Er ist stolz darauf, seinen Kindern die wahre Bedeutung der *tshechu* zu lehren.

»Apa«, fügt Wangdi leise hinzu, »ich glaube, die Männer

Der Totengott Shinje betritt den Hof, umgeben von seinen Helfern

haben zu viel *arra* getrunken. Ihre Schritte sind ganz eigenartig.«

»Ich weiß«, erwidert Tobgay und zuckt dabei die Achseln. »Einige von diesen Leuten können erst tanzen, wenn sie *arra* getrunken haben. Sind sie jetzt fast fertig?«

»Ja, Apa«, bestätigt Wangdi.

Als Tobgay das Wort an uns richtet, klingt Trauer in seiner Stimme mit. »Frau Doktor, haben Sie die Buden draußen gesehen? Was halten Sie von dieser neuen Generation?«, will er wissen. Doch ohne eine Antwort abzuwarten, fährt er fort. »Die moderne Jugend glaubt nur ans Trinken und Spielen, nicht aber an die Wahrheit der heiligen Tänze.«

Die Trommeln sind verstummt, und die Leute aus den Dörfern haben sich in der hintersten Ecke des Dzong versammelt. Jigme, der stellvertretende Leiter der Mönche, führt sie nun bestimmt aus dem Hof hinaus, denn die Mönche wollen weiter an den Vorbereitungen zu den *tshechu* arbeiten. Die Proben der Tänze sind beendet.

Im Krankenhaus hat die aufgeregte Erwartungsfreude Personal und Patienten ergriffen. Die *tshechu* sind ein Anlass, Wohltaten zu erbitten. Angehörige der Patienten, die sich auf den überfüllten Betten zusammendrängen, ziehen aus den Verstecken in ihren frisch gewaschenen *kiras* und *ghos* zerknitterte Ngultrumscheine. Geschäftstüchtige Hausierer tauchen über Nacht auf und bieten Bananen, Butterpäckchen und Räucherstäbchen an. An den Abenden werden die Krankensäle zu provisorischen Herbergen für Angehörige und Freunde.

Es werden nicht viele neue Patienten aufgenommen, aber ein paar vertraute Gesichter tauchen auch kurz vor den *tshechu* wieder auf. Als nach dem wöchentlichen Bus aus Trongsa ein Krankenwagen aus Thimphu eintrifft, kommen etliche ehemalige Patienten in die festlich geschmückte Stadt zurück. Unter ihnen ist ein junges Mädchen, das nun aufrecht in ihrem Gehrahmen steht.

»Lhamo, das ist doch nicht zu fassen!« Erstaunt und begeistert begrüße ich meinen ehemaligen Schützling mit dem kranken Knie.

»*Kuzuzang po la,* Frau Doktor.« Vorsichtig manövriert sie den Gehrahmen über den unebenen Boden und kommt auf mich zu.

Voller Aufregung stürze ich mich auf die schlanke Gestalt, die nun fast ebenso groß ist wie ich, und schließe sie fest in die Arme. Vergessen sind die Wochen frustrierender Übungen mit meiner quengelnden Patientin. Jetzt denke ich nur noch eines: Wir haben es geschafft! Lhamo kann wieder gehen!

Lhamo murmelt etwas und bekommt einen hochroten Kopf. Doch dann wird ihr Ausdruck wieder ernst, und sie sieht mich erwartungsvoll an, als ob ich nun ein endgültiges Urteil über den Erfolg ihrer Operation abgeben sollte.

»Großartig, Lhamo! Es ist einfach großartig!«

Für mich gibt es keine Zweifel über den Erfolg ihrer Reise nach Thimphu. Vom Operationsbericht, den ich schon vor Lhamos Ankunft erhalten hatte, weiß ich, dass die Fusion ihres linken Knies gut gelungen ist. Die einzige Komplikation bei der Operation war die Verletzung ihres Peronäusnervs, die einen Fallfuß zur Folge hatte. Dieses neue Problem lässt sich jedoch mit einer Stützschiene korrigieren und möglicherweise im Lauf der Zeit sogar verbessern. Wichtig ist, dass Lhamo jetzt aufrecht stehen und ihr Gewicht mit den eigenen Beinen tragen kann, auch wenn das rechte Knie von den Brandverletzungen noch immer ein wenig gekrümmt ist.

Lhamos Mutter scheint ebenso glücklich zu sein wie ich.

Wiederholt zeigt sie auf das Knie ihrer Tochter und lässt dabei einen wahren Wortschwall über mich ergehen. Ich nicke, und dann fangen wir beide an zu lachen. Für Lhamo gibt es noch immer viel zu tun, aber das Schlimmste ist vorbei. Rollstühle und Druckgeschwüre haben nun endgültig ein Ende! Im Lauf der wenigen Wochen ist aus Lhamo ein hübsches junges Mädchen geworden.

Drei Tage später, am 7. Dezember, dem zweiten Tag der *tshechu*, lade ich Lhamo ein, mit mir in den Dzong zu kommen. Ihre Antwort ist mir unverständlich, denn sie geht in der rasanten Geschwindigkeit ihres Geplappers unter. Als ihre aufgeregte Gestik schließlich ruhiger wird, merke ich, dass in ihrem Jubel Zweifel mitklingen, denn sie fürchtet, dass sie mit ihrem Gehrahmen nicht in den Dzong hineingelassen würde. Aber vor allem sei ihre *kira* nicht gut genug, und sie würde in ihrem einfachen Kleid auffallen.

Verärgert über solche Belanglosigkeiten, die dieser großartigen Gelegenheit im Weg stehen könnten, erkläre ich ihr – möglicherweise ein wenig streng – dass es Guru Rimpoche sicher nicht stören würde, wenn sie die *tshechu* in ihrer gelborange gestreiften *kira* mitfeiert. Und was den Gehrahmen betrifft, so müsse sie sich über kurz oder lang daran gewöhnen, sich damit in der Öffentlichkeit zu zeigen.

Ihre Mutter stimmt mir sofort zu, aber Lhamo ist noch nicht überzeugt.

»Aber ich habe keinen *rachu*«, wirft sie schmollend ein.

Verwirrt sehe ich Lhamo an und wende mich dann an eine der umstehenden Schwestern. »Ist ein *rachu* wirklich notwendig?«, frage ich sie. Schwester Gita nickt. Der *rachu* ist ein langer roter Schal, den die bhutanischen Frauen über ihrer linken Schulter tragen müssen, wenn sie in den Dzong gehen. Es ist ein offizielles Kleidungsstück, das genau wie das Tragen von *kira* und *gho* von der Polizei geltend gemacht werden kann.

Lhamos Mutter bestätigt, dass sie selbst ohne *rachu* nicht zu den tshechu-Feiern gehen könne, dass für Kinder aber immer Ausnahmen gemacht würden und Lhamo ja erst 13 sei. Fest entschlossen, dass ihre Tochter Guru Rimpoches Segen erbitten soll, blickt die Mutter das Mädchen nun ganz streng an, und Lhamo muss sich ganz einfach fügen.

Eine Stunde später sind wir im Dzong. Zu meiner großen Erleichterung stellt sich heraus, dass Lhamos Befürchtungen völlig unbegründet waren. Sie wird zwar neugierig angestarrt, aber die Gesichter der übrigen Besucher drücken Erstaunen und Respekt und nicht etwa Misstrauen aus gegenüber ihrer eigenartigen Gehhilfe. Nach ein paar freundlichen Worten von den diensthabenden Polizisten ist auch die letzte Hürde überwunden, und Lhamos Gesicht entspannt sich. Aus Verlegenheit über ihren Gehrahmen bittet sie mich noch ein paar Mal halbherzig, wieder umzukehren, doch als sie die ersten Tänzer durch das große Tor zum Dzong erspäht, überzieht ein Ausdruck reiner Freude und kindlicher Erregung ihr Gesicht.

Im Dzong wimmelt es von Menschen. Die Mittelfläche des Hofs wurde für die Tänzer frei gemacht, und rundum in Reihen sitzen die Menschen aus den Dörfern. Auch die Torbögen, Balkons und Fenster sind mit Menschen gefüllt. Alle tragen ihre schönsten Kleider, und die Menge der Zuschauer ist ein Meer bunter *toegos* und *kiras* und frisch gestärkter *ghos*.

Jigme, Bikuls Freund und der stellvertretende Leiter der Mönche, führt uns schnell zum Hauptportal des Mittelturms, das den Mönchen als »Garderobe« dient. Von hier aus werden wir bald einen ungehinderten Blick in den Hof haben. Im Moment sind wir noch von einer Gruppe schwatzender Mönche umgeben, die sich auf ihre Aufführung des großartigen *shanag cham*, des Tanzes der Schwarzhutmagier, vorbereiten.

Mit offenem Mund bewundern Lhamo und ich die Vorbereitungen der Tänzer. Da werden Schärpen gebunden, Hüte über einer schützenden Lage Stoff auf den kahl geschorenen Köpfen festgebunden und Filzstiefel angezogen. Dazwischen wird immer wieder geprüft, ob auch alles gut sitzt. Einer der jungen Mönche lacht verstohlen und tritt dabei nervös von einem Fuß auf den anderen. Seine rote Robe aus Seidenbrokat bläht sich auf und glättet sich dann wieder in eleganten Falten, als er ein paar Schritte und eine Drehung übt. Ein breitkrempiger Hut mit Pelzverbrämung und einer finster dreinschauenden Maske ist fest um seinen Kopf gebunden. Der Hut läuft in einer hohen Spitze aus, die sich aus mehreren religiösen Symbolen zusammensetzt: einem grinsenden Schädel mit zwei Flammen und zwei Hörnern zu beiden Seiten, einer Mondsichel mit Sonnenscheibe und einer Krone aus mehreren Pfauenfedern. In seiner linken Hand hält er einen langen, gebogenen Trommelstock und in der rechten eine große Ledertrommel.

Jigme schiebt den schweren Vorhang zur Seite und späht in den Hof. Etliche Mönche stellen sich nun zu beiden Seiten des Vorhangs auf und ziehen ihn auf ein geheimes Zeichen hin ganz auf. Mit einer eleganten Drehung stürmt der Mönch im Kostüm eines Schwarzhutmagiers hinaus in die Gruppe der Tänzer.

Als ich neben Lhamo sitze und das Mädchen beobachte, wie es ehrfurchtsvoll den Tänzen im Hof zusieht, muss ich lächeln. Jedem dumpfen Trommelschlag folgt ein Augenblick der Stille, dann kommen drei rasche Schläge hintereinander ... Jeder einzelne Schritt der Tänzer wird von einem Trommelschlag untermalt. Drei breite Schritte ... eine seitliche Bewegung nach links und rechts … ein Sprung auf einem Bein, Verlagerung der Körpers … Beugung zum Boden, ein Sprung, eine Drehung … und der Tänzer kommt wieder auf einem Bein zum Stehen.

Die meisten dieser alten Tänze, *cham* genannt, sind religiösen Ursprungs. Sie haben den Zweck, einer Bevölkerung, die sich weitgehend aus Analphabeten zusammensetzt und auf die Unterweisung durch den Klerus in ihrer spirituellen Entwicklung angewiesen ist, die Lehren Buddhas, das Dharma, im Bewegungsablauf der Tänze und in der Musik zu veranschaulichen. Die Tänze sind äußerst eindrucksvoll und nicht nur zur Unterhaltung bestimmt. In den *cham* wird der Schutz der buddhistischen Gottheiten vor Unglück und bösen Geistern angerufen, und die Zuschauer erringen sich allein durch ihre Anwesenheit »Verdienste« und einen besonderen Segen.

Vor uns heben sich die bunten Brokatgewänder der zwölf Mönche zu perfekten Kreisen, während sich die Tänzer mit kunstvollen, gemessenen Schritten drehen. Zum Klang der Becken und Langhörner reinigen die Schwarzhutmagier den Hof des Dzong. Ihre Tanzschritte und ihre Gestik sind nicht zufällig, sondern werden seit Jahrhunderten praktiziert und versinnbildlichen in ihrem Ausdruck die Unterwerfung des Bösen. Viele der Tanzschritte werden auf nur einem Bein ausgeführt, das andere Bein wird abgebogen, die Fußsohle zeigt nach vorne. Die Tänzer bewegen sich in einem großen Kreis, und jeder Mönch vollführt seine Drehungen auf der ihm zugewiesenen Stelle. Zum Klang der großen Trommeln zertreten sie das Böse unter ihren Füßen und verkünden den Sieg der buddhistischen Religion über die Dämonen und bösen Geister.

Auf der uns gegenüberliegenden Seite entdecke ich in der Menge Tobgay und seinen Sohn. Beide folgen den Bewegungen der Tänzer mit gespannter Aufmerksamkeit. Dabei flüstert

Wangdi ins Ohr seines Vaters und beschreibt ihm wahrscheinlich das Aussehen der Tänzer, deren Kostüme und Masken. Tobgay wiegt seinen Körper im Rhythmus der Musik. Ich bin sicher, dass er den Tanz in seiner Vorstellung ebenso klar und deutlich vor sich sieht wie ich in Wirklichkeit und dass er die Feinheiten der Schritte und Gesten besser erkennt als ich mit meinem ungeübten Auge. Sein zufriedenes Lächeln sagt mir, dass die Tänze Licht in sein Dunkel bringen und er die festliche Farbenpracht genießt, ohne sie sehen zu können.

Nach dem Tanz beobachten wir von unseren Garderobensitzen, wie die schwitzenden jungen Mönche schnell die heißen Stoffstreifen von ihren Köpfen wickeln und die schweren Kostüme ausziehen. Alle sind erleichtert, dass sich die monatelangen Proben gelohnt haben und die Aufführungen nun fehlerlos vonstatten gegangen sind. Nur einer der Tänzer hatte seinen Hut verloren, der ihm aber schnell von einem *atsara*, den Spaßmachern auf den religiösen Festen, wieder aufgesetzt wurde.

Zu meiner großen Bestürzung kommt nun ein *atsara* auf uns zugehüpft. Sein Gesicht ist hinter einer lustigen, weißen Maske gut versteckt, so dass ich ihn nicht erkennen kann. Ich scheine ihm aber bekannt zu sein, denn er bittet Jigme, eine Aufnahme von uns allen zu machen. Lhamo neben mir beginnt zu kichern, und unter viel Gelächter und Scherzen wird das Foto schließlich geknipst. Ein wenig misstrauisch, halte ich nach irgendwelchen Anzeichen des für die *atsara* typischen hölzernen Penis Ausschau. Die *atsara* ahmen viele der Tänze nach und amüsieren die Zuschauer während der ernsteren Stellen der Tänze. Ich fühle mich immer etwas unbehaglich und schockiert, wenn ich zusehen muss, wie sie ihren hölzernen Penis herumzeigen. Was aber keineswegs auf meine junge Begleiterin zutrifft. Lhamo lacht über ihre Possen und klatscht in die

Hände, während sie von den übrigen Zuschauern lauthals zu weiteren Mätzchen angefeuert werden.

Im Hof versammeln sich nun die ersten Tänzer zum *raksha marcham*, dem Tanz des Totengerichts. Dies ist ein ganz besonderer Tanz, bei dem sich Guru Rimpoche in einem herrlichen Gewand zu den Erdbewohnern gesellt. Der *cham* beginnt mit den *raksha*, den Helfern des Totengottes, die in Tiermasken auftreten und die guten Taten eines Menschen von seinen bösen Taten trennen. Gemeinsam hüpfen, tänzeln und springen sie herum, bis eine Gruppe von Mönchen die kleine sitzende Statue des Gottes des ewigen Lichts, Amitabha oder Oepame genannt, in einer Wolke von Weihrauch feierlich aus dem Tempelinneren heraustragen. Dann wird die Statue links vom Eingang zum Turm auf ein Podest vor die Reihe der Gebetsmühlen gestellt. In einer langen Prozession, der Mönche mit Trompeten und Becken voranschreiten, kommt die riesige Figur des Totengotts Shinje in Begleitung seiner Gefolgsleute, des weißen Gotts und des schwarzen Dämons, herein. Feierlich setzen sie sich auf den farbenprächtigen Thron des Hohen Gerichts.

Nun nehmen die *raksha* wieder ihren Tanz auf, und einige alte *minakpa* unter den Zuschauern lehnen sich ganz weit vor, um besser sehen zu können. Die Lehren aus diesem Tanz sollen den alten Menschen helfen, sich auf den eigenen Tod vorzubereiten. Der schwarz gekleidete Tänzer, der nun auftritt, stellt einen jüngst verstorbenen Sünder dar, der sich im *bardo*, dem Zustand unmittelbar nach dem Tod, befindet, und der nun vor das Gericht gestellt wird. Während die *raksha* seine guten und bösen Taten auf einer Waage abwiegen, herrscht völlige Stille in der Menge. Die bildhafte Warnung lässt die Zuschauer verstummen, als der Sünder in Begleitung des schwarzen Dämons in die Hölle geschickt wird. Der nächste Tänzer hat mehr Glück. Er ist ein tugendhafter Mann, der nach den buddhistischen Lehren gelebt hat, und als Belohnung für seine Frömmigkeit von wunderschönen Feen ins Paradies geführt wird. Bei seinem eindrucksvollen Abschiedstanz ist zu merken, wie sich die verschreckten Zuschauer nun wieder sichtlich entspannen. Mir gegenüber zieht eine alte Abi ihr Taschentuch hervor und wischt sich erleichtert die Stirn. Die *raksha* beenden ihren Tanz mit großartigen Sprüngen und Drehungen und stellen sich zum Abschluss in einer langen Reihe vor dem Totengott Shinje auf.

Nun ist es an den Besuchern, Glück und Segen zu erbitten. In der Menschenmenge, die sich dazu in Bewegung gesetzt hat, finden wir endlich Lhamos Mutter, der es gelungen war, von einer der Schwestern ein *rachu* auszuborgen. Mutter und Tochter schließen sich gemeinsam der langen Schlange an, die auf den *wang*, den gemeinsamen Segen, wartet. Männer tragen kleine Kinder auf ihren Schultern, und Frauen helfen alten Abis mit ihren Gehstöcken. Dann beugt einer nach dem anderen vor den Göttern das Haupt. Zu meiner Linken haben ein paar Mönche einen *tashi gowang*, einen Miniaturtempel mit vielen kleinen Türen, aufgestellt, in die die Gläubigen ein paar Ngultrum für zukünftige Verdienste und Glück stecken. Alle verbeugen sich ehrfürchtig vor Amitabhas Statue. Wenn sie hier Gebete und Geld opfern, gießt ein Mönch zur Belohnung Weihwasser in ihre Hände und murmelt über ihnen kostbare Mantras.

Die Schlange der wartenden Gläubigen scheint kein Ende zu nehmen. Hunderte von Bhutanern aus jeder sozialen Schicht warten darauf, ihren *wang* zu empfangen. Ich winke Lhamo zu und blicke mich dann in der Menge nach Tobgay und Wangdi um, aber die beiden sind schon lange in der endlosen Menschenschlange vor dem Altar verschwunden. Nach der Zahl der Leute zu schließen, die darauf warten, bis sie an die Reihe kommen, wird die Segnungszeremonie wahrscheinlich noch Stunden dauern. Und so beschließe ich, nach Hause zu gehen und meinen knurrenden Magen zu versorgen.

Am Eingang zum Dzong sehe ich Ugyens kleine Schwester Karma Dema, die dort mit Freunden spielt und sich dabei gegen eine Säule lehnt, um von der Menge, die sich zum *wang* drängt, nicht umgestoßen zu werden. Selbst als ich mich auf meine Zehenspitzen stelle, um nach Ugyens Krücken Ausschau zu halten, kann ich von dem Mädchen keine Spur entdecken.

»Karma Dema! Wo ist denn Ugyen?«, rufe ich.

»Daheim«, antwortet Karma Dema mit einem scheuen Lächeln.

»Wollte Ugyen nicht auch kommen?«

»Ugyen ist beim Kochen«, erwidert Karma Dema und blickt mich sorgenvoll an.

»Hast du Spaß, Karma Dema?«, frage ich, um das scheue kleine Mädchen zu beruhigen.

»Ja, Madam.«

Ja, Madam. Karma Dema hat Spaß, aber Ugyen ist zu Hause. Warum ist Ugyen nicht für ihren Segen hier? War sie wie Lhamo zu scheu, um zu den *tshechu* zu kommen? Oder hatte sie Angst, dass man sie auf ihren Krücken umstoßen könnte? Einen Moment lang habe ich das dringende Bedürfnis, zu Ugyen nach Hause zu gehen und sie in den Dzong zu bringen, doch dann entscheide ich mich dagegen. Ugyen ist nicht auf den Kopf gefallen, und im Gegensatz zu Lhamo kennt sie sich in Mongar gut aus. Sie kann selbst auf sich schauen. Mit dem festen Entschluss, mich nicht weiter einzumischen, drehe ich mich um, um Karma Dema zum Abschied zu winken, doch das Mädchen ist bereits in der Menge verschwunden.

»Madam! Oieehhh! Madam!« Auf meinem Heimweg schreit mir jemand aus dem lärmenden Getriebe um die Imbiss- und

Spielbuden an der Straße laut zu. Da ich die Stimme nicht kenne, marschiere ich weiter, vorbei an den wackligen, mit Planen abgedeckten Hütten voll grölender und betrunkener Leute.

Ein Mädchen in einer gelb- und orangefarbenen *kira* schenkt einigen Männern ein, die um einem Tisch herum sitzen. Sie ist nicht viel größer als Lhamo, hat aber denselben trotzigen Blick wie meine kleine Patientin, die nun im Dzong steht und auf ihren *wang* wartet. Ein Gefühl der Genugtuung steigt in mir hoch, und ich bin maßlos stolz auf Lhamo. Schließlich hat sie den Mut gefunden, sich an hunderten Neugieriger vorbeizuschleppen und ihr krankes Bein hinter sich herzuziehen. Trotz ihres unsicheren Gangs und ihres sperrigen Gehrahmens ist sie in den Hof gehumpelt, wo die Mönche ihre Tänze aufgeführt haben, um dort ihren Segen und ihre Verdienste zu erbitten.

Es hat sie sicher viel Überwindung gekostet. Für mich aber bedeuten Lhamos Anstrengungen noch mehr: die Hoffnung auf eine neue Generation, die Hoffnung, dass selbst Bhutans junge Menschen, von denen einige schon von westlichen Ideen verblendet sind, auch weiterhin das Licht in den Tänzen suchen werden.

Gebete zur Mitternacht

»Doktor, bringst du von den *tshechu* einen Segen für Apa mit?«

Norbu Ama sieht Bikul fragend an, der den Puls eines gebrechlichen, völlig dehydrierten Mannes fühlt, der in einem hepatischen Koma auf der Intensivstation liegt.

»Wie könnte ich das denn, Ama?« Bikul legt die blasse Hand seines Patienten auf die Decke und trägt etwas auf seiner Krankenkarte ein.

»Wir haben gehört, dass du immer schon früh am Morgen beten gehst. Bitte doch den Lam Neten um einen Segen für meinen Onkel.«

Bikul nickt und wendet sich seinem Patienten zu. Hinter den vorstehenden Backenknochen sind die Augen des Mannes geschlossen und tief in die Höhlen seines Schädels gesunken. Die monatelangen Kämpfe mit der tödlichen Krankheit haben einen gequälten Ausdruck in seinem Gesicht hinterlassen. Seine Haut ist von wachsgelber Färbung.

Geistesabwesend streicht Bikul ein paar lose Haare vom leblosen Gesicht des Mannes. Für Tshering gibt es kaum mehr Hoffnung. Vor etlichen Wochen hatte sich der Tischler aus Trashigang Hepatitis B zugezogen, und jetzt hat das Virus den Sieg über den geschwächten Körper schon fast davongetragen. In Mongar verfügen die Ärzte weder über die nötigen Ausrüstungen zur Analyse der biochemischen Parameter des Krankheitszustands, noch über die entsprechenden Methoden zur Aufrechterhaltung des Flüssigkeitsgleichgewichts im Körper.

Bikul weiß, dass die Überlebenschancen des Mannes gering sind.

»Ich gehe heute Abend zu den *tshechu*, Tshering«, sagt Bikul sanft zu dem bewusstlosen Mann. »Und ich werde dir einen Segen mitbringen. Mach dir keine Sorgen mehr.«

Bei diesem Versprechen verziehen sich die aufgesprungenen Lippen des komatösen Patienten zu einem dünnen Lächeln, als ob er die Worte gehört hätte.

»Ama, das braucht er aber noch immer, o.k.!«, sagt Bikul vorwurfsvoll zu Ama, die aus eigenen Stücken den Tropf vom Bett weggerollt hat.

Norbu Ama aber schüttelt lächelnd den Kopf. »Wenn er Guru Rimpoches Segen bekommt, braucht er keine Medizin mehr. Wir werden heute Abend *puja* abhalten.«

»Ama, bitte!« Bikul wirft ihr einen flehenden Blick zu. Heute ist Norbu Ama an der Reihe, an Tsherings Bett zu wachen, seine Frau und Kinder sind nach Hause gegangen, um Essen und Proviant zu holen. Bikul macht sich Sorgen, dass Norbu Ama auf eigene Faust handeln könnte – für Tshering möglicherweise eine Frage von Leben oder Tod. Auf Grund der schweren, bakteriellen Sepsis muss Tshering laufend mit Flüssigkeit versorgt werden. Mutlos greift Bikul nach einer Spritze, die die letzte Dosis Ampicillin enthält. Danach gibt es von diesem Medikament nichts mehr, denn im Krankenhaus sind die nötigen Antibiotika ausgegangen, und die Bakterien in Tsherings Körper haben sich gegenüber allen sonstigen Medikamenten als resistent erwiesen. Seufzend füllt Bikul das restliche Präparat in den Tropf und beobachtet, wie die transparente Flüssigkeit langsam durch die Spritze läuft. Dann nimmt er die kalte Hand des Patienten in die seine, und im Raum ist außer Tsherings mühsamem Atmen eine Weile nichts mehr zu hören.

Norbu Ama räuspert sich zögernd. Mit bebenden Lippen bittet sie: »Doktor, wirst du einen Segen aus dem Dzong bringen?«

Natürlich wird er von den *tshechu* Gaben mitbringen, die aber seiner Meinung nach weniger für Tsherings Genesung, als vielmehr für seine Angehörigen bestimmt sind. Denn für Tshering kann nicht mehr viel getan werden, während seine Frau und Kinder die nötige Kraft brauchen werden, das Leben ohne ihn zu meistern. Vielleicht wird ihnen der Segen des Guru helfen, den Glauben an die Zukunft nicht zu verlieren.

»Ich werde heute Abend hingehen«, versichert Bikul Norbu Ama, während er den Tropf mit einem Stück Schnur ans Bett bindet. Dann prüft er die Durchflussgeschwindigkeit und zählt die Sekunden. Tropf … tropf … tropf … ein Tropfen alle zwei Sekunden. Das Medikament fließt in Tsherings Körper und nimmt dort den schier aussichtslosen Kampf um sein Überleben auf.

Am letzten Tag der *tshechu* klettern Bikul und ich um zwei Uhr früh aus dem Bett und ziehen uns mit klappernden Zähnen und klammen Händen *kira* und *gho* über. Eine Dreiviertelstunde später marschieren wir langsam zum Dzong hinauf. Die Nacht ist klar, und das schwache Licht am fernen Horizont unterstreicht die friedliche Stille. Wir wandern Hand in Hand, dankbar für den Schutz der Nacht und glücklich über die Nähe des andern.

Der Dzong liegt in majestätischer Ruhe vor uns. Sein weißes Mauerwerk erhebt sich im Licht des Mondes feierlich vor uns. Kein Laut ist zu hören, bis wir das Eingangstor erreichen, wo noch ein paar betrunkene Kartenspieler im Licht einer Funzel ihr Glück versuchen. Im Hof angekommen, hören wir das Echo von Trommeln und Hörnern. Aus einigen Fenstern im mittleren Stockwerk des Mittelturms dringt schwaches Licht zu uns.

Der Guru Rimpoche *lhakhang* ist erfüllt vom Klang der Gebete, vom Geruch der Räucherstäbchen und von den farbenprächtigen Dekorationen zu Ehren des Fests. Leuchtende Banner und Ornamente hängen von der Decke. Die Rückwand des Schreins ist hinter fantastischen Gebilden aus buntem Butterteig, kostbaren Gemälden und strahlenden Butterlampen versteckt. Auf dem Altar sind Opferschalen aufgereiht, von denen die größten mit Ananasfrüchten, Bananen, Guaven, Orangen, Zuckerrohr und Traubenzuckerpäckchen gefüllt sind. Der Klang von Gebeten und Musik erfüllt die Luft.

Wir werden auf die andere Seite des Raums geführt und lassen uns neben dem noch leeren Ehrenplatz nieder. Der Lam Neten, der oberste Mönch, sitzt auf seinem Thron. Er hat seinen langen Schal lose um sich geschlungen. Tshering, der *umdze* oder »Chorleiter«, der schwere Becken hält, steht etwas weiter unten links. Die übrigen Mönche sitzen auf Kissen in ordentlichen Reihen auf dem Boden einander gegenüber. Auf der anderen Seite des Raums erkenne ich in der Ecke die Gesichter der Tänzer des Dzong und ein paar alte *minakpa*.

Es ist der vierte Tag der *tshechu*, und die nächtlichen Gebete und Rituale werden nun bald ein Ende finden. Die kleinen Mönche – kleine Jungen in roten Roben – können sich kaum mehr wach halten und folgen nur noch verschlafen den Gebeten der anderen. Mir gegenüber beobachte ich, wie die Augen eines Knaben zufallen und sein Kopf in friedlichem Schlummer nach vorne fällt. Sein kleiner Nachbar versucht ihn zu wecken, indem er ins Ohr des Schlafenden bläst, woraufhin der *kudung*, der »Meister der Disziplin«, rügend die Gebetsschnur schüttelt.

Selbst das Gesicht des Lam Neten scheint alle paar Minuten für ein kleines Nickerchen in den Falten seiner Robe zu verschwinden. Doch auf ein für mich unsichtbares Zeichen hin hebt er immer wieder den Kopf und führt mit seiner kräftigen

Stimme die Mönche durch die frommen Rituale und die heiligen Mantras.

Das gleichmäßige Murmeln der Gebete, das hin und wieder zu einem leisen Flüstern absinkt und dann wieder zu einem überwältigenden Crescendo anschwillt, übt eine hypnotische Wirkung aus. Alle Gebetsverse werden vom leisen Klang der Becken untermalt. Doch dann wird auch die Musik lauter. Mit Langhörnern, Trompeten, den doppelseitigen *damaru*-Trommeln und Glocken stimmen alle übrigen Instrumente ein und vereinen sich zu einer Ehrfurcht gebietenden Fanfare. Guru Rimpoche wird damit zur *puja* eingeladen. Ich habe in diesem Augenblick das Gefühl, dass das Gebrause so stark ist, dass selbst die Engel im hintersten Winkel diese Einladung nicht überhören können.

Jigme, der ein weißes Tuch vor Mund und Nase gebunden hat, füllt eine Schüssel auf dem Altar mit Wasser und hält dabei eine winzige Schöpfkelle in seiner rechten Hand; mit der anderen Hand macht er zur Begrüßung des Guru ein Zeichen über und vor sich. Dabei werden die Gebete auf eine Weise wieder leiser, die mich an eine Schallplatte erinnert, die zu langsam gespielt wird. Nun schwingt der *kudung* erneut seine Gebetsschnur, und auf dieses Zeichen hin stürmen die kleinen Mönche hinaus und kommen mit Tee und süßem Reis zurück. Dreimal werden die Tassen aller Anwesenden gefüllt, bevor die Gebete wieder aufgenommen werden.

Das Licht der vielen kleinen Butterlampen auf dem Altar spiegelt sich in den glänzenden Dekorationen und wirft tanzende Schatten auf den polierten Holzboden. Die Lichter flackern in der leichten Brise, die durch das offene Fenster hereindringt, und flammen bei der tiefen Intonation der Gebete auf. Und dann springt plötzlich, wie eine Vision, die den träumenden Schläfer überrascht, aus den geheimnisvollen Tiefen des Tempels eine Fee hervor. Sie ist wie ein Engel in Blau und Gold gekleidet, trägt eine silberne Krone auf dem Haupt und hält eine *damaru*-Trommel und eine Glocke in den Händen. Bald gesellt sich eine zweite Fee zu ihr, und gemeinsam springen, hüpfen und drehen sich die beiden in einem magischen Tanz. Ihre Gegenwart erfüllt den ganzen Raum mit einer Vision von atemberaubender Schönheit.

Ich bin von ihrem Anblick gebannt und schwelge in diesem Augenblick, der mich auf so unerklärliche Weise am Wunder dieser Nacht teilhaben lässt. Eine Sekunde lang bin ich im Mysterium des Geistes gefangen, der in Regionen entflieht, in die das menschliche Bewusstsein nicht folgen kann. Immer schneller drehen und wenden sich die Feen, immer kühner werden ihre Sprünge, bis einige Sekunden lang nur der Laut ihrer Trommeln zu hören ist. Dann nehmen sie sofort ihre Sprünge und Drehungen wieder auf, sie läuten ihre Glocken und zum Abschluss springen sie vor dem Lam Neten so hoch in die Luft, dass ihre Knie fast ihre Ohren berühren. Selbst als sie verschwunden sind, ist ihr Zauber noch im Raum zu spüren.

Als das erste Licht der Dämmerung durch die Fenster des *lhakhang* hereindringt, ist die *puja* beendet. Im halbdunklen Hof quillt zum Reinigen der Luft Weihrauch aus einer laternenförmigen Vase. Bikul und ich folgen einer Prozession von Mönchen, die eine lange Stoffrolle um den Mittelturm tragen. Dreimal gehen wir um das Gebäude und setzen dabei eine Reihe von Gebetsmühlen in Bewegung. Dann wird das riesige Tuch zum Oberstock des Turms hinaufgezogen, und vor den ehrfürchtigen Blicken der versammelten Menschen entfaltet sich das Bildnis von Guru Rimpoche.

Vollkommene Stille begrüßt den *thondrol*. Durch das Halbdunkel sieht das Gesicht des Guru mit heiterer Gelassenheit auf uns herunter. Sein Blick, der Erleuchtung bringt, umfängt uns. Für die Bhutaner ist der Anblick dieser prächtigen *thangkha* heilig, und daher trägt das Banner auch den Beinamen »Befreiung durch den Anblick«. Für die Gläubigen bedeutet dies, dass ihre Sünden weggewaschen werden, sobald sie das gütige Gesicht des Guru sehen.

Nun beginnen die Mönche ihre *puja*. Dazu sitzen sie auf dem Steinpflaster des Hofs und wenden dem *thondrol* wie einem Schrein ihre Gesichter zu. Räucherstäbchen verströmen ihren Duft vor dem seidenen Bildnis, und die Flämmchen der zahlreichen Butterlampen flackern im Licht der Dämmerung. Auch die *minakpas* haben sich still versammelt, um den kostbaren *thondrol* zu betrachten. Ihr unerschütterlicher Glaube ist ihnen in ihre frommen Gesichter geschrieben. Heute ist ein Tag der Vergebung und des neuen Beginnens, der Hoffnung für die Zukunft. Ein rosiger Himmel im Osten heißt den neuen Morgen willkommen, und als die Sonne ihre ersten Strahlen über den Gipfel des Kori La schickt, wird Guru Rimpoches Bildnis wieder aufgerollt und für ein weiteres Jahr im Tempel aufbewahrt.

»Ich muss den Lam Neten suchen. Wartest du hier auf mich?«

Ich nicke und sehe Bikul nach, wie er im Dunkel des Tempels verschwindet. Ich weiß, dass der Gedanke an seinen Patienten Bikul die ganze Nacht beschäftigt hat und dass er möglichst schnell wieder ins Krankenhaus zurückwill. Als das Trommeln zur Begleitung der letzten Tänze erneut einsetzt, kommt er mit einem erleichterten Lächeln zurück.

»Komm, gehen wir«, sagt er und führt mich aus dem Dzong hinaus. Er trägt einen Beutel in der Hand, der mit Essen und Blumen, einem Päckchen Butter und einem seidenen Tuch gefüllt ist. Der gesamte Inhalt ist an diesem besonders segensreichen Tag geweiht worden, und der Lam Neten hat jedes

Stück davon persönlich für den sterbenden Mann ausgesucht. Bikul kann es kaum erwarten, Tsherings Familie diesen Hoffnungsschimmer zu bringen.

Als wir ankommen, ist die *puja* auf der Intensivstation noch immer im Gang. Um das Bett sind Butterlampen und daneben ein provisorischer Altar aufgestellt. Der Geruch von Weihrauch dringt durch die Tür, und ich höre das Murmeln einer tiefen Stimme, das von Glockenläuten begleitet wird. Bikul überreicht Tsherings Frau still die Gaben aus dem Tempel und zieht sich nach einer kurzen Verbeugung vor dem Altar wieder zurück. Dann gehen wir schnell weg, denn wir haben beide das Gefühl, dass ein Arzt auf der Intensivstation jetzt weder gebraucht wird noch erwünscht ist.

Ein paar Tage später stoße ich vor Beginn der Visite zufällig auf eine Gruppe von Ärzten, die laut miteinander diskutieren.

»Diese Bauern sind so stark, dass sie jede Krankheit überleben!«, polemisiert Dr. Pradhan.

»Der Mann hatte einfach Glück, sage ich euch!«, kontert Dr. Shetri.

»Natürlich hatte er Glück«, stimmt Dr. Pradhan zu, »aber alles Glück in der Welt hätte mich in diesem geschwächten Zustand nicht gerettet.«

Etwas ungläubig öffne ich die Türe zur Intensivstation und gucke hinein. Auf dem Nachttisch flackert friedlich eine Butterlampe, und eine hohe Vase mit Weihwasser wirft einen langen Schatten auf einen Bund gelber und orangefarbener Blumen. Daneben liegt auf einem schmutzigen, blauen Laken unser Patient, dessen blasse Haut mit der leichten Röte der Genesung überzogen ist. Tshering ist aufgewacht, und er wird nun vertrauensvoll und vielleicht auch mit Buddhas Hilfe die schwierige Reise zu seiner völligen Gesundung antreten.

Kummer in Trashi Yangtse

»So, das wär's!« Mit einem zaghaften Lächeln überreiche ich dem Postbeamten meinen Briefumschlag. Damit schicke ich meine letzte Botschaft von 1997 auf den Weg – möglicherweise der wichtigste Brief, den ich je geschrieben habe.

»Ich hoffe inständig, dass meine Eltern keinen Herzanfall bekommen. Was glaubst du, was sie sagen werden?« Ich sehe Bikul zweifelnd an. Er antwortet mit dem für ihn typischen unerschütterlichen Lächeln.

»Ich weiß es nicht, aber ich glaube, sie werden es verstehen.« Seine Antwort beruhigt mich keineswegs. »Wann, glaubst du, kommt der Brief denn an?«, frage ich ihn, obwohl ich genau weiß, dass die Post nach Kanada zwischen zwei und acht Wochen dauern kann.

»Vielleicht nach Neujahr?« Bikul scheint sich über die zeitliche Planung unserer bedeutsamen Bekanntmachung wesentlich weniger Sorgen zu machen als ich. Ein wenig verärgert gebe ich ihm einen freundlichen Schubs. Die Sache ist doch wirklich wichtig! Bikul hat eine Verlängerung seines Dienstvertrags in Bhutan beantragt, und wir haben nun endlich einen langen Brief an meine Eltern verfasst und sie über unsere Beziehung aufgeklärt.

»Vielleicht bekommen sie den Brief, wenn wir in Trashi Yangtse sind«, überlege ich. Sie hätten etwas mehr Zeit zum Nachdenken, wenn sie uns telefonisch nicht erreichen können – so meine vage Hoffnung.

»Hmmm.« Jetzt wo der Brief abgeschickt ist, macht sich Bikul offensichtlich keine Sorgen mehr. Stattdessen erkundigt er sich beim Postmeister über die Busverbindungen nach Trashigang.

Bikul und ich haben beschlossen, Neujahr in Trashi Yangtse, dem östlichsten Bezirk von Bhutan, zu verbringen, denn Bikul wollte endlich die seltenen Schwarzkraniche sehen, die in einigen der entlegensten Gebiete Bhutans überwintern. Unser Plan ist perfekt, und auch das Wetter scheint mitzuspielen.

Drei Tage vor Neujahr verlassen wir Mongar im ersten Licht der Dämmerung in der Fahrerkabine eines riesigen TATA-Lkws, der uns nach Trashigang bringt. Von dort werden wir dann nach Chorten Kora mitgenommen. Durch enge Täler und über steile Bergstraßen rattert unser Fahrzeug über Kies und Gestein in die entlegene Welt Ostbhutans. Vorbei an Hügeln mit blühenden Sträuchern und grünen Reisfeldern kommen wir schließlich ins Tal der Schwarzkraniche.

Trashi Yangtse ist noch ziemlich unterentwickelt. Die Stadt ist klein und einfach. In ein paar Läden wird das Notwendigste verkauft, und das einzige »Hotel« hat fünf Zimmer ohne Strom und fließendes Wasser. Wir besuchen den Medical Officer des Bezirks von Trashi Yangtse und werden von ihm und seiner Familie freundlich aufgenommen. Ich fühle mich sofort wohl in diesem kleinen Nest westlich der indischen Grenze zu Arunachal Pradesh.

Im Licht der Abendsonne wandern wir am Fluss Kulong Chhu entlang zum Kora-Tschorten. Kleinere Tschorten und Mani-Mauern führen zu dem eindrucksvollen weißen Bauwerk hinauf. Diesem im nepalesischen Stil erbauten Heiligtum diente der prächtige Bodnath Stupa in Nepal als Vorbild. Mich erinnert der Tschorten aber eher an die kleinere Version, die neben dem Fußballplatz von Mongar steht. Der von einer niedrigen Steinmauer umgebene Bau ruht auf einem vierstufigen Podest, über dem sich die schimmernd weiße, von einer Spitze bekrönte Kuppel erhebt. Der Kora-Tschorten ist über 250 Jahre alt. Für die Menschen in Ostbhutan ist diese Stätte von großer religiöser Bedeutung, was auch an den zahlreichen Gebetsfahnen zu sehen ist, die am Flussufer im Wind flattern.

Durch ein offenes Tor in der Mauer betreten Bikul und ich den Hof, der den Tschorten umgibt. Der Boden ist hier mit grob behauenen Steinplatten bedeckt, zwischen denen Moos und Unkraut sprießen. Langsam gehen wir um den Tschorten herum. Wie schön, sich endlich einmal keine Sorgen machen zu müssen, das Passende zu tun oder zu sagen, und so genieße ich in vollen Zügen die abendliche Ruhe. Als ich auf die steilen Felsen am anderen Flussufer blicke, fühle ich mich klein und unwichtig und mit meiner Welt völlig im Einklang. Meine Gedanken schweifen umher, ohne sich an irgendeinem Gegenstand festzuhängen und damit meine zufriedene Stimmung zu zerstören.

Als die Sonne hinter den westlichen Gipfeln versinkt, verlassen wir den Kora-Tschorten und setzen uns eine Weile auf einen Stein am Wasser. Der Fluss stürzt hier über riesige Felsblöcke, und hin und wieder trifft uns sein eisiger Sprühregen. In der abendlichen Dämmerung sinkt die Temperatur rasch ab, und wir gehen fröstelnd zum Gästehaus zurück. Doch in dieser Nacht beginnt in unserem Zimmer im Hotel, das weder eine Toilette noch Wasser hat, für mich ein Alptraum.

Ich spüre, wie aus meinem tiefsten Inneren Übelkeit emporsteigt und mich drückt und quält, bis ich mich übergeben muss. Dann schlittere ich über die steilen Stufen hinunter in die nächtliche Kälte, wo mich ein furchtbarer Durchfall quält und meine Eingeweide herauszureißen droht. Geschwächt möchte ich nur noch schlafen, aber die Übelkeit und der Durchfall lassen mir keine Ruhe. Ich sehe Bikuls besorgtes Gesicht, wenn er meine fiebrige Stirn befühlt. Dann hält er ein Glas Wasser an meine Lippen und wickelt mich fester in meinen Schlafsack ein …

Wir wandern nach Bumdeling, um dort nach den Schwarzkranichen Ausschau zu halten. Ich bin noch immer schwach und schleppe mich den Pfad entlang. Bikul trägt unsere Taschen.

Es ist Silvesterabend. Wir liegen in einem Büro des Forstamts. Unter uns amüsiert sich eine Familie laut beim Würfelspiel. Jedes Mal, wenn der Becher auf die dicke Lederunterlage aufschlägt, schießt mir ein stechender Schmerz durch den Kopf. Ich bete, dass sie bald aufhören …

Ich wache um Mitternacht auf. Mein Bauch wird von Krämpfen zusammengepresst, und ich bin in Schweiß gebadet. Bikul untersucht mich sorgfältig und kann seine Besorgnis nicht vor mir verbergen. Die Schmerzen werden immer schlimmer. Ich beginne zu heulen, denn ich bin überzeugt, dass es eine Blinddarmentzündung ist. Bikul versucht mich zu trösten, findet aber nicht die richtigen Worte. Vielleicht ist es wirklich eine Blinddarmentzündung. Ich stelle mir vor, wie ich auf einem provisorischen Operationstisch der ambulanten Klinik von Trashi Yangtse liege. Das Krankenhaus befindet sich im Bau, und es gibt noch keinen Operationssaal.

Wir fahren zurück nach Mongar, denn ich brauche Medikamente. Mein Magen verkrampft sich, und bei jedem Schlagloch durchzuckt mich ein Schmerz wie ein Messerstich. Ich muss mich erneut übergeben. Bikul richtet mir zu Hause mein Bett. Der Hund darf nicht zu mir; im Zimmer wird es dunkel.

Wir haben keinen Strom, und Bikul muss in der Finsternis einen Tropf für mich herrichten. Im Licht der Taschenlampe sucht er nach einer Vene. Seine Hände zittern, und er ist den Tränen nahe. Ich bin dehydriert, und meine Blutgefäße sind verengt. Dann ruft er eine Krankenschwester, gemeinsam finden sie eine Vene. Bikuls Hand liegt beruhigend auf meiner Stirn. Er wischt sie mit einem feuchten Schwamm ab und versucht dann, mir einen Haferbrei zu kochen. Im Krankenhaus von Mongar gibt es keine Medikamente. Also muss ich nach Thimphu. Ich habe schreckliche Angst.

Ein Wagen des Voluntary Service Overseas holt mich ab. Bikul gelingt es, sich ein paar Tage Urlaub zu nehmen, und so kann er mitkommen.

Ich verbringe drei Wochen in Thimphu. Meine Brechanfälle hören auf, aber ich kann nichts essen. Freunde betreuen mich, und alle sagen mir, dass ich entsetzlich abgenommen hätte. Eine mögliche Diagnose ist abdominale Tuberkulose, es könnte aber auch mit den Eierstöcken etwas nicht in Ordnung sein. Aller Wahrscheinlichkeit nach ist es Ruhr. Bikul muss zurück nach Mongar, sein Urlaub ist vorbei. Ich fliege nach Bangkok für eine Endoskopie.

Mein Vater holt mich am Flughafen ab. Ich liege ihm in den Armen und beginne, wieder zu weinen. Das Krankenhaus ist sauber und modern … Die thailändischen Krankenschwestern sind freundlich; die Ärzte sprechen nur von Krebs. Mein Blut wird geprüft, mein Sputum getestet. Ich muss mehrere Liter Wasser trinken. Das kalte Gel für den Ultraschall lässt mich zittern. Meine Brust wird geröntgt, dann muss ich Barium trinken, und es werden weiter Röntgenaufnahmen gemacht. Zuletzt wird auch noch eine Darmspiegelung vorgenommen.

»Wir wissen nicht genau, was Ihre Krankheit verursacht hat, aber Sie müssen zurück nach Hause zu Ihrer Familie, damit Sie sich erholen können. Regelmäßiges Essen ist jetzt besonders wichtig. Ihre Eingeweide sind entzündet und müssen sich wieder beruhigen; dazu müssen Sie sich ausruhen. Es wäre nicht gerade das Beste, jetzt nach Bhutan zurückzugehen. Wenn es nicht besser wird, kommen Sie am besten wieder zu mir.« Der Arzt schüttelt mir zum Abschied die Hand.

Ich weiß, dass er Recht hat, aber was soll ich nur tun? Eine Rückkehr nach Kanada würde meinem Leben in Bhutan ein unerwartetes Ende setzen. Ich würde meinen Job aufgeben und Bikul zurücklassen müssen. Der Gedanke, ihn zu verlieren, ist mir unerträglich und überschattet meine Krankheit und meine Schwäche. Ich kann es einfach nicht tun. Mein Vater fliegt nach Hause, und ich kehre nach Mongar zurück ... Ich werde wohl noch eine Weile im Krankenstand bleiben müssen. Ich soll Gewicht zulegen, aber ich kann nichts essen. Ich fühle mich schwach, und ich bin immerzu müde.

»Soll ich dir einen Tee machen?« Bikul berührt zärtlich meine Stirn. Er sieht besorgt aus und hat dunkle Ringe unter den Augen.

»Wie spät ist es?«, frage ich.

»Es ist schon fast neun. Ich muss jetzt ins Krankenhaus.« Bikul schüttelt mein Kissen zurecht, und ich versuche dabei, den Kopf ein wenig zu heben. Der Schlaf hält mich noch immer umfangen, und mir ist ein wenig übel. Dann bin ich wohl wieder eingenickt.

»Britta?«

Ich kenne die Stimme, sie ist mir lieb und vertraut, aber ich kann sie im Augenblick nicht identifizieren. Mit großer Anstrengung öffne ich die Augen.

»Was ist denn mit dir geschehen? Du bist ja so dünn!« Eine zierliche junge Frau kommt mit besorgtem Gesicht ins Zimmer herein. Es ist Pema.

»Du bist wieder da!« Vor lauter Erleichterung setze ich mich zu schnell auf. Aber ein Schwindelanfall überfällt mich, und ich sinke zurück ins Kissen.

»Ja, wir sind Mitte Januar zurückgekommen. Bei unserer Ankunft hörten wir, dass man dich nach Thimphu gebracht hat. Was ist denn passiert?« Ruhig und gelassen wie immer setzt sich Pema zu mir aufs Bett.

Noch immer ganz verschlafen gehe ich auf ihre Frage nicht ein.

»Ich bin bald wieder o.k. Aber wie geht es Nima? Hat man etwas gefunden?«

Anfangs scheint Pema nicht über ihre Reise sprechen zu wollen, aber als ich schließlich darauf bestehe, sprudelt es nur so aus ihr heraus.

Während der ersten zwei Wochen in Vellore wurde Nima vielen Tests unterzogen. Er wurde von einem Arzt zum anderen geschickt, aber niemand unterrichtete sie über die Ergebnisse. Nach einem Cat-scan, einem EEG und mehreren Nervenleittests, wurde die vorläufige Diagnose einer athetoiden Hirnlähmung mit einer Neigung zu Anfällen gestellt. Als Pema die gefürchteten Worte ausspricht, sehe ich, wie sie schlucken muss. Hirnlähmung – eine Nervenkrankheit, die durch eine Verletzung des Gehirns bei der Geburt verursacht wird. Sie kann nicht geheilt werden, und die einzige Chance auf eine Besserung ist eine ständige Therapie und Rehabilitationsarbeit.

Als ich versuche, Pemas aufgeregter Erzählung zu folgen, wird mein Denken etwas klarer. Um sie und mich selbst zu ermutigen, lege ich ihr bestärkend die Hand auf den Ellbogen. Pema fährt in ihrem Bericht fort. Nach der Diagnose blieben Pema und Karma mit Nima im Rehabilitationszentrum von Vellore und arbeiteten dort mit den Therapeuten und Ärzten. Nima erhielt mehrere Medikamente, die er über längere Zeit einnehmen muss, sowie Mittel gegen seine Anfälle. Pema soll ihn nun in sechs Monaten wieder hinbringen. Als Pema den Ärzten erklärte, dass es unwahrscheinlich sei, dass sie in Bhutan innerhalb des nächsten Jahres wieder eine Überweisung erhalten würde, zuckten sie nur mit den Achseln. Sie könnten dann nichts weiter für ihn tun.

»Glaubst du wirklich, dass es eine Hirnlähmung ist?«, fragt mich Pema voller Zweifel in der Stimme. Ich weiß, dass sie die Diagnose nicht akzeptieren will und dass sie einfach nicht fähig ist, sich mit diesem vernichtenden Urteil abzufinden. Aber es ist nicht an mir, die Wahrheit zu beschönigen.

»Ich glaube, die Ärzte haben Recht, Pema«, antworte ich, so sanft wie möglich. »Ich habe aber den Eindruck, dass es kein schwerer Fall ist. Wenn du täglich mit ihm arbeitest, wird sich sein Zustand sicher bessern. Ganz bestimmt.«

»In Vellore haben sie so viele Geräte«, seufzt Pema. »Aber hier haben wir gar nichts. Die Therapeuten haben dort so viele Übungen mit ihm gemacht – aber es hat nichts geholfen.«

Pemas Augen füllen sich mit Tränen, und mir sitzt ein Kloß im Hals. Es fällt mir nichts ein, was ich sagen könnte, um ihren Schmerz ein wenig zu lindern. Ich weiß, wie dringend sie eine Diagnose haben wollte, aber jetzt, wo sie da ist, mache ich mir Sorgen, ob sie damit fertig wird.

Aber Pema ist wie immer stärker, als ich glaube, und auch diesmal überrascht sie mich schließlich mit ihrer positiven Einstellung. Innerhalb weniger Minuten hat sie sich wieder gefasst und räumt nun die im Zimmer herumliegenden Kleider und ein paar leere Gläser weg. Dann stellt sie sich aufrecht vor mich hin und lächelt mich an.

»Jetzt müssen wir aber schauen, dass wir dich wieder auf die Beine bringen. Du musst essen. Ich werde dir ein wenig Reis kochen.«

Ohne von meinen Protesten und Überredungsversuchen

Notiz zu nehmen, geht sie in die Küche, und innerhalb kürzester Zeit höre ich das Klappern von Töpfen und laufendes Wasser. Eine halbe Stunde später bringt sie mir eine Schüssel mit Reis und eine milchig weiße Suppe ans Bett. Dann geht sie zum Dienst ins Krankenhaus zurück.

Fest entschlossen, mich ein wenig nützlich zu machen, schwinge ich meine Beine aus dem Bett und gehe mit unsicheren Schritten zum Fenster. Die Pfirsich- und Pflaumenbäume vor meiner Türe sind inzwischen von Blüten übersät. Es ist Ende Februar, und der Frühling hat die Landschaft in bezauberndes Rosa und Grün getaucht.

Nächste Woche muss ich zurück zu meiner Arbeit. Und es ist auch höchste Zeit, dass ich Pema wieder unterrichte. Wenn ich mich nur nicht so schwach fühlen würde. Ich sehe in den Spiegel und wende rasch wieder den Blick ab. Mein Gesicht ist abgemagert und sieht müde aus. Die zwei Monate, während derer ich fast nichts gegessen habe, sind nicht spurlos an mir vorübergegangen.

Zu Mittag kommt Bikul herübergelaufen, um mich ein wenig von meinem unberührten Teller abzulenken. »Ich habe die Verlängerung bekommen. Jetzt kann ich noch ein Jahr hier arbeiten.« Mit diesen aufgeregten Worten zeigt er mir das offizielle Schreiben des Gesundheitsministeriums. Wir fallen uns froh in die Arme. Jetzt weiß ich wenigstens, dass wir beisammenbleiben können. Aber wird das auch möglich sein? Wenn sich mein Zustand nicht bessert, werde ich mindestens für ein paar Monate wieder nach Kanada zurückmüssen. Der Arzt in Bangkok hatte mich ja gewarnt.

In einem Anfall von Übelkeit laufe ich zur Toilette und zittere bei dem Versuch, mich aufrecht zu halten, am ganzen Körper. Ich weigere mich, aufzugeben, weiß aber, dass es so nicht weitergehen kann.

Am Montag gehe ich wieder zur Arbeit. Ich glaube, es ist der erste Regentag von 1998. Mein Erscheinen im Krankenhaus ist von Wolken und Nebel begleitet. Die Feuchtigkeit dringt bis in die Unterwäsche und setzt sich überall fest. Keine Beleuchtung, keine Heizung – alles ist so unangenehm wie nur möglich. Nur Pemas Gegenwart erhellt den trübseligen Tag. Ich gehe ins Büro und werde vom Verwalter mit einem frostigen Lächeln empfangen. Als ich mich hinsetze, steht der Klinikleiter auf und geht ohne ein Wort zu sagen aus dem Raum. Damit gestehe ich mir ein, dass es an der Zeit ist, zu gehen.

Ich füge mich dem Diktat meines geschwächten Körpers, der nicht genesen will, und trete Anfang März von meinem Dienst zurück. Die Tage bis dahin war ich nicht fähig gewesen, Pema zu unterrichten, und ich hatte nicht einmal die nötige Energie, ihr bei der Beurteilung und Behandlung der Patienten zuzusehen. Als ich Pema meine Entscheidung mitteile, habe ich das Gefühl, als würde ich mich damit selbst in die Verbannung schicken. Meine Tage in Bhutan sind nun gezählt. Ich werde also nicht in der Lage sein, mein Praktikum abzuschließen und nicht einmal dazu, meine Karteien ordentlich zu Ende zu führen. Und Mongar wird weiterhin ein unerforschtes Mysterium für mich bleiben. Alle Wanderungen und Besuche, die ich mir vorgenommen hatte, werde ich nun in meiner Fantasie unternehmen müssen, und all die frühen Morgenstunden, die ich mit Bikul im Dzong verbringen wollte, werde ich bald allein und ohne den Klang der Gebete und Trommeln, die den neuen Tag begrüßen, zubringen.

Meine Rückkehr nach Kanada rückt immer näher, und ich sehe auch keinen anderen Weg mehr für mich. Mein geschwächter Körper macht mir Angst, ebensolchen Schreck jagt mir aber auch der Gedanke an meine unsichere Zukunft ein. Was steht mir bevor, wenn ich den Flughafen von Paro und die Berge des Himalaja hinter mir gelassen habe? Trotzdem muss ich zurück. Mit blutendem Herzen entscheide ich mich dafür, ohne zu wissen, ob und wie Bikul und ich je zusammenfinden werden.

Viele Stunden und Tage verbringe ich in Tränen bei dem Gedanken an meine bevorstehende Abreise. An einem Tag, als die Rhododendronsträucher vor meinem Haus ihre ersten Blüten ansetzen, wird mir plötzlich bewusst, dass ich damit nur wertvolle Zeit vergeude. Ich nehme also all meine Kraft zusammen und plane, das Beste aus meinen letzten drei Wochen in Mongar zu machen.

Das Losar-Neujahr

Der 27. Februar ist ein warmer Tag, und nach einer Woche der Ruhe fühle ich mich viel frischer und sogar ein wenig unternehmungslustig. Die Sonne liebkost mit ihren Strahlen die jungen Knospen, und die Felder sprießen in frischem Grün. Das feurige Rot der Rhododendronblüten zaubert Farbtupfer auf die sonst noch ein wenig triste Landschaft. Das Tal ist erfüllt von den vergnügten Rufen der *minakpas*, die sich mit Bogenschießen und kuru (einer Art Pfeilwurfspiel, das auf einem sechzig Meter langen Feld stattfindet) die Zeit vertreiben. Junge und alte Männer und auch Knaben haben sich zur Feier des Losar-Fests zu freundlichen Wettkämpfen zusammengefunden.

Dabei kann ein Spaziergang an diesem fröhlichen Tag ziemlich gefährlich werden, wie Bikul und ich bald herausfinden, als eine Gruppe von *minakpas* ihre Pfeile vor uns über den Weg schießen. Lautes Schreien und Johlen empfängt uns, als uns die Schützen entdecken. »*Oieehh, o dele?*« »*Doktor! Kuzuzang po la!*« Man merkt an ihrem freundlichen Geplänkel, dass sie dem *arra* schon reichlich zugesprochen haben.

»*Kuzuzang po! Kuzuzang po!*«

Wir erwidern ihren Gruß und mischen uns unter die fidelen Schützen und beobachten, wie sie ihre Pfeile über das Feld fliegen lassen. Die Zielscheibe, die sicher mehr als hundert Meter entfernt ist, ist so weit weg, dass man sie kaum sehen kann. Die Schützen des gegnerischen Teams sind bereits zur anderen Seite des Felds unterwegs. Ein großer, hagerer Mann mit einem dünnen Bärtchen kaspert neben mir um einen Schützen herum, offensichtlich um den Gegner von seinem Ziel abzulenken. Doch der Schütze, ein robuster kleiner Mann, dessen Bambusbogen fast ebenso groß ist wie er selbst, lässt sich nicht durcheinander bringen. Energisch spannt er den Bogen, und bevor ich mich auf das Ziel konzentrieren kann, fliegt der Pfeil schon über die Büsche und Sträucher hinweg. Vom Triumphgeschrei seiner Teamkollegen begleitet, macht der kleine Mann ein paar Schritte nach vorn und vollführt dann einen wahren Freudentanz. Offensichtlich hat er ins Schwarze getroffen. Die anderen Männer auf unserer Seite machen mit und hüpfen begeistert auf einem Bein. Dazu stimmen sie aus vollen Lungen ein Siegesgeschrei an. Dann läuft die ganze Gruppe unter fröhlichen Beglückwünschungen ihres erfolgreichen Schützen auf die andere Seite, wo sie sich auf der Suche nach verlorenen Pfeilen gesellig unter ihre Widersacher mischen.

Auch weiter oben auf dem Hügel finden Spiele statt. Die Zielsicherheit der gegnerischen Teams ist erstaunlich. Mit makelloser Präzision schießen sie ihre Pfeile ab, wobei der *arra* ihr Können noch zu heben scheint. Auch Bikul versucht sein Glück einmal, wird dabei aber von einer Gruppe kleiner Jungen in den Schatten gestellt, die in ihrer Geschicklichkeit den Älteren in nichts nachstehen. Dann werden wir beinahe von zwei Gefährten überrollt, die mit voller Geschwindigkeit den Weg herunterdonnern. »Chauffiert« werden diese Holzplatten auf drei Rädern von zwei Buben, die mir nur bis an die Knie reichen. Das Losar-Fest ist in vollem Gange.

Losar, das bhutanische Neujahrsfest, fällt nach dem Mondkalender zumeist in den Monat Februar. Die Bhutaner benennen die Jahre, indem sie eines der zwölf Tiere aus dem Zodiakus mit einem der fünf kosmischen Elemente, Feuer, Erde, Eisen,

Wasser und Holz kombinieren. Der heutige Tag markiert das Ende der 360 Tage des Feuer-Ochsen und den Beginn des Erd-Tiger-Jahres.

Als wir bei Norbus Haus ankommen, steht Ama mit bloßem Oberkörper am großen hölzernen Trog im Freien und wäscht sich. Ihre kurzen Haare stehen ihr wie Stacheln vom Kopf. Mit einem freundlichen Lächeln begrüßt sie uns. Meme Mönch sitzt auf einer Bank vor dem Haus und lehnt seinen wuchtigen Körper gegen die Wand. Seine Augen sind geschlossen, doch als wir auf ihn zugehen, überzieht ein Lächeln des Erkennens sein Gesicht. Bedächtig erhebt er sich und führt uns zum Haus. Wir klettern über die drei Holzstangen des Gatters zum Hof, und werden von der dürren, alten Abi winkend willkommen geheißen. Ihr Rücken ist so gebeugt, dass sie in sitzender Stellung zu gehen scheint. Mit einem strahlenden Lächeln in ihrem vom Alter gegerbten Gesicht blickt sie zu uns auf. Sie ist fünfundachtzig, Meme Mönch vierundachtzig Jahre alt. Sie sind ein echtes *minakpa*-Paar aus diesem robusten Bergbauerngeschlecht.

Pema heißt uns mit der üblichen Entschuldigung willkommen. »Wir sind arm, und unser Haus ist schmutzig. Wir haben nichts zum Losar zu bieten. Bitte setzt euch.« Ich möchte lieber nicht im Altarzimmer bleiben, aber Bikul überzeugt mich, dass wir uns dieser Tradition fügen müssen. Also setzen wir uns auf eine alte Matratze am Fenster und warten, bis jemand zu uns kommt.

Wie immer wandert mein Blick zum Altar uns gegenüber. Der große Eichentisch ist mit Butterlampen und Opfergaben reich geschmückt. Dahinter thront die Statue des meditierenden Buddha. Einmal kommt Ama kurz herein, um eine Butterlampe und ein frisches Räucherstäbchen zu entzünden. Ihr folgt Meme Mönch, der sich hinter einem kleinen Tisch niederlässt und ein rituelles Gebet intoniert. Bald ist die ganze Familie versammelt. Pema bringt einen großen Topf mit *thukpa* (Nudelsuppe) herein. Ihr folgen Ama, die Nima auf dem Rücken trägt, Chimmi, Abi, Karma, Amas Bruder Larjap *lopon* und seine Frau, Kinley, Amas Sohn, der ein Mönch ist, und ihre jüngste Tochter Rinzin Tshering.

Pema reicht zuerst Meme Mönch eine Schüssel mit *thukpa*, dann werden die übrigen Gäste bedient. Der Suppe folgt *arra*, und nach weiteren Gebeten und Opfern kommt eine lange Mahlzeit. Bikul und mir wird ein riesiger Teller mit Reis, gebratenem Schweinefleisch und geröstetem *datsi* (Käse) serviert.

»*Zhe, Doktor, zhe!*« Pema lächelt und zwinkert mir zu. Bald weiß ich auch, weshalb. Das Essen ist köstlich, aber der scharfe Chili im Fleisch treibt mir das Wasser in Augen und Nase, allerdings mit dem Vorteil, dass sich meine Nasenhöhle nun gleich viel freier anfühlt.

»Du hast dich noch immer nicht an die Chilis gewöhnt, nicht wahr?«, sagt Pema lachend. »Siehst du, Nima und Chimmi haben keine Probleme damit.«

Das stimmt auch. Chimmi verschlingt vergnügt das Essen auf ihrem Teller, der mit Fleisch und einigen grünen Chilischoten voll gehäuft ist. Und Nima lutscht verzückt an Norbu Amas Finger, den sie immer wieder in die rotbraune Sauce taucht. Keines der beiden Kinder erweckt den Eindruck, dass es ihnen zu scharf wäre.

»Wirst du in Kanada auch Chili kriegen?«, fragt mich Pema mit schelmisch glitzernden Augen.

Ich schüttle mit Nachdruck den Kopf. Nur keinen Chili – und vielleicht werde ich auch dem Reis eine Zeit lang aus dem Weg gehen. Pema missdeutet mein wehmütiges Lächeln.

»Keine Angst. Wir werden dir davon schicken«, beruhigt sie mich, und sie löffelt noch etwas Sauce und Fleisch auf meinen Teller.

Nach dem Essen trinken wir mehrere Tassen Buttertee, zu denen *zao* und *thengma* gereicht wird. Abi setzt sich Nima auf den Schoß und gießt dann etwas *arra* in ihre *guru*. Sie spritzt ein paar Tropfen der Flüssigkeit nach links als Opfer für den Erdgott. Larjap *lopons* Frau serviert den starken Schnaps aus einer riesigen Schöpfkelle. Bikul erhält als Erster den dampfend heißen, mit Eiern vermischten *arra*, und während er trinkt, wird seine *guru* immer wieder nachgefüllt, bis der Schöpfer leer ist. Dann kommen alle andern an die Reihe. Abi füttert Nima mit dem selbst gebrannten Schnaps, und der Kleine schlürft das warme Getränk mit sichtlichem Genuss. Da ich den gebotenen *arra* immer wieder entschieden zurückweise, wird meine Tasse nach jedem Schluck großzügig mit Buttertee aufgefüllt.

Eine Weile später zeigt der arra seine Wirkung. Er hat die Zungen gelockert und alle Zurückhaltung verscheucht. Nun stimmt Bikul sein Lieblingslied »Etho metho« an. Der Text ist für eine Männer- und eine Frauenstimme gedacht, und mit einem scheuen Lächeln fällt Pema in das Lied ein.

> *»Lay-la gooh-cho au-san bo-rang ga,*
> *Etho metho leg-pu pho-g pa la,*
> *Metho photnee nan gaa tsham thong ga,*
> *Leg-pu chot-pay mi wa cha …«*

Alle hören aufmerksam zu und begleiten den beliebten Text mit Gebärden. Zuerst bittet ein junger Mann seinen Schatz, eine Blume zu betrachten: »Diese Rhododendronblüte ist so schön, ich möchte sie dir ins Haar stecken. Du wärst so hübsch damit.« Das Mädchen antwortet: »Nein, ich brauche diese Blüte nicht. Bitte pflück sie nicht, lass sie blühen. Sie ist viel schöner im Wald.« Der junge Mann rühmt nun wieder seine Geliebte. »Du bist die Schönste unter allen Mädchen. Komm nach Haus mit mir, und ich gebe dir eine hübsche *kira*.« Wieder bittet ihn das Mädchen, auf sie zu hören: »Ich habe viele *kiras* und brauche keine. Wenn du mir was geben willst, gib mir deine Liebe.«

Als das Lied beendet ist, sieht mich Bikul mit einem strahlenden Lächeln an, bis mir die Röte in den Kopf steigt. Zum Glück setzen nun Ama und ihre Töchter gemeinsam zu einem neuen Liebeslied an. Viele Fältchen überziehen Amas Gesicht, und der *arra* hat ihre Backen gerötet. Am Ende des Lieds brechen die jungen Frauen in fröhliches Kichern aus. Nun zieht Meme Mönch seine Bambusflöte hervor und bläst ein paar Noten, doch das Instrument gibt nur ein protestierendes Quieksen von sich. Verständnisvoll nickt der alte Mann, hebt seine Schale hoch und füllt ein wenig von der heißen Flüssigkeit in die Flöte. Dann enthüllt er uns mit einem Augenzwinkern das Geheimnis guter Musik. »Du musst deinen Freund gut behandeln, denn er könnte ja auch hungrig sein.«

Nachdem Meme sowohl den eigenen als auch den Durst seiner Flöte gestillt hat, nimmt Bikul die Becken von der Wand, und nun musizieren die beiden mehr schlecht als recht miteinander. Nachdem die Kinder Trompeten und Hörner gebracht haben, setzen sich alle zu einem recht imposanten Orchester zusammen. Meme spielt seine Flöte, Bikul wechselt zwischen den Becken und einer langen Bambusflöte ab, Larjap *lopon* und Kinley spielen Trompete und Karma das Langhorn. Ich habe allerdings den Eindruck, dass das Ziel der allgemeinen Lustbarkeit ist, mit oder ohne Harmonie so viel Lärm wie möglich zu machen. Das Ergebnis ist ohrenbetäubend. Ama lacht und klatscht in die Hände, Chimmi hüpft aufgeregt herum, und Nima hält sich an Abis Hand fest und wiegt seinen Körper im Tanz, oder vielleicht auch, weil er beschwipst ist, hin und her. Meme Mönch unterbricht hin und wieder sein Spiel, um sich selbst und seiner Flöte eine feuchte Erfrischung zu genehmigen.

Pema beugt sich zu mir herüber, damit ich sie trotz des Lärms des enthusiastischen Orchesters verstehen kann. »Wenn du in Kanada bist, wirst du dann wieder zu uns zurückkommen?«

Erstaunt sehe ich meine Freundin an. Obwohl sich ihr Körper im Rhythmus der Musik wiegt, wirkt sie ein wenig traurig und hat ihren Blick gesenkt.

»Ich hoffe es, Pema.« Meine Antwort ist ehrlich, dabei frage ich mich gleichzeitig aber auch, wie viel Zeit bis dahin wohl vergehen wird.

»Bitte schreib uns«, sagt Pema mit eindringlicher Stimme.

»Ja, ich verspreche es.«

Pemas Ausdruck ist plötzlich voller Sorge. »Und wirst du mir Informationen für Nima schicken?«

Wieder nicke ich, und wir sehen beide auf den Kleinen, der im Rhythmus der Musik hin und her schwankt, während er seine Unterlippe mit den Fingern knetet. Bikul legt die Becken auf den Boden. »Warum seht ihr beide denn so traurig drein? Singt doch mit uns!« Wieder beginnt er sein Lieblingslied auf Sharchhop, ohne dabei mit dem Orchester übereinzustimmen. Pema lacht. »Du singst sehr schön, Dr. Bikul. Ich glaube du bist verliebt!« Als sie sieht, wie eine tiefe Röte Bikuls Gesicht überzieht, wendet sie sich zufrieden an mich und sagt: »Du musst auch den Text lernen. Ich werde ihn dir beibringen, bevor du gehst.«

Stunden später verabschieden wir uns widerstrebend von unseren Freunden. Nachdem sich alle vor dem alten Bauernhaus zu einem Gemeinschaftsbild aufgestellt haben, sagen wir einander ein herzliches Lebewohl. Larjap *lopon* lädt uns noch ein, ihn in seinem Kloster zu besuchen. Abi hält meine Hände lange Zeit in den ihren, und Meme ruft mich zu sich herüber, denn er möchte eine Aufnahme von uns beiden. Chimmi ruft mir ein lautes »Tschüss, Tante!« zu, und Pema hebt Nimas Händchen hoch und winkt uns damit zu.

Die beiden jungen Mönche, Kinley und Larjap *lopon*, begleiten uns im feierlichen Zug bis zum Tschorten am Eingang zum Dorf. Ama und ihre Schwägerin folgen uns mit Buttertee und *arra*. Wir setzen uns auf den Sockel des Tschorten und trinken, essen und musizieren noch ein wenig. Als es schließlich dunkel wird und der Regen einsetzt, gehen wir, begleitet vom Klang der Hörner, den Berg hinunter. Wir hören fernes Rufen. Leb wohl, Losar!

Der Klang des Muschelhorns

Das Datum meiner Abreise rückt immer näher, und ich zähle schweren Herzens die mir noch verbleibenden Tage. Jedes Treffen wird zu einem neuen Abschied. Phuntshok taucht plötzlich bei uns auf und beschließt, bis zu meiner Abreise zu bleiben. Auch er scheint sich der schwer wiegenden Bedeutung meiner Entscheidung bewusst zu sein. Phuntshok fragt für uns beim Lam Neten an, ob Bikul und ich im Dzong eine *puja* zu meinem Abschied von Mongar abhalten dürfen. Der Lam Neten ist sofort einverstanden. Er ist auch über den von uns dafür gewählten Zeitpunkt sehr froh. Er selbst will Mongar in etlichen Wochen verlassen, um wieder im Sangpu Gompa zu meditieren und sich für die nächsten Jahre in dieses entlegene Kloster zurückzuziehen. Der morgige Tag, sagt er, sei eines der günstigsten Daten im bhutanischen Kalender und würde sich für unsere *puja* besonders gut eignen. Morgen, am Freitag, den 13. März, werden sich die Mönche zur Sangay *puja*, dem Gebet zum Erhabenen Buddha versammeln.

Der Lam Neten sieht unseren inoffiziellen Vorbereitungen zum Abschied wohlwollend zu und versichert uns, dass wir wieder vereint würden, wenn nicht in diesem Leben, dann in einer anderen Reinkarnation. Irgendwie bin ich überzeugt, dass er Recht hat.

Am späten Nachmittag begleitet uns Sangay, ein mit Bikul befreundeter Mönch, in die Stadt, um Lebensmittel für die *puja* zu kaufen. Wir kaufen den Reis, die Butter, Kekse, Gemüse, Milchpulver, Zucker und Tee und geben dann alles Sangay, der die Sachen in den Dzong bringt. Danach füllen Bikul und ich unsere Einkaufstasche noch mit Räucherstäbchen, Dalda für die Butterlampen, zwei Zeremonialschals und einem gelben Fleece-Shirt für den Lam Neten.

»Und jetzt backen wir noch ein paar Schokoladenkuchen für die Mönche!« Wir sind bester Dinge, und unsere gute Laune ist wohl verantwortlich für diese absurde Idee. Bikul ist Feuer und Flamme und verspricht mir zu helfen. »Wie viele Mönche sind es denn?«, frage ich. »Oh, etwa fünfundsiebzig.« Das wären also acht Kuchen! »Kein Problem«, versichert Bikul.

Als wir schließlich nach Hause kommen, ist es schon nach sieben. Wir haben keinen Strom, nur Kerzenlicht und natürlich keinen Backofen. Also muss ich die Kuchen auf meinem *bhukari* backen! Ich hole meinen großen Aluminiumtopf, der mit Steinen ausgelegt ist, und messe den Durchmesser ab. In meinen provisorischen Backofen passt nur ein Kuchen. Da das Backen aber eine Stunde dauern wird, muss ich wohl oder übel zwei Töpfe verwenden.

Meine Küche wird nun zu einer Fließbandproduktionsstätte, wo ich zwischen Rührteig und Aluminiumtöpfen und Bikul zwischen *bukhari* und Spüle hin und her schieße. Die beiden ersten Kuchen verbrennen und lassen sich nicht aus den Töpfen lösen. Obwohl meine Gehilfen Bikul, Phuntshok und dessen Freund bereitwillig ihre Hilfe anbieten, sind sie zu nichts zu gebrauchen. Sie merken nicht einmal, wenn die Kuchen schon verbrannt riechen und Rauchschwaden vom *bukhari* aufsteigen!

Es ist der helle Wahnsinn. Bikul wird in die Küche geschickt, um dort die Töpfe auszuscheuern, während ich am Esstisch verzweifelt versuche, verbranntes Papier von der Unterseite der beiden Kuchen abzuziehen. Immer mehr Kuchen erleiden dasselbe Schicksal wie die beiden ersten und gesellen sich zu einer Sammlung größerer und kleinerer verkrusteter Klumpen. Als wir um Mitternacht die beiden letzten Kuchen auf den *bukhari* stellen, sind Phuntshok und sein Freund bereits fest eingeschlafen, und ich falle erschöpft auf mein Bett. Bikul verspricht, dass er den Rest alleine machen würde.

Jetzt kann nichts mehr schief gehen, denke ich, bevor ich einschlafe.

Weit gefehlt! Die Uhr zeigt 3.45 Uhr an, als Bikul endlich ins Bett taumelt. »Warum hast du denn so lange gebraucht?«, frage ich verschlafen. Ich erhalte keine Antwort, denn Bikul ist schon in einen ohnmächtigen Schlaf gesunken. Wir sollten um fünf Uhr früh im Tempel sein, aber Bikul schläft fest wie ein Murmeltier.

Endlich, um halb sechs Uhr, stolpern wir verschlafen zum Dzong hinauf. Die missratenen Schokoladekuchen haben wir in großen Töpfen mitgebracht. Am Eingang zum Sangay *lhakhang* bemühe ich mich nach besten Kräften, im Licht meiner Kopflampe die Wunderwerke aufzuteilen und einzeln in Papier zu packen. Zuerst heißt es, dass keine Eile sei, doch dann muss alles plötzlich ganz schnell gehen. Mit dem Erfolg, dass der Lam Neten zwar das größte Stück, aber auch das einzige erhält, an dessen Unterseite immer noch das Backpapier klebt.

Schließlich gehe auch ich zur *puja* und nehme neben Bikul und Phuntshok meinen Ehrenplatz ein. Nach einiger Zeit aber schmerzt mich die bewegungslose Stellung mehr, als ich erwartet hatte. Mit jeder Minute nimmt der brennende Schmerz in meiner Hüfte zu, und der harte Holzboden scheint die Knochen meiner Fußgelenke immer weiter in mein weiches Fleisch zu drücken. Mein Rücken tut weh, und als ich mich gegen die

Wand hinter mir lehne, kann ich einen jeden meiner Wirbelknochen einzeln spüren, wie er an der Holzsäule reibt.

Selbst die Gebete hören sich irgendwie zusammenhanglos an. Obwohl ich weiß, dass alle Mönche dieselben Worte sagen, kann ich mich des Eindrucks nicht erwehren, dass jeder tut, was ihm gerade passt. Manche sprechen laut, andere leise, einige mit tiefer, andere mit hoher Stimme. Und oft verpasst einer der kleinen Mönche seinen Einsatz und stottert dann ganz schnell seinen Text, bis er die anderen wieder eingeholt hat.

Während ich den enthusiastischen Stimmen der jungen Mönche lausche, gehen meine Gedanken zurück zu meiner eigenen Kindheit, die so ganz anders war als die ihre. Diese kleinen Kerlchen haben sich, was immer auch geschehen mag, einem Leben des Gebets und der Rituale verschrieben. Nicht nur für heute, nicht nur für diese Nacht, sondern auf Jahre, für ihr ganzes Leben. Sie werden ihre Tage dem Beten und den Lehren Buddhas widmen. Sie werden viel Zeit mit einsamem Meditieren verbringen, und einige von ihnen werden viel erreichen und zu ehrenwerten Meistern werden. Ihre Welt ist von Klostermauern umschlossen, selbst wenn sie den Wunsch haben sollten, ihnen in die Weite der Welt zu entfliehen. Sie werden über Wahrheit und Leid erfahren, über Enthaltung und Verlangen. Und eines Tages werden sie vielleicht auch lernen, über ihre Wünsche hinauszusehen und die große Leere zu suchen, die Teil des Lebens ist. Und dann werden einfache Menschen zu ihnen kommen und ihren Segen erbitten.

Im Augenblick sitzt ihnen aber immer noch hin und wieder der Schalk im Nacken, und so getrauen sie sich jetzt auch, das Kuchenpapier zu kleinen Bällchen zu rollen und sich gegenseitig damit zu beschießen. Hinter dem Rücken des *kudung* flüstern sie sich heimlich Späße zu, denn der Reiz des Unerlaubten ist einfach noch zu groß.

Um halb sieben Uhr stehen wir alle auf und machen eine kleine Pause. Als einzige Frau unter den rotgekleideten Mönchen muss ich bis zum Gästehaus der Stadt hinaufsteigen, damit ich mich ein wenig erfrischen kann. Obwohl ich laufe, dauert der Aufstieg doch recht lange. Als ich in den Dzong zurückkomme, führt mich Jigme an einer Gruppe von Mönchen vorbei in den *lhakhang*. Hier fordert er Bikul und mich auf, unter dem ruhigen Blick des Lam Neten die Butterlampen zu entzünden.

»Das ist eine ganz große Ehre«, flüstert mir Bikul aufgeregt zu, und mir wird bewusst, dass alle Mönche in der Türe stehen, und uns lächelnd zusehen. Der *lhakhang* ist außer dem Lam Neten, Jigme und uns beiden noch immer leer. Als der letzte Docht entzündet ist, blicke ich auf das Lichtermeer und wünsche mir, dass noch ein paar Lämpchen zu entfachen wären, damit ich noch länger mit Bikul neben mir dieses Ritual genießen könnte.

Gemeinsam mit Phuntshok gehen wir schließlich zu unseren Sitzplätzen zurück. Nun strömen auch die Mönche herein, und innerhalb kurzer Zeit fahren wir mit der *puja* fort. Das dumpfe Brummen der Langhörner und das Klopfen der Metallstäbe auf den Ledertrommeln entführt mich in Zeiten und an Orte, die Jahrhunderte zurückliegen, zu Ritualen reinen Glaubens, zu Göttern und Dämonen, zu einer Kraft, die über unser erdgebundenes Verstehen hinausgeht. Die Gegenwart existiert nicht mehr, sie ist im Klang der Trommeln aus der Vergangenheit untergegangen. Schließlich verstummen die Hörner, und die Stimmen der Mönche werden ruhiger und leiser.

Dann herrscht erwartungsvolle Stille. Phuntshok stößt mich sanft in die Seite. »Geht zum Lam Neten«, flüstert er, und wir gehen mit gebeugtem Haupt am Altar vorbei in die Mitte des Raums.

»Was kommt denn jetzt?«, frage ich Bikul, aber er zuckt nur mit den Achseln. Die Mönche lächeln uns verschmitzt an. Mit dem Rücken zum Altar werfen wir uns vor dem Lam Neten zu Boden. Jigme gießt uns beiden ein wenig Weihwasser auf die Handfläche der rechten Hand, und wir nippen daran, bevor wir es auf unseren Kopf streichen. Dann überreichen wir dem Lam Neten unsere weißen Zeremonialschals. Als wir vor dem großen Lama knien, wird es im Raum so still, dass man das Fallen einer Nadel hören könnte.

Den Blick fest auf uns gerichtet, beginnt der Lam Neten zu sprechen. Bei den eindrucksvollen Worten seiner Predigt wird mir bewusst, dass ich seine Stimme noch nie ohne die Begleitung der Mönche gehört habe. Und schon schweifen meine Gedanken weiter ab. Wie soll ich denn knien? Wenn ich es Bikul nachmache, bin ich größer als er, was ich vermeiden möchte, aber sicher ist es unpassend, wenn ich mich bequem auf meine Fersen setze. Ich bin froh, dass meine Beine unter meinem langen Rock versteckt sind, denn so kann ich nun in meiner halb knienden, halb nach vorn gebeugten Stellung verbleiben, bis meine Schenkel wie rasend zu schmerzen beginnen. Ich würde mich allzu gerne auf die Worte des Lam Neten konzentrieren, aber die fünfzig Augenpaare, die uns beobachten, bringen mich ganz aus der Fassung. Der Lam Neten spricht noch immer, aber in regelmäßigen Abständen wird ein einzelnes seiner Worte gemeinsam mit den Mönchen intoniert. Es hört sich an, als ob sie dem Lama damit ihre Zustimmung ausdrücken wollten.

Dann weist Jigme Bikul an, auf den Lam Neten zuzugehen. Ich folge direkt hinter ihm. Mit leiser Stimme spricht der Lam Neten zu uns, während er uns die Zeremonialschals wie eine Medaille um Nacken und Schultern legt. Ich bin so aufgeregt, dass meine Hände zittern, aber das freundliche Lächeln des

Lam Neten beruhigt mich wieder. Ich weiß noch immer nicht, was vor sich geht, und bin völlig verwirrt beim Anblick der verschmitzten Gesichter der Mönche.

Konsterniert, aber auch freudetrunken gehen wir auf unsere Plätze zurück. Auch Phuntshok lächelt uns verschwörerisch zu. Der Sprechchor der Mönche wird nun lauter, und ich habe den Eindruck, dass sie die einzelnen Worte immer schneller sprechen. Ihr Gesang wird diesmal von keiner Musik begleitet. Dann tritt wieder Stille ein, und es ist nur die tiefe Stimme des Lam Neten zu hören. Nun schließen sich auch die Mönche wieder an, und ihre Worte werden diesmal von Glockenläuten, Hörnern, dem tiefen »Om« des Muschelhorns und zuletzt auch vom Klang der Becken begleitet. Dann verstummen die Instrumente, und nur der Klang des Horns leitet einen weiteren Tusch der großen Trommeln ein.

Mir kommt alles ein wenig unwirklich vor; vielleicht haben der Mangel an Schlaf und der intensive Geruch des Weihrauchs meine Sinne verwirrt. Phuntshok flüstert uns etwas zu, und nach einer kurzen Pause wendet sich Bikul mir zu.

»Der Lam Neten hat uns gerade seinen Segen für ein langes Leben und viele Kinder erteilt.«

Einen Moment lang glaube ich, dass mein Herzschlag ausgesetzt hat.

»Heißt das …?«

Bikul nickt und lächelt mich an. Dann nimmt er meine Hand und drückt sie zärtlich. Unsere Finger bleiben fest umklammert. Verzweifelt versuche ich mich zu konzentrieren, aber alle meine Gedanken schwirren in einem totalen Chaos herum. Ich möchte das Bild festhalten. Wir knien auf dem Boden, es werden Gebete um uns gesprochen, der Lam Neten überreicht uns die Schals – und alle Mönche lachen vergnügt. Ich würde am liebsten jubeln, und ich habe das Gefühl, als hätte ich einen

Bikul und ich bei unserer überraschenden Hochzeit am frühen Morgen im Dzong von Mongar

Sieg davongetragen. Denn jetzt hat Mongar endlich unsere Liebe akzeptiert! Vor Buddha und seinen getreuen Schülern haben wir unsere Ehe geschlossen.

Nach der *puja* verweilen Bikul und ich noch eine Weile in dem stillen Raum. Vor dem Fenster hallt der Klang eines Muschelhorns durch das Tal. Die beruhigende Stille der Berge erweckt in mir ein Gefühl des Friedens und der Zufriedenheit. Um mich herum ist lebende Geschichte, aber auch das ist Realität. Irgendwo ruft eine Glocke zum Gebet. Es ist nun an der Zeit, loszulassen. Ich bin mir bewusst, dass ich Bhutan mein Lebewohl sage, denn es ist die Zeit gekommen, in die Zukunft zu gehen.

Ich blicke in Bikuls Gesicht und sehe den Widerschein der Kerzen in seinen Augen. Ich muss lächeln. Nein, mein Lebewohl gilt nicht Bikul. Die Welt ist groß, und irgendwie und irgendwo wird sich ein Platz für uns beide finden.

Heute gilt mein stiller Dank Bhutan. Im Lauf des vergangenen Jahres ist dieses kleine Königreich im Himalaja meine Heimat gewesen. Ein Jahr lang habe ich hier gearbeitet, gekämpft und geweint, hier habe ich geträumt, gelacht und Liebe gefunden. Ich habe den Kampf des Landes ums Überleben miterlebt und die Bemühungen des Königs um die Erhaltung einer einzigartigen, ehrwürdigen Kultur verstehen gelernt. Es gibt noch viele Dinge in Bhutan, die mir bis heute fremd sind. Das Land ist kein Shangri-La, kein Paradies, aber es ist ein besonderer Ort, der die meisten Menschen, die hierher kommen, in seinen Bann zieht.

Als ich dem Echo lausche, das den Klang des Muschelhorns durchs Tal trägt, weiß ich, dass ein Teil von mir immer Sehnsucht nach Bhutan, seinen Bergen, Bäumen und Gebetsfahnen haben wird. Ich bin sicher, dass ich mich selbst in der Ferne nach der Einfachheit dieses Lebens sehnen werde, nach einem Leben, das die Zeit in Monden zählt und die Jahre in Tiere und Elemente einteilt.

Es gibt Menschen hier, die mir ans Herz gewachsen sind und die meine Seele berührt haben, wie ich es nie für möglich gehalten hätte. Es sind unsere Freunde in den Dörfern, die *minakpas* und die Mönche, und auch ein paar Menschen im Krankenhaus, die mir freundlich gesinnt waren. Ich weiß, dass ich sie vermissen werde, dass mir ihre Sanftheit, ihre Großmut und ihr Lächeln, ihre friedliche Religion, die so sehr dieses Leben in den Bergen bestimmt, fehlen werden. Und ich hoffe von ganzem Herzen, dass wir uns eines Tages wiedersehen werden.

Dann frage ich mich aber auch, was ich finden werde, wenn ich zurückkomme. Werde ich auf dieses vergangene Jahr zurückblicken und erkennen müssen, dass es mein einzig wahrer Einblick in dieses entlegene Königreich im Himalaja und in eine Religion war, die die Menschen durch Jahrhunderte des Wandels begleitet hat? Ich habe Angst, dass die zerstörende Nähe der technologischen Entwicklungen den Zauber und die Unschuld der Dörfer schon bald zersetzen könnte. Wie weit werden sich diese Entwicklungen ausbreiten? Gibt es überhaupt eine Hoffnung, dass dieses alte Königreich seinen Eintritt in die Neuzeit überdauern wird? Mich bestürmen viele Fragen, und ich habe nur ein paar lebendige Bilder, die mir bei den Antworten helfen könnten.

Vielleicht wird die Zeit eines Tages ihren Schleier über meine Erinnerung ziehen. Die Umrisse werden verschwimmen, und meine Fantasie wird die verbleibenden Bilder ausschmücken. Möglicherweise werde ich eines Tages die Realität dieser besonderen Nächte in den Mauern einer Burg in einem kleinen, dem Wandel ausgelieferten Land in Frage stellen. Und trotzdem glaube ich, dass mir der Traum bleiben wird. Es ist ein Traum von alten Zeiten, von Harmonie und Traditionen. Ein Traum, erfüllt von der Hoffnung, dass die Stimme des Buddhismus hier in den Bergen des ewigen Schnees, wo sie von unzähligen Mantras und dem Gesang der Gebetsfahnen zum Himmel getragen wird, überdauern kann.

Epilog

Von Assam in Indien ist Bhutan nur eine Tagesfahrt entfernt, und von den Ufern des Brahmaputra schimmern die Vorgebirge des Himalaja in der angehenden Hitze des Tages blau zu mir herüber.

»Schau! Hinter diesen Bergen liegt Mongar! Kannst du dir vorstellen, dass meine Heimat so nahe bei Bhutan liegt?« Aufgeregt zeigt Bikul nach Norden.

»Ja, aber es war ein langer Weg für uns«, antworte ich und denke dabei an unsere Reise, die zwei Jahre gedauert und die mich von einem entlegenen Tal in Bhutan zurück in den ungewohnten Komfort meiner kanadischen Heimat und schließlich wieder über den Pazifik in die Überschwemmungsebenen von Assam geführt hat.

Neben mir steht Bikul – mein tapferer Freund, mein Ehemann und meine wahre Liebe. In seinem weißen *dhoti* sieht er attraktiver denn je aus. Ernsthaft nickt er zu meinen Worten.

»Es scheint lange her zu sein, nicht wahr?«

Ich drücke Bikuls Hand.

Ja, es scheint eine Ewigkeit her zu sein, seit Bikul seinen Job in Mongar aufgegeben hat und mir nach Kanada gefolgt ist, wo wir uns, während sich mein Magen erholte, achtzehn Monate lang mit den Einwanderungsbehörden und der Bürokratie einen stillen Kampf geliefert haben. Während dieser Zeit der Umstellung und der Genesung, in der Bikul und ich neu beginnen mussten, versank Bhutan in bittersüße Nostalgie.

Briefe, die liebevoll auf den Weg geschickt wurden, gingen oft auf ihrer Reise über den Pazifik verloren, und nur Pema, meine getreue Freundin, ist mit mir in Kontakt geblieben. Doch ihre Worte haben mich oft traurig gestimmt, und einer ihrer Briefe ist mir besonders eindringlich in Erinnerung geblieben.

Liebste Britta und Bikul, ich habe mich sehr über euren Brief und das Foto gefreut, aber als so lange keine Antwort von euch kam, dachte ich, dass ihr mich vergessen habt. Ich bin aber sehr glücklich, dass meine Liebe und mein Andenken noch immer einen Platz in eurem Herzen haben. Chimmi spricht noch immer von euch beiden. Sie hat ein Foto von euch behalten. Nima ist fast immer derselbe, er versteht uns nur wenig. Ich mache mir nur Sorgen um Nima. Tag und Nacht denke ich nur an Nima, meine Tränen fallen, wenn ich mehr denke ... Hier sind beide Straßen vom Erdrutsch versperrt, es gibt kein Entkommen aus Mongar. Dieser Tage gehe ich nirgends hin, bin nur in der Physiotherapie. Mir kommen die Tränen, wenn ich an die Tage mit euch denke ... Ugyen ist in Klasse 2, aber ihre Lehrerin sagt, dass sie gar nicht gut lernt. Immer wenn ich sie treffe, sage ich ihr, sie soll zum Verbinden kommen, aber sie kommt nie ... Wie geht es jetzt deinem Magen? Geht es dir besser? Pass gut auf dich auf, denn du musst bald Mutter werden. Wenn das passiert, teile es mir bitte mit. Ich warte ungeduldig auf Nachricht von euch beiden ... Wenn ihr nach Indien kommt, ruft mich an, damit wir uns treffen können ... Eure Freundin für immer, Pema

Pema konnte nicht zu unserer indischen Hochzeit nach Assam kommen. Von Dr. Pradhan haben wir erfahren, dass es für Nima keine Besserung gibt und dass die Aufenthalte in Vellore nur weitere schlechte Nachrichten, noch mehr teure Medikamente und schier unüberwindliche Kosten brachten. In gewisser Weise teile ich Pemas Hoffnungslosigkeit. Wenn Pema und Nima in Nordamerika wären, würde Nima vielleicht eine bessere Therapie und bessere Ausrüstungen und Pema mehr Unterstützung erhalten – ich weiß aber nicht, ob es sich letztlich lohnen würde, sie dazu aus ihrer vertrauten Umgebung und ihrer Familie zu reißen. Also beließ ich es dabei, Pema mit Informationsbüchern und Videos zu versorgen, wobei ich mich aber auch frage, ob die Abbildungen der neuesten Ausrüstungen und die Beschreibungen der modernen Rehabilitationshilfen, die für ihren Sohn ja unerreichbar sind, nicht noch mehr zu Pemas Frustration beitragen.

Und was meine übrigen Patienten betrifft, so haben Zeit und Entfernung die ohnehin schon schwierigen Verbindungen zu den entlegenen Dörfern in Bhutan völlig abgeschnitten. Ich kann nur hoffen, dass das Fehlen von Nachrichten bedeutet, dass alles zum Besten steht.

Inzwischen geht Bhutan mit Riesenschritten der Modernisierung entgegen, und ich habe diese Entwicklungen in der Wochenzeitung »Kuensel« mit gemischten Gefühlen verfolgt. Am 1. Juni 1999 hat Bhutan mit Hilfe ausländischer Mittel und mit einem mutigen Blick auf das neue Jahrtausend mit dem Anschluss an das Internet und der Genehmigung von Fernseh- und Satellitenempfängern die Medien ins Land gelassen, und damit der Gefahr Tür und Tor geöffnet, dass eine neue Generation heranwächst, die gelangweilt und unzufrieden vor dem Fernseher sitzt, dass aus Indien importierte Lieder und Hollywood-Action das kostbare, aber fragile Erbe letztlich verwässern.

Freunde, die vor etlichen Wochen durch Mongar fuhren, sagten, dass die Stadt kaum mehr zu erkennen sei. Die neue Umgehungsstraße ist fertig, der Basar ist weitgehend verlegt worden, Satellitenschüsseln schießen wie Pilze selbst aus den entlegensten Hügeln, und die andauernden Arbeiten am Kuruchu-Kraftwerk überfluten die kleine Stadt mit indischen Arbeitern, ausländischen Rupien und einer fremden Arbeitsmoral.

In gewisser Hinsicht wünschte ich mir, dass ich Bhutan so in Erinnerung behalten könnte, wie es einmal war, aber viele der Worte auf Sharchhop, die ich nicht mehr verwende, sind mir bereits aus dem Gedächtnis entschwunden. Doch genau wie in Bhutan, wo eine neue Ära angebrochen ist, in der Internet und CNN-Nachrichten Einzug gehalten haben, und nicht mehr die Altäre mit ihren flackernden Butterlampen, sondern die Fernsehschirme Gegenstand der Verehrung sind, werde wohl auch ich mich zum Überleben dem Fortschritt beugen müssen.

Ich bin jetzt eine indische Braut mit prächtigem Schmuck, einem roten *bindhi* auf der Stirn und einem *sindhoor*. Ich trage keine *kira* mehr, sondern einen prächtigen Seidensari, der bei einer jeden meiner Bewegungen anmutig raschelt. Scheu senke ich die Augen, als ich mich erhebe, um meine neue Familie zu begrüßen, und flüstere leise »*Namaskar*« an Stelle von »Kuzuzang po la«. Die Altäre mit Statuen von Buddha und Guru Rimpoche sind von einem einfachen Gebetbuch auf einer bronzenen Opferschüssel abgelöst worden.

Und doch ist der Klang des Muschelhorns in Händen des indischen Hindu-Priesters derselbe, wie der, den ich vier Jahre zuvor in einem kleinen Königreich im Himalaja zum ersten Mal gehört habe: *Om* ... es ist der Klang eines neuen Anfangs.

Glossar
häufig verwendeter Begriffe

Abi	Anrede für ältere Frauen
ADM	Administrative Officer (Verwaltungsbeamter)
Ama	Mutter, Anrede für erwachsene Frauen
Apa	Vater, Anrede für erwachsene Männer
arra	selbst gebrannter Schnaps aus Reis, Mais oder Getreide
atsara	Clown, Spaßmacher bei religiösen Festlichkeiten
bangchung	kleiner Behälter aus Bambusgeflecht
bukhari	eiserner Holzofen, der zum Heizen und Kochen verwendet wird
Butterlampe	eine Kerze aus erhärteter Butter oder Pflanzenöl in einer kompakten Schale
Buttertee	(*seudja* auf Dzongkha und Sharchhop) heimischer Tee, der mit schwarzen Teeblättern aufgegossen und dann mit Butter und Salz angereichert wird
cham	religiöser Tanz
dal	indisches suppenartiges Gericht aus Linsen
damaru	eine doppelseitige Handtrommel für religiöse Zeremonien
datsi	frischer Käse
Dharma	Lehre Buddhas

dorje	übersetzt »diamantener Donnerkeil«, meist ein metallener Gegenstand, der einer Hantel ähnelt. Symbol für die Unzerstörbarkeit und Reinheit der buddhistischen Lehre
Dzong	Festung und Kloster, Sitz weltlicher und geistlicher Macht
Dzongkha	bhutanische Amtssprache
Gebetsfahne	lange Stoffbahnen mit aufgedruckten religiösen Texten und Symbolen
Gebetsmühle	zylindrische Trommel, die Gebete enthält
gelong	ein geweihter Mönch
gho	Nationaltracht der bhutanischen Männer
goemba	buddhistisches Kloster
gomchen	Laien-Mönch
guru	kleine Trinkschale
Guru Rimpoche	Hauptaspekt von Padmasambhava, gilt als »zweiter Buddha«, bekehrte Bhutan zum tantrischen Buddhismus
kharang	grobes Maismehl
kira	Nationaltracht der Bhutanerinnen
kudung	Meister der Disziplin bei den Mönchen in einem Dzong
Lam Neten	Hauptabt, der den Mönchen in einem Dzong vorsteht
Lama	religiöser Meister
lhakhang	Tempel
lopon	Lehrer
Losar	bhutanisches Neujahr
Mantra	Gebet, das laufend wiederholt wird; Symbolwort, das hilft, die Gedanken zu konzentrieren
Meme	Anrede für einen älteren Mann

minakpa	Dorfbewohner
Ngultrum	bhutanische Währung (Wechselkurs wie die indische Rupie)
onju	dünne Bluse, die die Frauen unter dem *toego* (und unter der *kira*) tragen; *toego* und *onju* gehören immer zusammen
puja	eine buddhistische oder hinduistische religiöse Zeremonie
rachu	ein langer Schal, der bei offiziellen Anlässen von den Frauen über der linken Schulter getragen wird
Sari	das aus einer Stoffbahn kunstvoll geschwungene Gewand der Inderinnen
seudja	Buttertee
Sharchhop(kha)	Sprache in Ostbhutan
subjee-Basar	Gemüsemarkt
TATA	indischer LKW-Hersteller
thangkha	Bild mit religiösem Motiv
thengma	zerstoßener Mais
thondrol	großes Banner mit dem Bildnis Guru Rimpoches
toego	Jacke, die über der *kira* getragen wird, gehört zur Nationaltracht der Frauen
tulku	Reinkarnation eines Lamas
Tschorten	tibetische Form des Stupa; buddhistisches Steinmonument, das Reliquien und andere Wertgegenstände enthält
tshechu	religiöses Tanzfest im Dzong
wang	kollektiver Segen
zao	gerösteter Reis